U1016592

核心素养下
教学设计的理论与实践

——以肇庆学院学生的化学教学设计参赛作品为例

主　编：郝向英　刘　平
副主编：吴燕妮　陈志胜　王赵志
胡　鹏　李志伟
编　委：吴文胜　吴　佳　陈莲芬
黎　素

华中师范大学出版社

新出图证(鄂)字 10 号
图书在版编目(CIP)数据

核心素养下教学设计的理论与实践:以肇庆学院学生的化学教学设计参赛作品为例/郝向英,刘平主编. —武汉:华中师范大学出版社,2019.12(2023.8 重印)
ISBN 978-7-5622-8900-5

Ⅰ. ①核… Ⅱ. ①郝… ②刘… Ⅲ. ①中学化学课—教学设计 Ⅳ. ①G633.82

中国版本图书馆 CIP 数据核字(2019)第 290300 号

核心素养下教学设计的理论与实践
——以肇庆学院学生的化学教学设计参赛作品为例
©郝向英 刘平 主编

责任编辑:张子文 鲁 丽 **责任校对**:罗 艺 **封面设计**:罗明波
编 辑 室:高等教育分社 **电话**:027-67867364
出版发行:华中师范大学出版社
社址:湖北省武汉市洪山区珞喻路 152 号 **邮编**:430079
电话:027-67861549(发行部) 027-67863291(传真)
网址:http://press.ccnu.edu.cn **电子邮箱**:press@mail.ccnu.edu.cn
印刷:武汉邮科印务有限公司 **督印**:刘 敏
字数:320 千字
开本:787mm×1092mm 1/16 **印张**:14.25
版次:2019 年 12 月第 1 版 **印次**:2023 年 8 月第 2 次印刷
定价:48.00 元
欢迎上网查询、购书

前　　言

一个好的教学设计可以成就一节好课，使学生学得轻松、记得牢固，喜欢上这一学科。广东省近七年来都举行师范院校学生教学技能大赛，每年全国和各省市也在举办青年教师教学能力大赛。但是，纵观各位选手的教学设计，板块齐全、格式规范、内容优秀的并不多。

我们编著了这本书，目的就是为在校师范学生、已在学校工作的青年教师提供一本参考资料，使大家在参加各种比赛时能设计出更加优秀的教学设计，把课上得更好。

本书分为五大部分：

第一部分为“教学设计理论知识”，介绍了教学设计的定义、特点、构成、基本环节、与教学案例和教学故事的区别、教学系统构成要素、课堂教学步骤模式、课堂教学师生活动的四种方式、课的类型、教学原则和评价标准等内容。

第二部分为“师范生教学技能大赛教学设计点评”，按照人民教育出版社出版的中学化学教材，依初中化学、高中必修和选修章节顺序，选取了部分章节的教学设计来进行点评。由于时间和水平有限，可能一些教学设计的优点和缺陷没有发现完全，点评也不一定十分贴切，敬请读者谅解！读者发现问题可以向我们反映，以便再版时更正。

第三部分为“关于教学模式”，介绍了教学模式的定义、特点、全国名校高效课堂的教学模式简介。如从时间段划分方面总结的杜郎口“三三六”教学模式、昌乐二中的“271 法则”；从操作步骤方面总结的洋思中学的“先学后教”，衡水中学的“三转五让”，兖州一中的“三步六段”，安阳市殷都区的“双向五环”，魏书生的“六步教学法”，邱学华的“先练后讲、先试后导”，卢仲衡的“自学辅导教学法”，黎世法的“异步教学法”，张思明的“导学探索、自主解决”，张思中的“十六字”外语教学法；以师生互动方式总结的东庐中学的“讲学稿”、翻转课堂；综合性教学模式（如北京志鸿教育的“1333”教学模式、河北武邑中学的“一四五高效课堂”、石家庄精英中学的“高效 6＋1 课堂”流程和微课）、20 世纪八九十年代流行过的教学模式、中外主要教育家的教学模式、查有梁教授总结的教学模式等，最后阐述了全国各地高效课堂的核心教学步骤、与高效课堂匹配的学生学习习惯的养成等内容。

第四部分为“基本理论要点”，介绍了教育学知识要点、心理学知识要点、认知心理学知识要点。

第五部分为“中小学教育教学动态”，介绍了素质教育要点、核心素养要点（背景、价值定位、基本原则、总体框架、素质与素养的关系、核心素养的定义、中国学生的核心素养、化学学科核心素养）、中小学数字化教育平台和数字化技术简介等。

参与本书编写的教师有：郝向英、刘平、吴燕妮、陈志胜、王赵志、胡鹏、李志伟、吴文胜、吴佳、陈莲芬、黎素。

鉴于编者水平有限，本教材还存在许多不足之处，敬请广大师生不吝赐教。

编者

2019年8月

目　录

第一部分　教学设计理论知识

一、关于教学设计

（一）什么是教学设计

1. 设计

设计是指为了解决某个问题，在开发某种产品或实施某个方案之前，所进行的系统而缜密的计划与构思的过程。

从实质上讲，设计就是一种问题解决方案。教学设计是教育技术学的一个重要领域，它是20世纪60年代发展起来的一门实践性很强的新兴学科。教学设计是教学理论、学习理论与教学实践之间的一座桥梁，是把教学理论与学习理论转换成指导教学实践的一门应用学科。关于教学设计的定义目前观点不一，分别侧重于教学设计的不同方面。在这里介绍的是我国教育技术专家、北京师范大学教育技术学院何克抗教授给出的定义：教学设计是“运用系统方法，将教学理论与学习理论的原理，转换成对教学目标与教学内容的分析、教学策略与教学媒体的选择、教学活动的组织以及教学评价等教学环节进行具体计划的过程”。

由上述定义可以看出，教学设计包含三方面的要素：第一，要运用系统化方法，系统全面地观察分析教学过程的每个环节，而不能孤立片面地处理教学中的各个具体问题；第二，要以教学理论、学习理论为指导，这是教学设计的理论依据；第三，要对各个教学环节进行具体计划。

2. 教学设计的四个特点

（1）教学设计的系统观：教育技术专家借用系统工程学中的系统设计方法（简称系统化方法），形成一套关于教学系统设计的系统化方法，通常简称为教学设计的系统化方法，如图1-1所示。

由图1-1可以看出，条件、方法、结果是教学过程的主要变量，因此也成为教学系统设计的三大变量。雷杰卢斯提出的教学系统设计框架将这三大变量细化，被认为是最典型的教学系统设计框架。

（2）教学系统设计的理论性与创造性：设计活动是一种理论的应用活动，决定了教学系统设计必须在一定理论的指导下进行，是对学习理论、教学理论等的综合应用；同时高度抽象的理论和具有丰富情景、不断发展变化的实践之间又存在一定距离，理论不可能预见所有的问题，现实生活中的问题有时会需要创新性地运用理论，

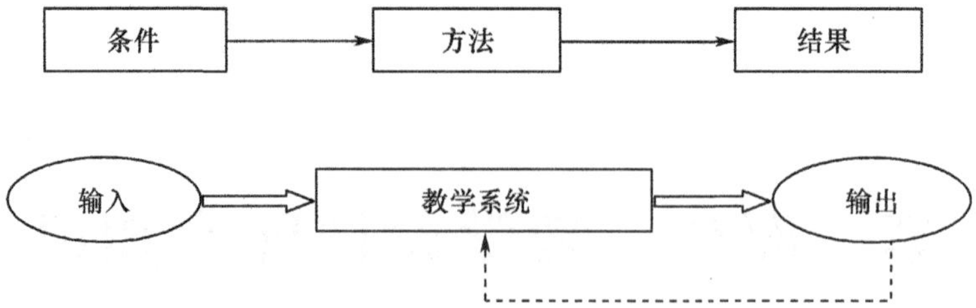

图 1-1　教学设计的系统化方法

甚至对理论进行改造、扩充、重构，以适应原有理论未能预见的新情况、新问题。

(3) 教学系统设计过程的计划性与灵活性：教学系统设计过程具有一定的模式，这些模式往往用流程图的线性程序来表现，需要按照既定的环节流程来进行教学设计。但按照系统论的观点，这些要素之间的关系是非线性的，是相互影响、相互补充的。因此，在实践中要综合考虑各个环节，有时甚至要根据需要调整分析与设计的环节，要在参考模式的基础上创造性地运用模式。

(4) 教学系统设计的具体性：教学系统设计是针对解决教学中的具体问题而发展起来的理论与方法，即是要解决实际教学中所存在的现实问题，以形成一个优化学习的教学系统。因此，教学系统设计过程是具体的，每一个环节中的工作也是十分具体的。

3. **教学设计的作用**

(1) 有利于教学理论与教学实践的结合。

(2) 有利于教学工作的科学化。

(3) 有利于教师科学思维习惯和能力的培养，提高发现问题、解决问题的能力。

(4) 有利于现代教育技术应用的不断深化。

当然，教学设计最根本的作用在于有利于教学工作的科学化和教师的专业化发展，最终有利于教学质量和学生素质的提高。

4. **现代教学设计**

现代教学设计是指教师在系统科学方法的指导下，运用现代学习理论、教育理论和教师经验，对教学活动进行系统规划，以期达成教学目标的可操作过程的预案。

赖格卢特在 1983 年主编的《教学设计的理论与模型：教学理论的新范式》一书中说："教学设计是一门理解与改进教学过程的学科。"

肯普等在 1998 年编著的《设计有效教学》一书中说："如何有效地规划、开发、评价与管理教学过程，以使之能确保学生取得良好业绩表现，这一系统方法被称为'教学设计'。"

教学设计是将学习与教学的原理转化为材料与活动的计划的系统化过程，是在教学之前对教学历程中的一切预为筹划，从而安排教学情境，以期达到教学目标的系统性设计。

加涅曾在《教学设计原理》(1988 年) 中界定："教学设计是一个系统化(systematic) 规划教学系统的过程。教学系统本身是对资源和程序作出有利于学习的安排。任何组织机构，如果其目的旨在开发人的才能均可以被包括在教学系统中。”

帕顿在《什么是教学设计》一文中指出：“教学设计是设计科学大家庭的一员，设计科学各成员的共同特征是用科学原理及应用来满足人的需要。因此，教学设计是对学业业绩问题（performance problems）的解决措施进行策划的过程。”

赖格卢特对教学设计的定义基本上同对教学科学的定义是一致的。因为在他看来，教学设计也可以被称为教学科学。他在《教学设计是什么及为什么如是说》一文中指出：“教学设计是一门涉及理解与改进教学过程的学科。任何设计活动的宗旨都是提出达到预期目的最优途径（means），因此，教学设计主要是关于提出最优教学方法的处方的一门学科，这些最优的教学方法能使学生的知识和技能发生预期的变化。”

梅里尔等人在新近发表的《教学设计新宣言》一文中对教学设计所做的新界定值得引起人们的重视。他认为：“教学是一门科学，而教学设计是建立在这一科学基础上的技术，因而教学设计也可以被认为是科学型的技术（science-based technology）。”

美国学者肯普给教学设计下的定义是：“教学设计是运用系统方法分析研究教学过程中相互联系的各部分的问题和需求。在连续模式中确立解决它们的方法步骤，然后评价教学成果的系统计划过程。”

学习教练肖刚定义教学设计：“教学设计是一个系统设计并实现学习目标的过程，它遵循学习效果最优的原则，是课件开发质量高低的关键所在。”

（二）教学设计的特点

以理论为指导、形成系统、对教材和学情分析为前提，以优化教学过程、达到理想教学效果为目的的教学方案。

（三）一线教师对教学设计的理解

教师在教育理论和一定的教学思想的指导下，分析教材和学情，设定教学目标，撰写出实施教学过程的详细教学预案。

（四）教学设计的构成

详案：用于参加教学大赛。封面，目录，教学总体设计，教学内容分析（课程标准、教材地位分析、社会价值、教学改进、实验改进、文献概述），学情分析（学生已有和欠缺的知识和能力、学法思维、心理特点），教学目标（三维目标：知识与技能、过程与方法、情感态度价值观，核心素养目标），教学重点及突出方法，教学难点及突破方法，课前准备（知识准备、心理准备、实验器材准备、教学媒体准备），教学流程图，教学过程（教师活动、学生活动、设计意图、每个教学环节用的时间），教学反馈（课堂及课后练习），板书设计，教学评价（评价内容、评价方法），教学反思，导学案，上课用 PPT 课件（比赛需要的话：说课 PPT）。

简案：用于平时教学。课件，教学设计：教学目标（三维图目标、核心素养目标），重难点、突出重点和突破难点方法、实验和多媒体器材、教学过程、当堂反馈评价试题、课后练习等。在一线教学一旦忙起来，可能只有时间写标题、重难点和教学过程的一些要点式简案。

（五）教学过程的表达方式

1. **表格式**

表格式的内容包括教学环节和耗时、教师活动、学生活动、设计意图，见表 1-1。

表 1-1　表格式表达方式

教学环节及时间	教师活动	学生活动	设计意图
一、引入（5min）			
二、* * * * *			
……			
七、小结（3min）			

表格式用于参加教学大赛，评委看起来简洁、明了，但如果刊登发表，不太好排版。

2. **剧本式**

剧本式的内容包括［教师］、［活动］、［学生］、［实验］、［练习］……（内容、设计意图、所用时间），例如：

一、引入

【教师】设问（回忆相关知识）。

【学生】回忆、回答问题。

（设计意图：唤起对相关旧知识的回忆，以便引入课题）。

【教师】演示实验（学生仔细观察），设问：同学们看到哪些现象？怎么解释？

【学生】回答问题。

（设计意图：用实验激发学生学习兴趣，培养学生观察能力。用时：5min）

二、知识点 1……

【教师】……

…………

六、小结：……

七、作业：……

剧本式看起来没有那么简洁，但如果投稿发表，出版社比较方便排版。

3. **要点式＋说明　（成熟教师）**

要点式十说明的内容比剧本式的内容要简洁，例如：

一、引入

【设问】……

【回答】……

二、知识点1

【探究】学生动手实验……

【抽问】学生描述现象……纠正学生错误……

【点评】……

…………

六、小结：……

七、作业：……

要点式一般是有一定经验的教师平常备课写的简案。

（六）教学流程图

“教学流程图”顾名思义是关于教学过程的流程图，它是教师实施教学活动的蓝图，其作用在于：

（1）它可以直观地显示整个课堂活动中各个要素之间的关系、比重。

（2）教学中的重点和难点部分也可以简洁地呈现出来。

（3）它也可以较好地反映出教师教学过程设计的逻辑性、层次性等。教学过程流程图是浓缩了的教学过程，它层次清楚、简明扼要，使读者一目了然。

教学流程图是写给自己教学时参看，方便把握。虽然多种形式表达，参加比赛最好用规范的图形表达（见图1-2）。比较规范的教学流程图见图1-3（元素周期律复习课）。

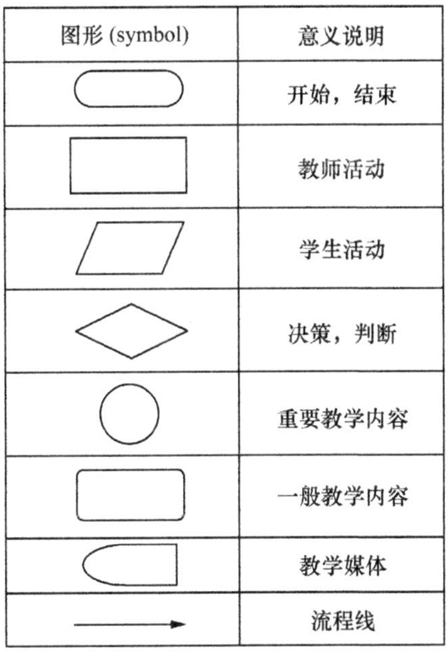

图1-2　教学流程图图形符号的意义

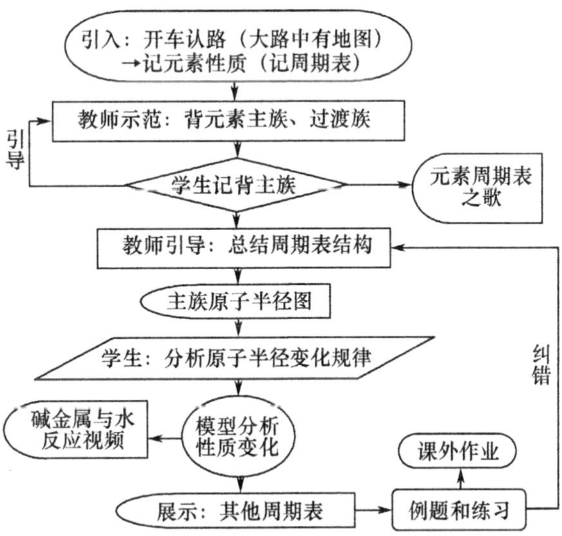

图1-3　元素周期律复习课教学流程图

（七）教学设计的基本环节

如图 1-4 所示，迪克与凯里教学设计的系统方法模型将教学设计分为十个基本环节。

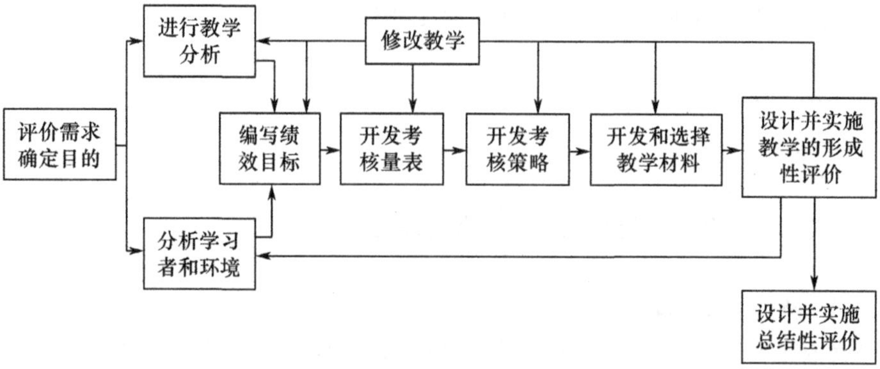

图 1-4　迪克与凯里教学设计的系统方法模型

1. **确定教学目的**

第一步要确定在学生学完教学内容后，你希望他们能够做什么。教学目的有多个来源，如教学目的的清单、需求评估结果、对学习困难学生实际情况的了解、对实际做这项工作的人员的分析以及对新教学的其他需求等。

2. **教学分析**

在确定了教学目标之后，你还要确定为了实现目的人们需要按部就班做什么。教学分析过程的最后一步是确定在开始教学之前学生应该具备的技巧、知识和态度，这些被称为入门技能。把这些确定的技能用一张图表来描述它们之间的关系。

3. **分析学习者和环境**

除了分析教学目的之外，还要同时分析学习者，分析他们学习的环境和应用技能的环境。学生现有的技能、偏好、态度以及教学环境和应用环境的特点等这些重要信息，会影响后续步骤，特别是教学策略的选择。

4. **编写绩效目标**

在教学分析和明确入门技能的基础上，你要具体写出学生在完成学习后能够做什么。这些描述来源于教学分析中技能的确定，这些描述决定了要学习的技能、技能形成的条件和成功完成的标准。

5. **开发评价工具**

根据你刚才描写的目标，开发相应的评价方案，衡量学生完成你描述的目标的能力。重点在于把目标中描述的行为类型和评级需求相关联。

6. **开发教学策略**

根据前五步中获得的信息，确定你在教学中为了实现最终的目标所要使用的教学策略。这个策略包括教学前的活动、信息的呈现、练习与反馈、测试和后续活动等几个部分。教学策略的确定以现在的学习理论和学习研究成果、媒体传递教学内容时的特点、教授的内容和接受教学的学习者的特点为基础。这些特征被用来开发或选择材料以及开发课堂交互式教学的策略。

7. 开发和选择教学材料

在这一步你将使用你的教学策略产生教学。典型材料包含学生手册、教学材料和测试（这里的教学材料泛指各种类型的教学，包括教师指导手册、学生模块、投影胶片、录像带、计算机支持的多媒体和远距离教学的网页。我们试图使“材料”这个词具有更广泛的含义）。是否决定开发原始材料取决于被教授的学习类型、现有材料的可用性和可开发的资源。还要提供在已有的资源中进行选择的标准。

8. 设计和实施教学的形成性评价

完成教学草案后，要开展一系列测试评价，目的是收集数据、提高教学水平。形成性评价的三种类型是：一对一评价、小组评价和现场评价。每种评价都为设计者提供了不同类型的信息用来改进教学。同样的技术可以被用来对已有的材料和课堂教学做形成性评价。

9. 修改教学

最后一步（也是下一次循环的第一步）是修改教学。整理和分析形成性评价所收集的数据，确定学习者在完成目标的过程中所遇到的困难，依据这些困难找出教学方面的不足。

10. 设计和实施总结性评价

尽管总结性评价是教学有效性的最终评价，但它通常不是设计过程中的一部分，它是用来评估教学的价值的，必须在完成了形成性评价、教学已经进行了充分的修改、满足了设计者的标准之后才进行。因为总结性评价通常不是由教学的设计者，而是由独立的评估员完成的，所以从本质上来说这个过程也不应该算作教学设计过程的一部分。

上述十个基本步骤描述了一个使用系统化方法进行教学设计的过程。这个过程之所以被称为系统方法，是因为它由相互关联的元素组成，每个阶段都有自己的输入和输出，这些元素结合到一起产生出预期的产品。关于系统有效性的数据同样被收集，因此，最后的产品可以被修改直到达到预期的水平。当开发教学材料时，数据被收集，并且材料被修改，这一切将使最终的教学更加有效率和效果。

可以把教学设计浓缩为以下步骤：选定教学内容→教学分析（课标要求、教材地位、学情分析）→三维目标和核心素养→教学重难点及突出突破方法→教学用具→教法学法→实验改进→教学流程→教学过程→板书设计→课中和课后练习→导学案→教学反思。

（八）教学设计、教学故事、教学案例的区别

教学设计是工作前写的教学预案，教学案例、教学故事则是工作过后写的；教学设计是一个操作流程，条理化的叙述；教学故事是事情发生的过程回忆描述，是记叙文；教学案例是对事情发生过程回忆描述后，加以议论，是夹叙夹议。

教学设计和教学故事让读者自己去体会教学方法、教育理念，教学案例则直接在议论时表达出某种教育教学观点、方法、理念。可以用图 1-5 表示它们的关系。

教学设计后面有点评实例，下面就教学故事、教学案例举例。

1. **教学故事实例**

有人说过这样的一句话：“老师不经意的一句话，可能会创造一个奇迹；老师不经意的一个眼神，也许会扼杀一个人才。”

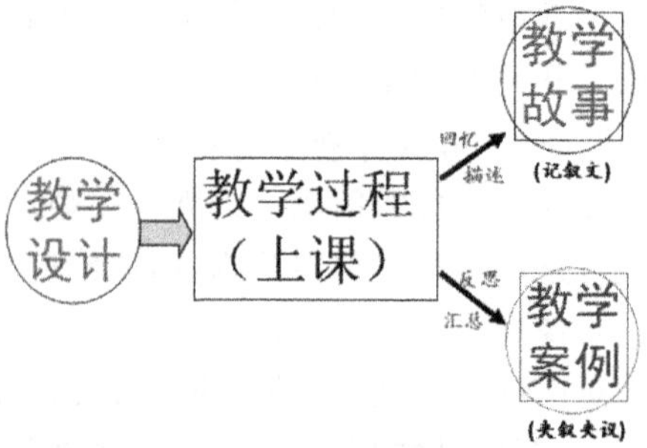

图 1-5　教学设计、教学故事和教学案例的关系

昨天的语文课上，当我讲到“我相信我们每个同学身上都有闪亮的光点”时，一名学生竟然情不自禁地脱口而出：“老师，我身上有闪光点吗?”我听了这声稚嫩的发问，心里感到一颤，循声而去，哦，原来是吴泽均同学。这时他的眼神充满期盼，脸上露出疑惑，望着他一脸的纯真，我马上说：“吴泽均同学，你身上怎么会没有闪亮之处呢? 你热爱劳动，乐于帮助同学，还有诚信的可贵品质。”当我表扬他拥有诚信时，不少学生马上举手反对，纷纷指责他言而无信，还列举了许多事例说明。但我依然为他据理力争：一次放学，我请吴泽均留下补作文，但临到放学时，突然有家长找我谈事情，吴泽均找了我好几次都没找着，于是写了张留言条，说是第二天一早到校马上交作文本。第二天一早，我刚踏进办公室，他就来交本子了。可见，他是个有诚信的孩子。尽管他做过不诚信的事，但只要诚心改过，依然值得大家的信赖。学生们被我的话打动了，没有再站起来反驳了，这时的吴泽均低下了头，似乎在反思，似乎在为以前所做的事感到惭愧。

下课回到办公室，我也在反思：吴泽均是一个学习成绩比较一般的孩子，分数经常在及格边缘，有时一不小心会滑向不及格，我知道他经常受到同学的嘲笑，因此他的心理是自卑的。由此我想到：一个总是低着头、含胸拱背走路的孩子，他的骨骼必然会变得弯曲；同样，一个自卑的孩子，在人前人后抬不起头来，他的心灵也必然会出现不同程度的扭曲。孩子，需要昂起头来走路，需要昂起头来做人，我感到这是多么重要！课后，我找他谈了话，要让他学会面对现实、接纳自己，并善于扬长避短，发挥自身优势，找到属于自己的快乐。

在今天的语文课上，我欣喜地发现吴泽均勇敢地举手发言了，尽管他回答问题不完备，很简单，尽管他的回答在其他学生眼里不屑一顾，但他能站起来，能主动发言了，可见他的心里开始拥有阳光了，虽然只是斑斑点点的阳光，但我相信，从今以后吴泽均不再是一个总是低头含胸的孩子，一定是个抬头挺胸、坚强而快乐的孩子。

作为一名教师没有能力点燃火种，但绝不能熄灭火种！面对眼前同样充满好奇和天真的孩子们，要珍惜，更要努力让每一个孩子的心中充满阳光，让每一个孩子在爱的抚慰下快乐成长。孩子的心灵是如水晶般纯洁而美丽的；孩子的心灵也是如玻璃般脆弱而易碎的。作为教师不但要欣赏他们水晶般的心灵，而且更要保护他们玻璃一样易碎的自尊。

2. **教学案例实例**

这是一篇以《微项目研究》为题的教学案例。

学习主题中的研究问题，可以拆解成微项目来实现完整任务驱动下的知识生成和思想方法构建，让学生在实际问题解决中产生认知需求，培养学生在发现问题和解决问题的过程中，将已有知识与新信息整合的自主学习能力。海带中获取单质碘是典型的微项目研究性问题，教师给出“从海带中获取碘单质”的微项目课题，并提供一部分学习资料，如碘元素在海带中可能的存在形式为I^-、I^-和I_2的检验方法、I^-转化为I_2的试剂和化学方程式等，同时提供必要的实验用品。教师将课堂学习的主动权交给学生，学生围绕I^-和I_2的检验、I^-和I_2的转化、I^-和I_2的提取以及分离原理、实验原理和实验操作方法等问题的解决进行小组合作式自主学习。

实验方案设计、交流、点评与优化等学习活动均由组内和组间的生—生互动完成，而不是教师带着走。当学生在解决问题过程中产生需求时，教师进行关键性点拨，提供信息资料、实验原理、实验仪器等方面的支持（如碘单质有关的物理性质等），促使学生自主选择溶剂进行富集（萃取）、分液等实验操作方法，让学生进行头脑风暴，猜想分液和萃取应该制作具有怎样功能的仪器，锻炼学生动手实验的创造性。设计从海带中获取碘单质的实验流程，如图 1-6 所示。

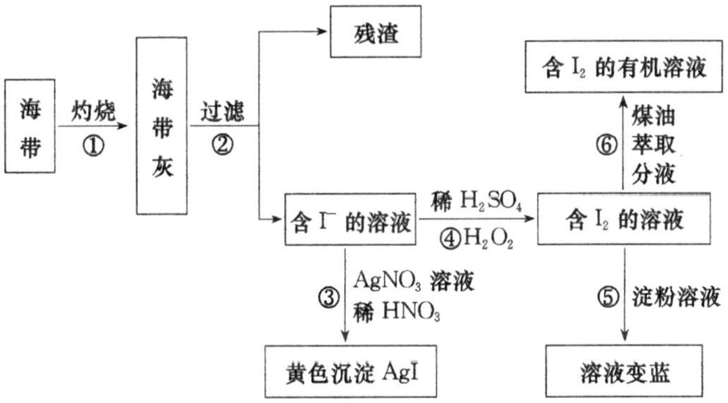

图 1-6　从海带中获取碘单质的实验流程

学生在微项目研究任务中自主发现固体物质富集、稀溶液中溶质富集的方法；学会了互不相溶液体的分离方法和分离仪器的使用，理解了分离提纯的原理和价值，建立起从自然界获取有价值物质的化学思维模式：①物质的检验和转化；②物质的富集和提取。以此作为思维工具再进行海水中获取溴单质的应用性学习，学生自主设计的提取流程，必将成为他们日后辨识和理解工业生产流程问题的创新思维火种。文献资料的学习与应用也开发了学生自我发展的学习潜能。

微项目研究促使教师放弃知识条目化罗列和设计成品和盘托出的教学方式，选择“探究型”“生活型”“工业型”素材创设认知驱动，通过以化学实验为主的多种探究活动，使学生体验科学研究的过程，激发学习化学的兴趣，强化科学探究的意识，促进学习方式的转变，培养学生的创新精神和实践能力。

(九) 教学系统构成要素

系统是指由相互联系、相互作用的若干要素构成的，具有特定功能的统一整体。教学系统则是教学过程各要素形成的具有特定教育功能的课堂整体。

从系统的概念可以分析出系统的一些特征：

(1) 世界上的任何事物、过程都是有机的整体，它们自成系统，又互为系统。

(2) 每一系统与周围的环境又可以组成一个大的系统，而原来的各个部分可以成为这个大系统的子系统。

(3) 各个系统在与环境之间进行着物质、能量、信息的交换中变化、发展，以求系统的动态稳定性与开放性。用运动、系统的观点来理解学校、教学系统、教学系统层次的划分以及教学系统的运动所表现出来的学校现象。

教学系统（instructional system）是师生共同参与，旨在实现教学目标的活动体系。其由教学人员（教师和学生）、教学信息（以各种形式编制的软件）、教学材料、设备（各种形式的教学硬件）构成，包括控制、执行、反馈三个子系统。控制系统决定整个系统的运动方向和工作内容，调整其他子系统的工作。教学是由多种要素构成的复杂系统，动态要素是教师、学生及心理环境，人的要素——教师和学生是控制和制约教学系统进行的关键因素；相对静止的要素是教学媒体和物理环境，是物的要素，是师生互动交流的载体，而心理环境是使教学系统中人和物的要素得以有机运作的文化与情感支撑。

旧课程是教师讲解、提问、板书、布置作业，学生听课、回答思考回题、做练习，学生处于被动状态。新课程要求教师调动尽可能多的教学资源创设情境，使用恰当的教学模式，调动学生主动思考、主动探究、主动看书、主动提问、主动建构。两种课程模式可以用图 1-7 来表示。

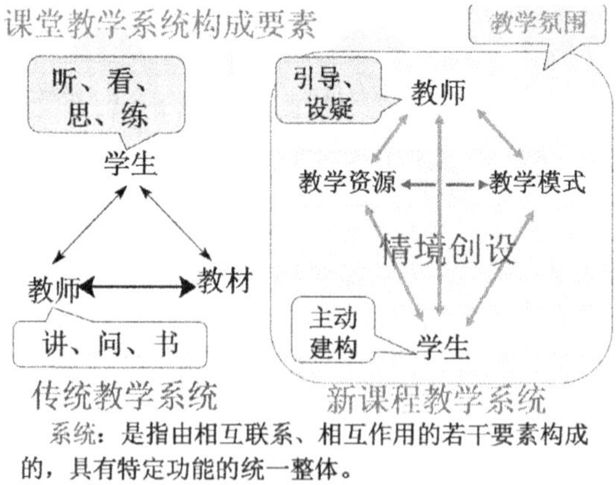

图 1-7 课堂教学系统构成要素

1. 传统教学系统

传统教学系统主要包含的因素为教师、学生和教材。

(1) 教师

在教师系统中，教师作为学生的指导者，其活动主要包括：计划，教师要设定教学目标，规划教学活动；组织，教师为达成教学目标要组织好与学习任务有关的材料，并组织相关的教学活动；辅导，教师激发学生的学习动机并为他们的学习提供帮助；评价，教师要清楚地了解学生掌握知识的情况和达成目标的情况。为了完成这些任务，合格的教师必须在教学态度、知识结构、教学能力、个性品质等多方面具备良好的素质，并使彼此间达到最优的组合。

研究表明，教师的学科专业知识水平是影响教学成效的重要因素，影响学生的知识结构、教师对教材内容的呈现方式以及教师对自己教学能力的自信心。而教师的教育学科知识，特别是有关教学原理与方法方面的知识，对教学成效的影响更大。表现在：教师所具有的学科教学法知识可以大大提高特定的知识教学的成效，会有效地促进学生对教材的理解，影响教师对概念或特定知识内容的表述方式。在多数情况下，教师的专业知识和教育学科知识是相互融合、作为整体影响教学效果的。二者一“实”一“虚”，一方面作为教授的内容，一方面作为教授的方法、形式，要提高教学质量，不可偏废任何一方。高水平的教师总是以一种融合的形式，甚至个案的形式——一个教学课题（知识、内容）伴随若干解决问题的方案，依据环境教学情境的需要，对课题采取不同的呈现方式。

研究表明，教师的一般能力和特殊能力对教学成效也有显著影响。在一般能力方面，教师思维的条理性、逻辑性、流畅性与教学成效有密切的关系；在特殊能力方面，包括语言表达能力、学科教学能力、组织管理能力、实验操作能力和教育科研能力等与学生学科素养和学业成就之间呈正相关。另外，教师的个性品质对教学成效也影响显著，它在很大程度上决定着学生个性的健康发展。

(2) 学生

学生是知识与经验的获得者，是学习活动的直接承担者，也是教学成效的最终体现者。学生学习的成败在很大程度上取决于学生的智力水平、知识结构、学习策略以及学习动机、学习态度等因素。

研究表明，学生的智力水平与学生成绩呈中等程度的相关，智力水平对学习数量和质量有影响。但智力并不是决定学生成绩的唯一因素，学生的智商与所取得的成绩并不完全一致。同等智力条件下，造成学生成绩显著差异的是情感品质。因此，教师在发展学生智力的同时，还应激发学生的进取心和求知欲，培养他们坚强的意志和健康的情绪，养成负责、认真、求实的优良学习品质。

(3) 教材

教学内容是教师组织和实施教学活动的主要依据，也是学生学习的主要依据，是实现教学目标的重要保证。教学内容是在教学系统中最具实质性的因素，它主要体现在课程、教材和教科书之中。课程、教材和教材书对教学内容的呈现既有区别，又有联系。教材是课程的重要成分，表现课程的具体内容，是课堂的基本单位，或物化形态。教材不等于教科书，教材是成套化的系列，教科书只是其中一种地位最重要、内容最基本、发展最成熟的教材。教科书是在学科课程的范畴之中，为了学习的需要而系统编制的教学用书，集中反映了国家意识和教育理念，是衡量一个国家和地区基础教育质量的重要指标。

在教学过程中，是“教教科书”还是“用教科书教”不仅反映了教科书在教学中的作用，也反映了教师的教学观念。在“教教科书”的情况下，教科书本身是学习目的，重视的是教科书内容的掌握。这种教学把关注点放在“完成”了哪些既定的内容结果上，为了达到这种结果，教学往往呈现满堂灌的填鸭式状态，学生成了被动接受知识的容器。“用教科书教”则是把教科书作为一种信息载体，或学习资源，使学生在通过对教科书的学习获得知识的同时，培养能力，掌握方法，形成思想和观点，提高素养。这种教学重视的是知识获得的过程，重视引导学生通过研究去获得知识的结论。

2. 新课程教学系统

新课程教学系统强调教师的主导作用和学生的主体作用，与传统教学系统中教师负责讲解、提问和板书不同，新教学系统中教师主要负责引导和设疑，通过情境创设，利用包括教材在内，却不仅限于教材的多种教学资源，结合不同的教学模式，激发学生的学习兴趣、开拓学生的思维，引导学生主动建构。

实例见本书第二部分中广东省第七届师范生教学能力大赛决赛选手刘慧的“人教版《高中化学必修 1》第三章第二节‘铁盐与亚铁盐的相互转化’——基于宏观-微观-符号三重表征”的教学设计，教师精心设计了情境创设、演示和学生实验、小组讨论、层层递进设问、知识的拓展延伸、微观解析、从特殊到一般的模型建构等，都形成了教学氛围，并构成了一个完整的教学系统。

二、课堂教学的步骤模式

（一）整体模式

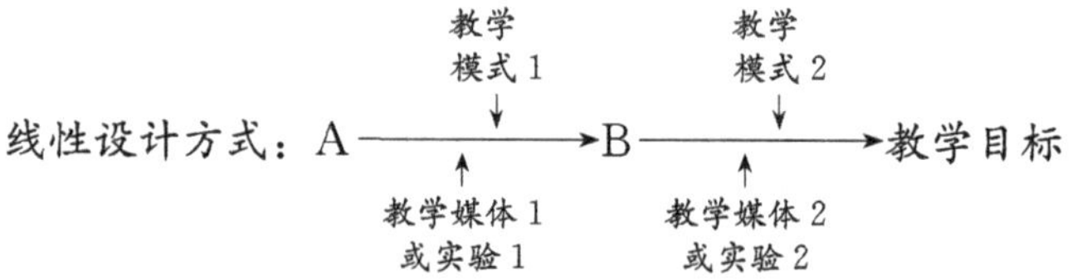

这种形式的课只有一个教学环节，例如：学生实验课，教师先讲注意事项，学生开展实验、记录现象，结束后整理好实验用品就下课了。这就是线性 A→B 教学设计方式。

（二）小步走模式

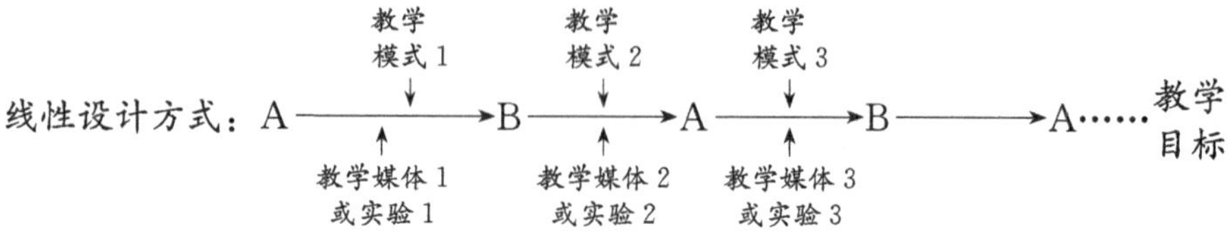

这种形式的课比较普遍，如大多数新课、复习课、习题讲评课，一节 40～45 分钟的课，分为几个教学环节。例如：人教版《高中化学必修 1》第三章“金属及其化合物”第一节“金属的化学性质”。

第一课时：第一个教学环节为“介绍地球上大多数金属的存在（一些金属元素在地壳中的含量比例）”；第二个教学环节为回忆“初中所学过的几种金属的化学性质（铝与硫酸铜溶液反应、镁条燃烧、铜丝与硝酸银溶液反应、镁条与稀盐酸反应）”；第三个教学环节为“金属与非金属的反应（钠与氧气的反应、加热铝箔，有的教师还补充铁粉、铜粉与硫加热反应）”；第四个教学环节为“金属钠与水的反应”；第五个教学环节为“小结金属与非金属、与化合物反应的性质”；第六个教学环节为“课堂练习”。

第二课时：第一个教学环节为“金属铝与氢氧化钠的反应”；第二个教学环节为“总结金属及化合物的性质”；第三个教学环节为“学生练习写有关金属及化合物的化学方程式的离子方程式”；第四个教学环节为“物质的量在化学计算中的应用”；第五个教学环节为“课堂练习”。

（三）分叉式模式

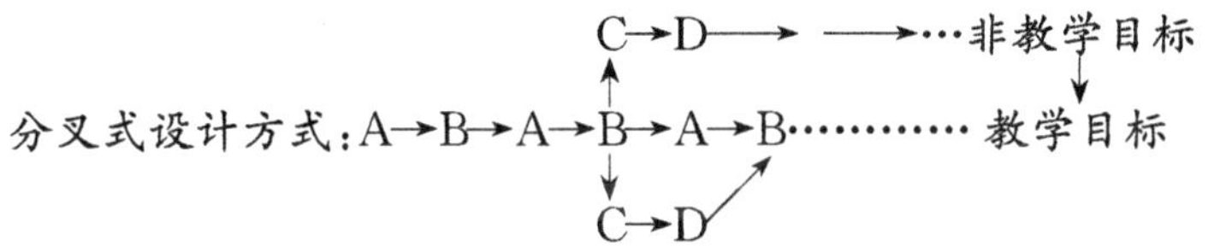

例如：部分知识型教学内容，教师在抽问时，学生回答出与预先设想不一致的问题，教师不得不解释学生的回答；又如课堂化学实验，出现了意外现象，有些可能留到课外去探究，有些可能教师不得不在课堂对意外现象进行解释和分析。这两种情形都没有按照预先的教学设计进行，而是走入了另外的路线，有的可能可以回到原来的教学设计路线上来，有的可能回不到预设路线上来。这就是分叉式教学设计。

三、课堂教学师生活动的四种方式

（一）以教师为中心的讲授法

这种教学法是现在大批特批的，但我们认为不应该完全抛弃讲授法。例如，对化学实验注意事项、一些理论知识、一些难点的突破、推理过程的展示、习题讲评课、化学史和科学家故事等等，讲授法仍然有不可替代的作用。只不过不能整节课或大多数时间都用讲授法，这样课堂比较单调，学生容易注意力分散，且也不容易提高学生的能力。以教师为中心的讲授法模式如图 1-8 所示。

例如：过去经常出现的整节课讲授法，还有就是“专题讲座”，都是以教师讲为主。

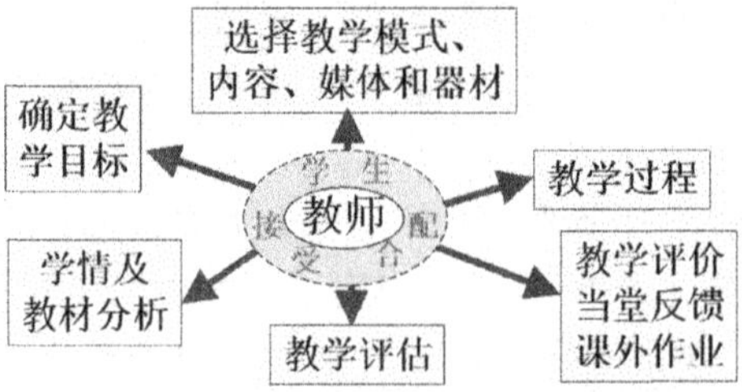

图 1-8　以教师为中心的讲授法

（二）教师和学生活动各占一半的教学法

很多内容可以是教师活动和学生活动各占一半的。如习题讲评课、理论和实验并存的物质性质课、化学反应原理课等，如图 1-9 所示。

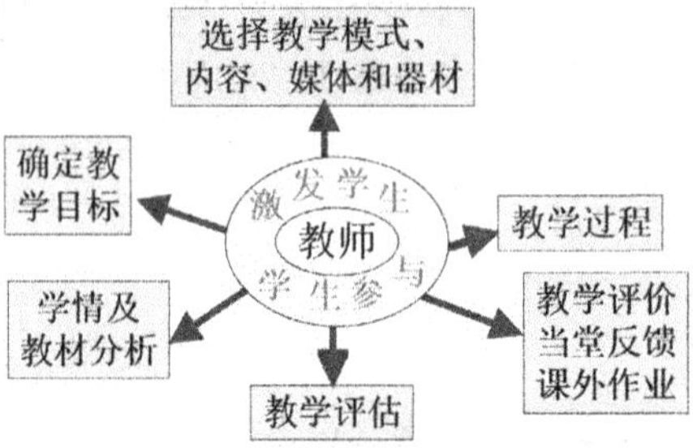

图 1-9　教师和学生活动各占一半的教学法

（三）以学生为中心的情境教学法

这是目前提倡的课型。要求教师以学生为中心设计和展开教学活动，要求教师讲述时间不超过 1/3，多数时间用于教师创设情境，让学生动手动脑，如图 1-10 所示。

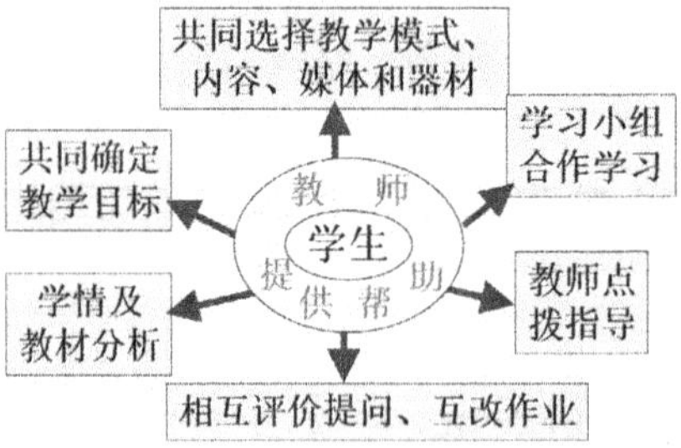

图 1-10　以学生为中心的情境教学法

（四）全部为学生活动的教学法

这种教学方式在课堂上用得较少，在课堂应用必须是难度小的内容。如初中化学的科普性质的微量元素、糖类蛋白质、高分子内容，或者是练习课（如学生实验、习题练习）。主要用于如课外综合实验、课外趣味活动、创客、发明创造。以学生自主组合、分工、自主选题、自主活动。有困难或问题再向教师咨询，教师只起顾问的作用。还有“项目式教学设计”也是，如图 1-11 所示。

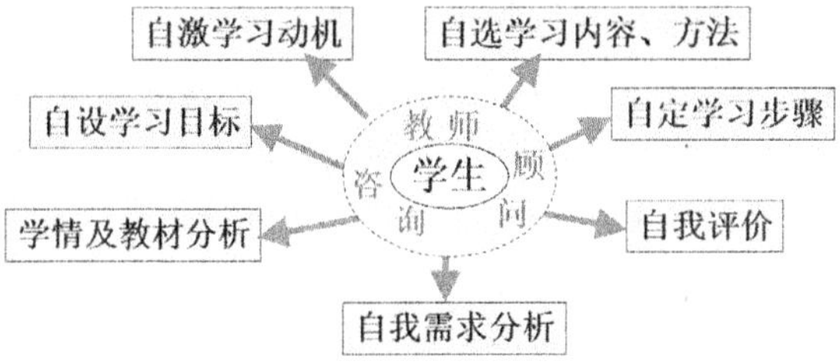

图 1-11　全部为学生活动的教学法

例如，现版苏科版高中化学选修《实验化学》在第二单元“物质的分离与提纯”这一专题中：为了增加化学的趣味性，让学生理解化学的实用性，提高学生的科学探究能力，建议设计粉笔末混合成分测定实验：从探究粉笔中各物质含量，让学生从问题和假设出发，依据探究目的，设计粉笔成分的探究方案，并运用化学实验进行探究，最终得出结论。在这一过程中，同时也让学生熟练应用过滤（抽滤）这一基本分离方法和酸碱滴定实验操作，理解微溶与难溶概念，提升数据处理能力。

教学活动设计为：教师在课前让学生查阅相关资料，了解粉笔的主要成分和相关知识点。课堂开始后，教师让学生两人一组，一人负责沉淀部分，一人负责溶液部分，分组进行本节课的学习。首先，教师通过提问了解学生课前预习的情况，为了让学生了解本实验的目的、原理，教师通过分析和提问引导学生自主发现实验方案，在此过程中，引导学生领悟宏观和微观的密切联系，鼓励学生积极思考，最终得出最佳方案并通过实验获取数据。课堂过程中，帮助解决学生可能遇到的各种问题，主要问题包括各种物质的含量如何测定，酸式滴定管的使用，抽滤的操作步骤，产率如何计算等。教师组织学生讨论实验方案，学生分小组完成实验探究。

这种设计就是以学生为中心、以学生活动为主的教学设计。

四、课的类型

教师根据不同的教学任务而确定的课的类型，即为课型。

例如：新授课、复习课、实习课、测验课、答疑课、习题讲评课、综合课、活动课等。

（1）新授课：是以讲解新知识为目的的课。新授课是教学体系中最基本的教学形式，在以上几类课型中占的比例最大。所以，上好新授课，提高新授课的教学效率是提高教学质量、减轻学生负担的关键。新授课是教师向学生传授从未感知过的新知识的过程，往往最能集中反映教师的思想素质、业务水平和教学能力。

（2）复习课：是以复习巩固所学知识为目的的课。复习课是指教师专门引导学生对新学的数学知识进行系统的归纳、总结、消化、理解、巩固、综合应用，沟通知识之间的横向和纵向联系，形成知识网络的授课形式。它以达到帮助学生巩固所学知识，培养学生综合运用知识解决问题的能力为主要目的。

（3）实习课：是以培养学生技能、技巧为目的的课。

（4）测验课：是以检查学生掌握知识和技能程度为目的的课。

（5）答疑课：是针对学生学习中普遍存在的有代表性的疑难症结，在课上评析、讲、练，集中解决的一种课型。答疑课是一种辅助课型，是否组织答疑，以学习实际需要而定。但答疑对于及时弥补知识欠账，转化后进学生，大面积提高教学质量颇具有独到的功能。

（6）习题讲评课：是以讲评学生做过的试题，纠正学生错误为主要目的的课。习题讲评课是训练或考试之后，教师对其分析、讲解和评价的课型，是对检查内容中出现的问题的矫正、巩固、完善和深化。“评讲”，有人常谓之“讲评”，虽两词仅字颠倒而已，然而后者重在讲或教师讲，囿于传统的观念；前者侧重于评，即评价，渗透着现代教学思想，所以，称评讲更为贴切。评讲根据训练的性质可概括为四种情况：①考试评讲，它在各类考试如期中、期末、毕业、高考模拟等之后。②练习评讲，它具有阶段自查特征，如专题练习、总复习中综合练习后的评讲。③单元评讲，因学习内容偏少，一般评练结合，侧重于知识归类。④随时评讲，评讲内容包括作业和课上练习。

（7）综合课、活动课：是将讲授、复习巩固、检查提问、作业练习等活动交叉进行的课。

任课的教师要根据选择的教学任务和教学实际情况，来确定课的类型。

五、教学设计应注意的教学原则

我国中小学的教学原则主要有：科学性与思想性统一原则、理论联系实际原则、直观性原则、启发性原则、循序渐进原则、巩固性原则、发展性原则、因材施教原则。

（一）科学性与思想性统一原则

含义：是指教学要以马克思主义为指导，授予学生以科学知识，并结合知识教学对学生进行社会主义品德和正确的价值观与世界观教育。

基本要求：①保证教学的科学性；②发掘教材的思想性，注意在教学中对学生进行品德教育；③要重视补充有价值的资料、事例或录像；④教师要不断提高自己的专业水平和思想修养。

在中学化学教学中，结合化学科学知识教学进行思想教育的内容是很丰富的。例如，在各章节的教学中，通过介绍物质的用途，化学原理的应用，化学在工农业生产、国防建设、现代化科学技术和日常生活中所起的重大作用，以及我国化学科学和化工生产在新中国成立以来的发展情况的事实的对比，对学生进行社会主义制度优越性和为实现四个现代化而学好化学的思想教育。通过有关科学家生平事迹的介绍，可对学生进行热爱科学、不畏艰难、攻克难关、坚韧不拔的思想品德教育。通过化学实验的教学，在教师以身示范的基础上，严格要求学生掌握科学实验方法的同时，对学生进行尊重事实、重视实践、实事求是的科学态度，整齐清洁、认真细致、一丝不苟、严肃认真、有条不紊的工作作风，遵守纪律、热爱劳动、勤俭节约、爱护公共财物等良好道德品质的教育。

（二）理论联系实际原则

含义：是指教学要以学习基础知识为主导，从理论与实际（社会、生产、生活）的联系上去理解知识，并注重学以致用，发展动手能力，领悟知识的价值。

基本要求：①书本知识的教学要注重联系实际；②重视引导学生运用知识；③逐步培养与形成学生综合运用知识的能力；④补充必要的校本（乡土）教材。

例如，学到蛋白质时，联系我国在世界上第一次人工合成结晶牛胰岛素的重大意义；学到有机高分子时，联系我国塑料、合成纤维、橡胶等化工生产的发展情况；学到农药、肥料时，联系我国这方面的生产情况及对农业生产的作用。

（三）直观性原则

含义：是指教学中引导学生观察事物或图像，聆听形象描绘，观察或动手实验，观看或拼接模型等。

基本要求：①正确选择直观教具和现代化教学手段；②直观要与讲解相结合；③防止直观的不当与滥用；④重视运用语言、实物和录像的直观性。

（四）启发性原则

含义：是指在教学中教师要激发学生的学习主体性，引导他们经过积极思考与探究自觉地掌握科学知识，学会分析问题，树立求真意识和人文情怀。

启发性原则看似强调教师的启发，实则更重引发学生的主动探究，重学生的领悟、融会贯通与觉醒，让学生能动地、创造性地获得知识、智能与品性的全面发展。故这个原则亦可称探究性原则，或启发与探究相结合原则，更能反映时代的精神。

基本要求：①调动学生学习的主动性；②善于提问激疑，引导教学步步深入；③注重通过在解决实际问题中启发学生获取知识；④发扬教学民主。

例如苏格拉底与学生的对话，就是启发性原则的典型案例。

学生：请问什么是善行？

苏格拉底：盗窃、欺骗、把人当奴隶贩卖，这几种行为是善行还是恶行？

学生：是恶行。

苏格拉底：欺骗敌人是恶行吗？把俘虏来的敌人卖作奴隶是恶行吗？

学生：这是善行。不过，我说的是朋友而不是敌人。

苏格拉底：照你说，盗窃对朋友是恶行。但是，如果朋友要自杀，你盗窃了他准备用来自杀的工具，这是恶行吗？

学生：是善行。

苏格拉底：你说对朋友行骗是恶行，可是，在战争中，军队的统帅为了鼓舞士气，对士兵说，援军就要到了。但实际上并无援军，这种欺骗是恶行吗？

学生：这是善行。

这种教学方法有其可取之处，它可以启发人的思想，使人主动地去分析、思考问题，它用辩证的方法证明真理是具体的，具有相对性，在一定条件下可以向自己的反面转化。这一认识论在欧洲思想史上具有巨大的意义。

（五）循序渐进原则

含义：是指教学要按照学科的逻辑系统和学生认识发展的顺序进行，使学生系统地掌握基础知识、基本技能，形成严密的逻辑思维能力。

基本要求：①按教材的系统性进行教学；②抓主要矛盾，解决好重点与难点；③由浅入深、由易到难、由简到繁；④将系统连贯性与灵活多样性结合起来。

（六）巩固性原则

含义：是指教学要引导学生在理解的基础上牢固地掌握知识和技能，长久地保持在记忆中，以便根据需要迅速再现出来，卓有成效地运用。

基本要求：①在理解的基础上巩固；②重视组织各种复习；③在扩充、改组和运用知识中积极巩固。

在中国古代，孔子就提出“温故而知新”的主张。传统教学的一个突出特点，就是重视对所学知识的熟记。在外国，捷克教育家夸美纽斯明确提出了“教与学的彻底性原则”。他形容只顾传授知识而不注意巩固，就等于“把流水泼到一个筛子上”。现代心理学和教学论对巩固性原则的重要意义，已提供了越来越科学的说明。从广泛的学习过程而言，如果一个人边学边忘，那就一无所得，永远处于无知状态。在教学过程中，学生的学习，不同于成年人或科学家。学生在短时期内集中地学习大量未经自己亲身感受的间接知识与经验，又不能立刻地、全部地运用于实践，遗忘的可能性极大。因此，便特别要求进行巩固工作；同时，心理学和教学论研究表明，防止遗忘也是完全可能的。

例如在每一个教学环节设计学生练习，以便当堂反馈；一节课结束后布置课后练习和复习要点；一个章节完成后有章节练习和章节检测和讲评。教师指导复习还要遵循学习金字塔的方法（见图 1-12）和遗忘曲线的时间规律

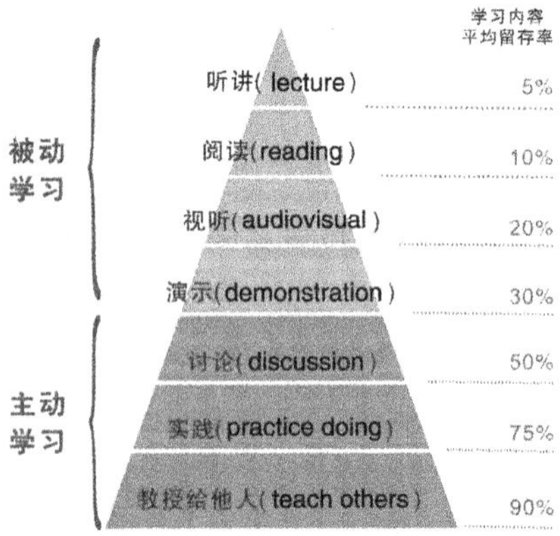

图 1-12 学习金字塔

（见图 1-13）。

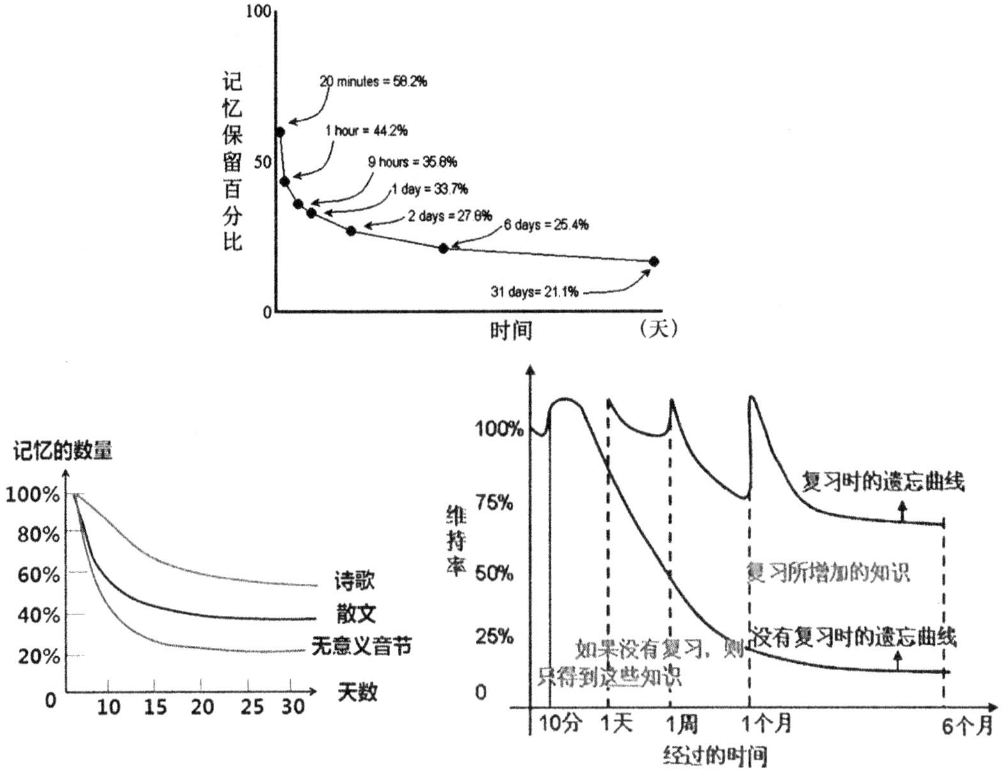

图 1-13　艾宾浩斯遗忘曲线

（七）发展性原则

含义：是指教学的内容、方法和进度要适合学生的发展水平，但又有一定的难度，需要他们经过努力才能掌握，以便有效地促进学生的身心发展。

基本要求：①了解学生的发展水平，从实际出发进行教学；②考虑学生认识发展的时代特点。苏联教育家赞可夫在“教学与发展相互关系”的实验中，创立了发展性教学方法，强调“以最好的教学效果，来达到学生最理想的发展水平”，将培养操作能力、创造性思维能力、创新能力作为发展的三大支柱。

（八）因材施教原则

含义：是指教师要从学生的实际情况、个别差异与个性特点出发，有的放矢地进行有区别的教学，使每个学生都能扬长避短、长善救失、获得最佳发展。

基本要求：①针对学生的特点进行有区别的教学；②采取有效措施使有才能的学生得到充分的发展。例如，对尖子生、怪脾气学生、文化成绩差的学生要区别指导、用不同教育方式和要求。

六、教学设计的评价标准

（一）陈述性评价标准

为了贯彻党的教育方针，落实《国家中长期教育改革和发展规划纲要（2010—2020年）》精神，实现中华民族伟大复兴的强国之梦，提高广大教师的师德水平，提高广大教师的专业水平和教学能力，鼓励广大教师创新教育思想、教学模式和教学方法，促进教学过程的科学化，提高课堂教学质量，为造就一批名师和学科领军人才做出贡献，对课堂教学设计的评价包括如下几个方面。

1. **教学内容分析**

教学内容主要指“课标”的“内容标准”中所规定的学科知识及其由内容所反映的学科思想方法，是实现教学目标的主要载体。教学内容分析的目的是在准确理解内容的基础上使教学做到准、精、简。这是激发学生学习兴趣、减轻学生学习负担、有效开展课堂教学、提高课堂教学质量的前提。

教学内容分析要做到：

（1）正确表述教学内容以及由内容所反映的学科思想方法，并阐明其核心。

（2）正确区分教学内容的知识类型（事实性知识、概念性知识、程序性知识、元认知知识）。

（3）正确阐述当前教学内容的上、下位知识及其关系，明确知识的来龙去脉。

（4）从知识发生、发展过程的角度分析内容所蕴含的思维教学资源和价值观教育资源。

（5）通过分析明确教学的重点和关键。

2. **教学目标设置**

教学目标是预期的学生学习结果。教学目标是设计教学过程、选择教学方法和安排师生活动方式的依据，是教学结果的测量与评价的依据。清晰而具体化的目标能有效地指导学生的学科学习。

教学目标的设置与陈述要做到：

（1）正确体现“课程目标—单元目标—课堂教学目标”的层次性，在“课标”的“总体目标”和“内容与要求”的指导下，设置并陈述单元目标和课堂教学目标。

（2）目标要指向学生的学习结果。

（3）目标要与教学内容紧密结合，避免抽象、空洞。

（4）要用清晰的语言表述学生在学习后会进行哪些判断，会做哪些事，掌握哪些技能，或会分析、解决什么问题等等。

3. **问题诊断分析**

问题诊断分析的核心是学生学习条件的分析。学习条件主要指学习当前内容所需要具备的内部条件（学生自身的条件）和外部条件。学习条件的分析是确定教学方法、设计教学材料的前提。鉴于学习条件（例如，内部条件包括认知因素和非认知因素）的复杂性，本标准着重强调如下要求：

（1）分析学生已经具备的认知基础（包括日常生活经验、已掌握的相关知识技能和学科思想方法等）。

（2）分析达成教学目标所需要具备的认知基础。

（3）确定“已有的基础”和“需要的基础”之间的差异，分析哪些差距可以由学生自己消除，哪些差距需要教师的帮助。

（4）在上述分析的基础上明确教学可能存在的问题、困难或障碍，并分析突破问题、困难或障碍的策略。

4. **教学支持条件分析**

为了有效实现教学目标，根据已定的教学内容、问题诊断分析和学习行为特点，重点分析应当采取哪些教学支持条件，以帮助学生更有效地进行思维，使他们更好地发现学科规律，加强对教学内容的理解。本标准侧重于信息技术的使用，要从使用信息技术的原则出发，结合具体教学内容加以分析，充分体现使用信息技术的优越性。主要分析如下三个方面：

（1）说明具体所使用的信息技术，要具体指出用计算机或其他信息技术设备的什么软件工具或功能。

（2）说明将所使用的信息技术具体用在哪个教学环节或哪个具体内容上，以及如何通过使用该信息技术来帮助完成哪些具体的教学任务。

（3）具体说明使用该信息技术会给教学或学习具体带来什么好处。

5. **教学过程分析**

教学过程是学生在教师指导下的学科学习活动，包括学生对学科知识的认知和实践两个方面。从操作的层面看，教学过程就是由教师安排和指导的学生学习的活动步骤。对教学过程的要求如下：

（1）注意根据不同知识类型的学习过程安排教学步骤，包括：引入课题、明确学习目标，调动学生已有相关知识，呈现有组织的学习材料，引导学生的归纳、概括活动以促进知识的理解，通过练习促进知识向技能的转化，提供应用性情境促进知识技能的迁移等。

（2）正确组织课堂教学内容：正确反映教学目标的要求，重点突出，把主要精力放在核心内容及其反应的学科思想方法，注重建立新知识与已有相关知识的实质性联系，保持知识的连贯性、思想方法的一致性，易错、易混淆的问题有计划地复现和纠正，使知识得到螺旋式的巩固和提高。

（3）学生活动合理有效，教师指导恰时恰点：在学生思维最近发展区内提出问题，使学生面对适度的学习困难，激发学生的学习兴趣，启发全体学生开展独立思考，提高学生思维的参与度，使学生逐步学会思考。

（4）恰当处理预设与生成的关系，以便于机智运用反馈调节机制，根据课堂实际适时调整教学进程，采取有效策略解决学生遇到的学习困难，为学生提供反思学习过程的机会，引导学生对照学习目标检查学习效果。

（5）设计的练习具有针对性和有效性，起到巩固知识、训练技能、查漏补缺的作用，并在帮助学生领悟学科基本思想，积累丰富的学科活动经验，发展学科能力，培养学习习惯等方面发挥积极作用。

（6）根据教学内容的特点及学生学习的需要，恰当选择和运用包括教育技术在内的教学媒体，有效整合教学资源，以更好地揭示学科知识的发生、发展过程及其本质，帮助学生正确理解学科知识，发展学科思维。

在教学过程的设计中，还要注意对所使用教学策略的分析。教学策略是指在设定教学目标后，依据教学内容和学生情况，为解决教学问题而选用的教学方法和手段。教学策略分析的一个重要目的是提高教学的质量和效益。从课堂教学的实际出发，教学策略分析要做到具体且针对性强，主要包括如下几个方面：

①对如何选择、运用与教学内容紧密相关的教学材料的分析。

②对如何从学生的现实出发组织教材，将已学知识自然融入新情境，以旧引新，以新强旧的分析。

③对如何根据教学内容特点和学生情况选择教学方法的分析。

④对如何围绕教学重点，依据知识的发生发展过程设计“问题串”，用以引导学生的学科思维活动的分析。

⑤对如何为不同认知基础的学生提供学习机会和适当帮助的分析。

⑥对如何提供学生学习反馈和调节的分析。

6. *教学评价分析*

教学评价包括诊断性评价、过程性评价和终结性评价三个方面。教学内容分析和问题诊断分析要体现学生对所学内容的诊断性评价；教学过程的设计要利于对学生学习过程的评价，以便于对课堂教学进行调控；另外，还要通过课堂目标检测和课外作业对学生学习结果进行终结性评价，具体要求如下：

（1）目标检测可分为单元目标检测和课堂目标检测。目标检测要紧扣教学目标，通过编拟一定量的题目组成目标检测题来评价课堂教学或单元教学达成目标的情况。对于每一道题都要写明设计意图，以加强评价的针对性和有效性，并能反映学生可能存在的问题。一个单元设计一个单元目标检测，检测目标应与单元教学目标一致，突出单元核心内容；一次课还应设计一个课堂目标检测，检测目标应与课堂教学目标一致，兼顾课时教学的主要内容。

（2）作业除了要紧扣教学目标，还要针对课堂教学（特别是目标检测）情况，选择一定量合适的题目，以进一步评价教学目标的达成情况，复习、巩固和提高有关的知识、技能、方法和能力。对于每一道题都要写明设计意图，以突出目的性、针对性和有效性，并反映学生可能存在的问题。

（二）教学设计评价标准

教学设计评价表一般从结构完整，教学目标，教学重点及突破方法，教学难点及突破方法，教学过程，当堂反馈，课后练习与拓展，板书设计等方面，对教学设计进行评价，见表 1-2。

表 1-2　教学设计评价表

评价项目及权重		评价内容	得分
结构完整	10	教学设计完整要素：教材分析（课时要求、教材地位）、学情分析、教学目标、教学重点、教学难点、突出重点和突破难点的方法、课型、教学准备课（使用媒体、实验器材）、教学方法（或教学模式）、教学过程、课堂反馈和课后练习、课后拓展、板书设计、课后反思	
教学目标	10	依据课程标准、学生特点制定的三维目标、应该体现的化学科核心素养或中国学生的核心素养	
		目标设置准确、合理、可测性强，有层次	
教学重点及突出方法	5	符合该内容的知识及结构内容，符合学生的认知水平；突出重点的方法可行具体	
教学难点及突破方法	5	符合该内容的知识及结构内容，符合学生的认知水平；突出难点的方法科学、有效	
教学过程	60	教学过程完整，能反映教学内容，师生互动和可能出现问题的对策（10 分）	
		创设与教学内容密切相关的教学情境，层层递进（10 分）	
		教学活动围绕总的目标，每个教学环节有一定的小目标，不断引导学生思考、自主探究、合作、小组讨论和发言（10 分）	
		重点突出、难点得以突破，围绕重难点设计有一定思维深度的问题，能激发和调动学生的学习积极性（10 分）	
		体现学生主体、教师主导作用，学生充分动手动脑（10 分）	
		时间分配合理，各环节间过渡自然（5 分）	
		有完整的预设，但也留有课堂教学资源即时生成的时间和空间（5 分）	
当堂反馈、课后练习与拓展	5	依据课程标准和考试说明相关要求设计训练题（2 分）	
		难度和题量适中，要求明确（1 分）	
		有针对性、层次性和实践性，注重知识的内化和能力培养（2 分）	
		有趣味性、创新性（1 分）	
板书设计	5	言简意赅，表述准确；抓住关键词，重点突出，鲜明直观；思路明晰，条理清楚；体现本节课所学知识内在逻辑关系	

（三）PTA 量表评价标准

PTA（Primary Trait Analysis）即基本要素特征分析法，由美国教师沃尔弗德和安迪生等倡导，是一种比较成熟的评价方法。PTA 量表评价标准见表 1-3。

表 1-3　PTA 量表评价标准

项目	细则	优秀	良好	一般
内容（占 30%）	1. 知识的重难点突出			
	2. 文字表达流畅、有吸引力			
	3. 主要文字说明应表现出概括性、科学性、正确性			
	4. 应包含反映实践特色的设计内容			
	5. 考察活动的表达应按照一定时序性			
	6. 能紧扣主题，围绕探索规律展开			
合作（占 10%）	积极与同学合作，小组讨论中积极发言			

第二部分　师范生教学技能大赛教学设计点评

一、初中化学

（一）教学设计1：第二单元　我们周围的空气（课题2　氧气）

课题2　氧气

2015届广东省师范生教学技能大赛初赛　何××

一、教材分析

（一）教材的地位和作用

本节内容是学生认识具体物质及其变化规律的开始和典型代表，是从化学学科特征出发，运用实验方法研究物质的开始，符合由简单到复杂的认识规律。通过“氧气”的学习，培养学生探索物质时应遵循合理顺序的意识，使观察更细致，描述更全面、准确，为后面学习相关物质的性质奠定基础。

（二）教材内容分析

1. 教学内容

本课题包括氧气的性质和化合反应、氧化反应两种基本化学反应类型两部分。教材以氧气的性质为核心，通过氧气所能发生的一些具体的化学反应，介绍了化合反应的基本概念。

第一部分从介绍氧气的物理性质入手，通过带火星的木条、硫、木炭、铁几种物质在氧气中反应所发生的现象，总结出氧气的化学性质。

第二部分通过实验和讨论归纳，学习化学反应中的一些常见类型：化合反应、氧化反应。为了和通常的燃烧对比，教材还介绍了缓慢氧化。

2. 教学目标

知识与技能目标：

（1）认识氧气的主要物理性质；通过实验探究归纳氧气的化学性质，掌握实验现象的描述方法以及相关反应的文字表达式。

（2）认识化合反应、氧化反应。

过程与方法目标：

（1）学会对实验的观察和描述，从实验中获取化学信息。

（2）学习从具体到抽象，从个别到一般的归纳方法。

情感态度和价值观目标：

（1）培养实事求是、尊重科学、尊重事物发展规律的科学态度。

（2）逐步树立“性质决定用途，用途体现性质”的辩证规律观点。

3. 教材的重点和难点

重点：氧气的化学性质，化合反应、氧化反应的概念。

难点：（1）培养学生观察、思维、分析能力。

（2）培养学生由浅到深，由简单到复杂逐步认识物质的能力。

二、学情分析

学生已具备认知基础：学生在小学自然课及初中生物课上就认识了氧气，知道了氧气的存在和氧气能供给呼吸。经过课题1空气的学习，学生对氧气的存在有了进一步认识，从心理上和知识背景上都具备了学习本课题的条件。但是学生对氧气的物理性质和化学性质以及它在生产和生活中的用途缺乏系统了解。

学生已具备的技能基础：通过第一单元的学习，学生已经了解了常用化学仪器的主要用途和使用时的注意事项，初步学会了药品的取用，但基本的实验操作不够规范。在本课题中，有较多的实验，这可以激发学生浓厚的学习兴趣，同时也可以使学生进一步认识和了解更多仪器，并学习仪器的规范操作。

三、教法分析

（一）运用多媒体课件

展示氧气应用图片，让学生感受到氧气的存在，从思想上意识到化学与生活的关系，激发学生的学习兴趣，明确本节课学习内容，同时也为氧气物理性质的学习奠定了基础。

（二）实验法

本课题的重点是氧气化学性质及化合反应、氧化反应的概念，而这些知识的获得主要是通过实验、观察、思考、分析。教学过程中突出实验环节，提高学生学习化学的兴趣，培养学生观察能力和分析综合能力。

（三）讨论、归纳法

结合实验引导学生从生成物和反应物的角度，进一步加深对化学反应的认识。让学生从不同的侧面来分析反应类型：化合反应和氧化反应。

四、学法分析

根据以上教法及学生实际，本节课主要采用的学法为：

（1）运用逻辑思维分析氧气的物理性质。锻炼学生观察、描述实验的能力，使学生学会认识物质物理性质的方法。

（2）教师演示实验，学生观察、描述、记录实验现象，在教师指导下书写化学变化的文字表达式。锻炼学生的观察能力和分析综合能力。

（3）根据实验结果在教师的引导下归纳出化合反应和氧化反应的概念，沿着实验—推理—归纳的思维途径，使学生积极参与获取知识。

教师活动	学生活动	教学意图
同学们上课了，上节课我们学习了空气的组成，知道了氧气是占空气的 21%，那今天呢，我们就来学习氧气的性质。		
提问：物质的性质在第一单元中我们学习了，分为哪些性质呢？ 讲述：所以我们研究氧气的性质，主要就是研究氧气的物理和化学性质，一般先研究物理性质。 提问：物质的物理性质主要有哪些方面呢？	思考并回答：物理性质和化学性质。	学生通过回忆认识物质主要有哪些性质。
讲述：我们呼吸的空气中就有氧气，根据你们对空气中的氧气的认识，描述一下氧气的色、态、味。 讲述：是的，氧气是无色、无味的气体；氧气的密度根据科学家的测定：在标准状况下，为 1.429 g/L，空气的密度是 1.293 g/L，所以比空气的密度略大。 设问：看一下 PPT 中氧气其他形态的颜色和形态，你发现什么？ 讲述：在 −183 ℃ 时氧气变为淡蓝色液体，在 −218 ℃时变成淡蓝色雪花状的固体。在医院里我们见到的病人输氧气的氧气罐是不是都是蓝色的？那里面装的就是经过加压后的氧气液体。	回忆并回答：色、态、味、密度、熔点、沸点和溶水性。 描述：无色、无味的气体。	引导学生研究物质从物理性质入手，从简单开始，让学生逐步形成认识物质的方法；培养学生树立科学研究的严谨态度。
[多媒体] 展示氧气的三态图及氧气瓶。 提问：鱼在水中靠什么呼吸？它呼吸的氧气来自哪里？ 陈述：氧气不易溶于水，但不是绝对不溶于水，在室温下，1 L 水中只能溶解 30 mL 氧气，这对水中动物生存有着重要意义。 [板书] 一、氧气的物理性质 颜色（无色）、状态（气体）、气味（无味）、密度（1.429 g/L）、熔点（−218 ℃）、沸点（−183 ℃）、溶水性（不易溶于水）。	学生各抒己见：靠吸收水中的氧气维持呼吸。氧气来自水中溶解的氧。 学生思考并认同。 学生思考。 得出结论：氧气不易溶十水。	
讲述：刚刚我们学习的是氧气的物理性质，现在我们来探究氧气的化学性质。 讲述：之前我们已经知道氧气能使带火星的木条复燃，这是检验氧气的方法。从这个方法中你们能得出氧气有什么化学性质吗？ 陈述：氧气是可以支持燃烧的。 提问：我们知道氧气能支持燃烧，那除了小木条还能不能支持其他的物质燃烧？ 讲述：接下来我们来研究一下其他物质在氧气中的燃烧的现场。	实验结论：氧气能支持燃烧。	引导学生学会探究实验的一般步骤，熟悉探究程序，养成从实验到分析再到结论的习惯。

续表

教师活动	学生活动	教学意图
陈述：我们知道碳在空气中燃烧是变红，那么碳在氧气中燃烧的现象是什么呢？ [播放视频] 提问：学生观察到的实验？现象是什么？反应生成了什么物质？ 陈述：发出白光，有能使澄清石灰水变浑浊的气体生成。 讲述：前面我们学了文字表达式表达磷在空气中燃烧生成五氧化二磷，我们同样可写出硫燃烧的文字表达式。	学生认真观看实验，并初步掌握碳燃烧的实验步骤。	
[板书] 反应物是碳、氧气，生成的是二氧化碳，文字表达式：碳＋氧气$\xrightarrow{点燃}$二氧化碳，左边是反应物，右边是生成物，中间用箭头连接，并注意条件是点燃。 [提问] 为什么木条、碳分别在空气里和氧气里燃烧的现象不同？它说明了什么？（提示：可从氧气含量去分析） 肯定并分析：物质在空气中燃烧，实际上是物质与空气中氧气反应，由于空气中氧气含量较少，所以在空气中燃烧不如在氧气中剧烈。 它说明了燃烧的剧烈程度与氧气的浓度有关。	学生在老师的提示下，一起叙述反应物、生成物及碳燃烧反应的文字表达式。 认真思考，可能的回答：空气中氧气含量低，氧气支持物质燃烧，氮气不支持燃烧。	
讲述：刚刚的那个结论我们只是通过一个实验得出的，不一定准确，接下来我们来探究铁在氧气中燃烧，看铁的燃烧是不是与氧气的浓度有关。 提问：铁能够在空气中燃烧吗？ 不能。 [演示实验] 提问：学生观察到的实验现象是什么？ 讲述：铁在氧气中燃烧生成的黑色固体是四氧化三铁。 提问：一起说说反应前后物质及反应的文字表达式。	观察实验现象。 积极描述实验现象：铁丝在空气中加热只发生了红热现象，在氧气中剧烈燃烧，火星四射，有黑色固体生成。 学生叙述反应物、生成物及铁燃烧反应的文字表达式。	通过观察实验现象，思考问题，让学生从感性认识上升到理性思考，培养学生对实验的观察和描述做到系统、全面和深入。
[板书] 反应物是铁、氧气，生成的是四氧化三铁，文字表达式：铁＋氧气$\xrightarrow{点燃}$四氧化三铁。 提问：根据这些反应，我们可总结出氧气有哪些性质呢？ [板书] 氧气是一种化学性质较活泼的气体，它可支持燃烧，氧气含量越高，燃烧越剧烈。 布置作业。		让学生慢慢地学会归纳总结。

五、教学过程（略）

六、板书

（一）氧气的性质

1. 氧气的物理性质（通常状况下）

颜色	状态	气味	密度	熔点	沸点	溶水性（是否易溶于水）
无色	气体	无味	1.429 g/L ＞空气 1.293 g/L	－218℃	－183℃	不易溶于水

2. 氧气的化学性质

带火星木条复燃。氧气的化学性质：氧气化学性质比较活泼，能支持燃烧，氧气含量越高，燃烧越剧烈。

碳＋氧气$\xrightarrow{\text{点燃}}$二氧化碳

铁＋氧气$\xrightarrow{\text{点燃}}$四氧化三铁

【点评】

优点：

（1）此教学设计教学目标明确，教学目的清晰。此教学设计以氧气的化学性质为核心，通过氧气所能发生的一些具体化学反应，分析化学反应的一些特点，也激发了学生对学习氧气的制法的迫切愿望，使学生了解研究气体性质的一般方法，为以后学习二氧化碳性质做铺垫，能够体现素质教学面向全体学生的要求。

（2）在教学活动中既能够注重落实知识学习，又给学生提供了探究气体的一个基本模式。

缺点：

（1）此教学设计前面教学内容设计、教学目标设计、重点和难点设计等部分都涉及化学反应、氧化反应等知识点，但是在教学过程、板书设计部分却没有涉及。当然也可能是考虑到省赛时间限制，所以在教学过程删除化学反应、氧化反应等知识点，那么此教学设计前面教学内容设计、教学目标设计、重点和难点设计等部分也应删除化学反应、氧化反应等知识点。

（2）氧气是学生接触研究的第一种气体，学生对气体性质的研究还比较陌生，教师可以通过增加学案，学案中设计出表格让学生记录反应前反应物的色、态、反应条件、反应现象、反应后生成物色、味、态、反应的文字表达式，让学生先了解要填写的内容，然后感官感触（看、闻、摸）和实验的探究，可避免观察的盲目性，逐个写出氧气反应的文字表达式和各物质的化学式，可以为氧化反应概念的引出和化学方程式的学习打下基础，同时建立一种探究的气体的基本模式。

（3）教学过程中可以采用小组活动，给予充分的时间进行推测、观察、实验、讨论、比较、分析归纳，既提高了学生的语言表达能力和动手操作能力，同时又提高了学生分析问题、解决问题的能力，培养了团结协作的精神，充分发挥了学生的主体作用，为今后学习二氧化碳、氢气等气体及性质打下了良好的基础。

(4) 同时在学生进行小组合作学习与教学评价时，既要关注对整个小组的评价，又不能忽略学生在活动中的个性反映，及时给予积极有效的肯定和激励。要使每一个学生都有动口动手的机会，成为小组学习的合作者。

(二) 教学设计 2：第二单元　我们周围的空气（课题 3　氧气的制取）

课题 3　氧气的制取

第五届广东省师范生教学技能大赛　陈××

一、设计理念

化学新课程标准倡导以提高学科素养为宗旨。本节课的设计主要抓住学生与教师双主线的特点，让学生把握主体性，成为课堂上的主人，运用科学探究的方法，紧扣教学目标，实现知识的价值观，在教学过程中，学生能够主动积极地参与。本节课的教学活动是围绕着教材分析、教学目标、学情分析、教法分析、教学过程、板书设计、教学评价七个方面进行展开的，如图 2-1 所示。

图 2-1　教学活动示意图

二、教材分析

“氧气的制取”是人教版《初中化学上册》第二单元“我们周围的空气”的课题 3 的内容。进行教材分析后，设计的板书如图 2-2 所示。

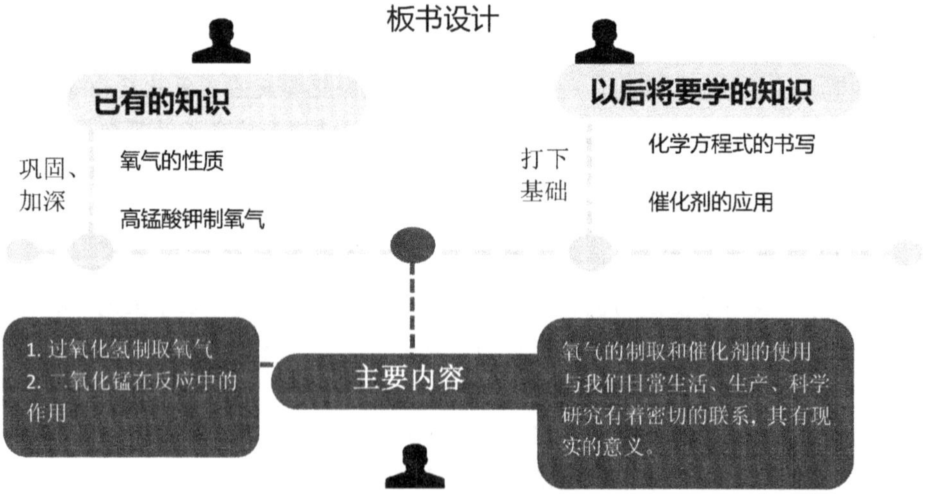

图 2-2　板书设计

三、教学目标

教学目标包括知识与技能、过程与方法、情感态度与价值观三个方面，具体如图 2-3 所示。

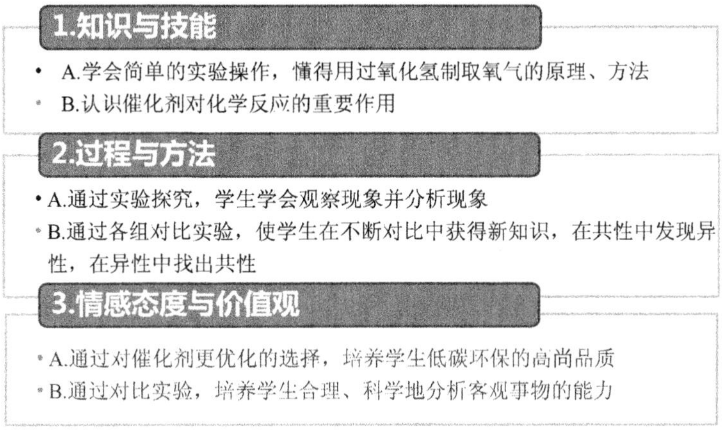

图 2-3　教学目标

四、学情分析

学情分析主要从学生已有的水平、学生的探究实验的能力、学生的心理特征、学生的特点四个方面入手，如图 2-4 所示。

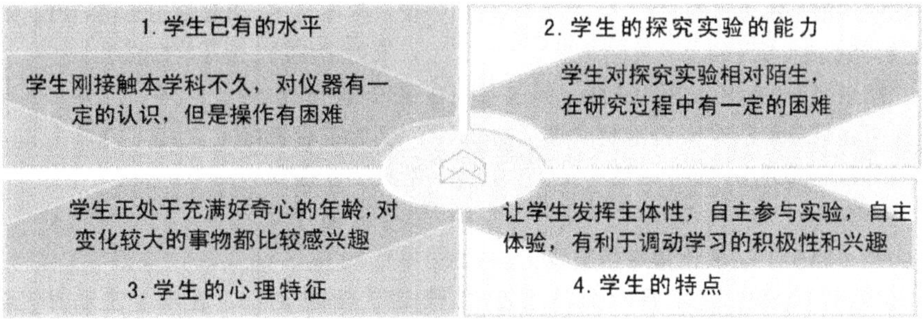

图 2-4　学情分析

五、教法分析

本节课主要采用抛锚式教学策略和启发式教学策略，运用实验探究的教学模式，引导学习从发现问题到探究、观察、分析、解决问题，如图 2-5 所示。本节课还借助了多媒体教学，让学生能够更直观地了解知识点，便于做笔记。

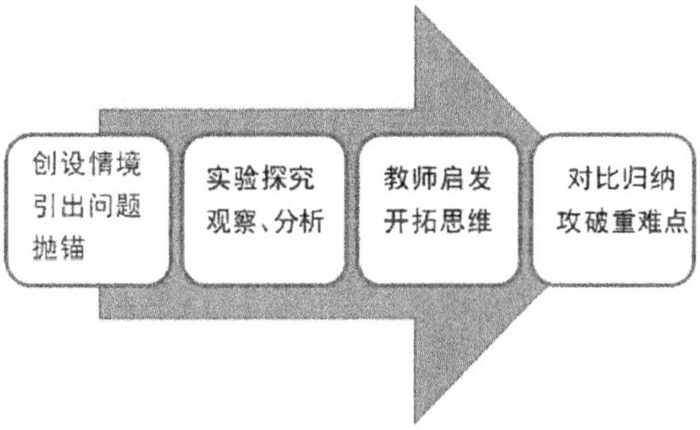

图 2-5　教法分析

本节课是作为实验课前的一个实验探究规律，先通过探究和教师的实验操作演习，规范学生的实验操作，然后再让学生到实验室进行实验操作，有利于保证学生的安全。并在本节课布置一个思考题，让学生自主思考和交流，通过熟练掌握的仪器，对过氧化氢制氧气的实验装置进行改进，有利于学生的知识迁移和促进他们的开放性思维，为下节课的实验操作课做准备。

六、教学过程

时间分配(min)	教师教学行为	体现教学技能的要素	学生学习行为	教学媒体
1 2 3	[导入] 教师展示大象牙膏的实验（抛出“锚”）。 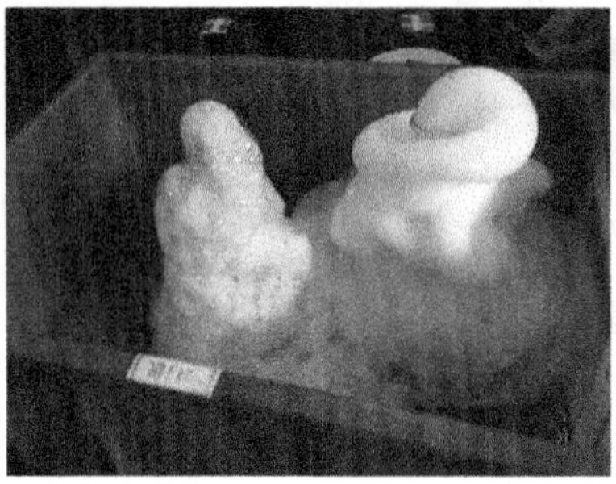	1. 结合生活中的物质，设置创新实验，引起学生注意，增强学生的好奇心。 2. 实验现象剧烈，使学生注意力集中。 情景引入（增加趣味性，引发学生兴趣）。	1. 学生产生好奇心。 2. 实验的爆发性较大，学生惊讶，使学生注意力集中，对实验产生兴趣。	实验操作 PPT
4	[提出问题] 这些泡泡是哪里来的呢？ [解释] 之所以会产生泡泡是因为产生了氧气，过氧化氢分解法是实验室制取氧气的一种常用的方法。	3. 提出问题，做出假设（学生自主思考，依据学生的内在逻辑和已有知识，对实验进行猜想，寻找实验探究的方向，开拓开发性思维）。	3. 通过提出问题引起学生思考，开拓开放性思维。	
9—10	[提出问题] 为什么加入了二氧化锰突然会冒出这么多的泡泡呢？是不是它参与了反应呢？ 探究一： 让两名学生主动当代表协助教师做以下2组实验： 第1组：将过氧化氢放在试管中，用带火星的木条检验，观察现象。 第2组：往装有过氧化氢的试管中加入二氧化锰，观察现象。 实验后让学生代表回答问题。 [教师] 对学生描述的现象进行补充和进行深入的讲解： 二氧化锰加入，使气泡冒出得更快。	实验探究（通过对实验现象的观察、分析、对比，总结出新的结论。锻炼学生的思考能力，学会简单的实验操作，培养学生分析现象、对比归纳的能力）。 再提出问题（问题情境与实验现象相紧扣，建构一个完整的思维）。	4. 让学生主动参与实验，观察现象，并进行回答，并对两组实验现象进行比较。 第1组：木条不复燃。 第2组：木条复燃，有气泡冒出，固体没有减少。 学生对比实验现象的差异，产生疑惑，引发思考。	实验操作 PPT 实验操作

续表

时间分配（min）	教师教学行为	体现教学技能的要素	学生学习行为	教学媒体
11—12	［提出问题］ 那是因为二氧化锰参与反应，过氧化氢一直参与反应了吗？ 探究二： ［教师演示实验］ 第1组：把刚才已反应过的试管，再加入过氧化氢，依旧产生大量气泡。 第2组：将同等质量的二氧化锰再加入过氧化氢中。 对比两个生成气泡的速度。 ［现象］两组实验都产生气泡而且速率一样。 ［解释］ 引出催化剂的定义和催化剂的应用： 过氧化氢$\xrightarrow{\text{二氧化锰}}$水＋氧气 产生大量氧气。 用该方程式解释导入的创新实验。 ［归纳总结］ 1. 常温，过氧化氢分解缓慢。 2. 加入二氧化锰，过氧化氢分解迅速。 3. 催化剂的定义及作用。 ［课后练习］ 想一想：下节课我们将去实验室做这节课的实验，同学们想一想如何用我们已学过的仪器来对这个实验进行改进。 完成课后练习题第1、3、4题。	［实验验证］ 采用实验现象，更直观地向学生解释其中的变化原理，有利于知识的详细解释。 ［学生观察］ ［思考讨论］ 充分发挥学生的主体作用，让学生自主积极地参与到探究过程中来。 得出结论。 详讲知识点。 再将知识点迁移到最初的情境中。 ［课堂小结］ 构建一个清晰的知识体系和思维框架，有利于学生对本节课的内容进行整理。 ［布置作业］ 承上启下，让学生可以通过练习巩固本节课的知识，又让学生开拓开发性思维，为下节课做好准备，也有利于提高学生的创新能力和知识迁移能力。	实验再探究，学生对寻求真相充满动力，认真观察实验现象。 ［学生回答］ 木条复燃，有气泡冒出，固体没有减少，且跟新加入二氧化锰的试管的速率相近。 学生认知冲突，产生疑惑，物质参与化学反应还能继续反应，性质不变，这与之前的所学的化学变化产生冲突。 通过教师的实验展示、实验对比和现象分析，对知识点的解释，获得新知识。 让学生用所学知识解释所看到的现象。 通过课后作业，学生认真完成，及时发现自己的知识点欠缺并给予补充。	PPT

七、板书设计

（一）实验探究一

物质	物质	现象
过氧化氢	无	无明显现象，木条不复燃。
过氧化氢	二氧化锰	有大量气泡产生，木条复燃。

（二）实验探究二

物质	物质	现象
过氧化氢	探究反应过的二氧化锰	有大量气泡产生，木条复燃。
过氧化氢	加入等质量的二氧化锰	有大量气泡产生，木条复燃，产生气泡的速率与上面的实验相近。

（三）催化剂的定义

这种在化学反应里能改变其他物质的化学反应速率，而本身的质量和化学性质在反应前后都没有发生变化的物质叫作催化剂。

（四）结论

$$\text{过氧化氢} \xrightarrow{\text{二氧化锰}} \text{水} + \text{氧气}$$

八、教学评价

教学评价见表 2-1。

表 2-1 教学评价表

项目	评价内容	满分	得分
教学目标（20 分）	1. 科学性	10 分	
	2. 适切性	10 分	
教材处理（20 分）	1. 正确把握重、难点	10 分	
	2. 教学结构设计合理	10 分	
教学过程（40 分）	1. 教师教学张弛有度	10 分	
	2. 学生的参与度	10 分	
	3. 教学的可行性和有效性	10 分	
	4. 师生间的互动及课堂气氛	10 分	
教学效果（20 分）	1. 知识技能达到要求	10 分	
	2. 实验研究解决问题的有效性	10 分	

【点评】

优点：

（1）此教学设计教学目标明确，体现了“知识与技能”“过程与方法”“情感态度与价值观”三个维度的和谐、统一。教学设计反映出教学思路清晰，符合课程标准要求。

（2）教学方法上，主要采用实验探究的教学方法，教师演示实验有学生参与，大大激发了学生的积极性。同时结合讨论、讲解、总结归纳等方法，充分发挥了学生的主体作用和教师的主导作用。各种方法运用有序，设计的问题有层次性，符合学生的认知规律和心理发展特点，留给学生适当思考的时间，教师适当讲解，有些结论由学生自己分析、总结出来，体现出学生自主学习、合作学习、探究学习的过程，让学生亲身感受和理解知识产生和发展的过程。

缺点：

（1）此教学设计可以针对催化剂的核心内容“一变两不变”设置一系列的思考和讨论题，使学生能够在由浅入深的讨论中深刻理解催化剂的含义，还可以考虑进行一个课外探究“硫酸铜溶液是否也能做过氧化氢溶液的催化剂”的活动设计，使学生由实验解疑，获取新知识，从而得知化学离不开实验。通过“探究—讨论—阅读—实验”的过程使学生对催化剂的概念有了充分的认识，从而突破难点。

（2）氧气对于工农业生产和日常生活非常重要，可以安排学生课外调查：工农业生产和日常生活中，需要大量纯氧气或“富氧空气”时如何抽取，通过“社会实践”的设置给学生留一个发挥的空间，调动学生积极性，通过查阅课内阅读、课外资料、网络资源等，获取新知，扩大知识面。

（三）教学设计3：第三单元　物质构成的奥秘（课题1　分子和原子）

课题1　分子和原子（第一课时）

2015届广东省师范生教学技能大赛初赛　蔡××

课堂教学设计表 学科：化学　　授课年级：九年级			
章节名称	初中化学粤教版第二章第二节第一课时	计划课时	1课时
教材内容分析	点：从本课时看，是学生首次跨进微观的物质世界，对于学生认识宏观物质的微观构成具有重要的作用。 线：从全章看，本课时不仅为前面所学的“物质的变化”等知识补充理性的微观分析，同时也为接下来要学习的质量守恒定律、化学反应方程式等知识提供理论依据，具有重要的承上启下作用。 面：从全书看，通过学习分子这一微观抽象概念，培养了学生的抽象思维与推理能力，形成正确的学科思想，为接下来的学习做好铺垫。		
学生情况分析	能力基础：通过第一章实验的学习与实践，初步具备了基本的实验技能。 智力基础：作为九年级的学生，学生的接受与探究新知识的能力都比较强。 学生特点：缺乏主动分析与思考能力；直观思维为主，抽象思维为辅；求知欲强，对微观世界充满好奇心，但学生抗挫折能力较差。		

续表

教学目标分析	知识与技能：形成分子的基本概念并初步能用分子知识解释一些简单的生活现象。 过程与方法：初步学会运用观察、实验等方法获取信息并尝试用类比推理等方法对信息进行加工。 情感态度与价值观：增强学生对化学的兴趣，并使学生初步了解到“世界是物质的，物质是可分的”。	
项目	内容	解决措施
教学重点	分子的基本性质	讲授法、实验演示法
教学难点	初步构建分子这种微观粒子的想象表象	创设情境法、多媒体展示素材
教学方法	情境激学法、讲授法、实验演示法、读书指导法、启发式教学法	
学习方法	合作与交流、操作探究法、分析归纳法	
教学策略选择与设计	情境激学：用宏观现象创设探究氛围，引起学生有意注意，突出重点。 启发式教学：把不可见的分子行为特征与学生熟悉的宏观事物进行联系，引导学生转换理解，形成分子的内部表象，初步突破难点。 多媒体辅助教学：电脑展示图片与播放动画，呈现分子行为特征，形成分子表象，引导学生最终突破本课时重难点。	
仪器药品	墨水，洒过香水的玫瑰花，浓氨水，酚酞试液，盐酸，胶头滴管，大小烧杯，量筒，酒精，试管等。	
教学流程图	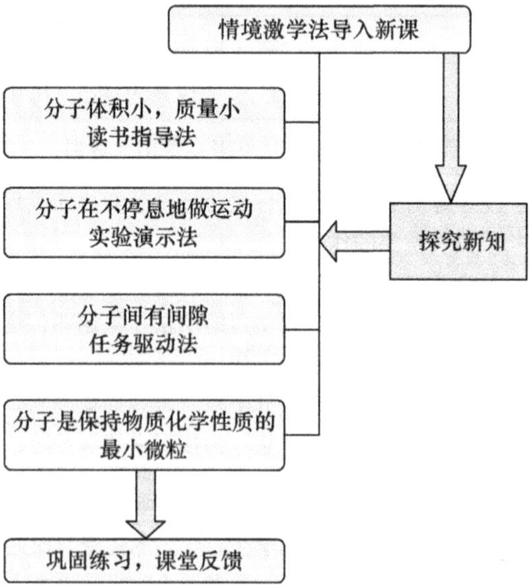	

续表

教师活动	学生活动	设计意图
孕育引思：引出课题——分子的真实存在 （情境激学法 3 min）		
【温故而知新】教师提问上节课内容：空气中最多的成分是什么？其次呢？	预设学生答案：氮气，氧气。	温故而知新，用已经学过的知识作为跳板，进行新课的导入。
【引导】科学家已经证实，物质是由分子等微小的粒子构成的，N_2、O_2就是其中的分子，那大家能感受到这些分子的存在吗？ 【创设情景】洒香水的玫瑰花。 【引导】生活中晾衣服的情景。	学生根据闻到的香味以及晾衣服的情景，在老师的引导下运用想象类比，去初步建立分子的想象表象。	这个环节是本课时的难点。为突破难点，我从上节课学生熟悉的内容入手并运用创设情景法，设疑并引导学生一步步走进分子的范畴，让学生初步构建分子的想象表象。
探究一：分子体积小，质量小 （读书指导法 8 min）		
【指导】学生阅读教材的知识视窗“分子有多大”。	分组讨论并表达交流。	通过具体数据，让学生直观、深刻地感受到“分子很小”。
【引导】物质是由分子等微小的粒子构成的，这些粒子我们肉眼看不到，但我们借助于先进仪器不仅能看到，而且还能移动它们。 【指导观察】相关物质的分子级别图片。	观察，运用想象推理，猜想分子的“面貌”，进一步构建分子的想象表象。	在这个环节里，借助多媒体展示物质放大到分子级的图片，让学生认识分子虽小却又是真实存在的，在直观感受到分子表象的同时突破本节课时的难点。
探究二：分子在永不停息地做运动 （实验演示法 10 min）		
【引导】我们用科学的手段可以移动微观粒子，那分子自身可以“动”吗？从空气的流动以及香味的传播，我们可以大胆推理分子是在“动”的，但这并不能让我们信服，下面我们用实验来验证。 【演示】“花开花谢”趣味实验。	观察实验现象，运用想象推理去尝试分析分子是否在运动。	用宏观事物引导转换理解，突出重点的同时培养学生的类比推理能力；通过趣味实验，把化学知识生动形象地展示给学生，增强学习化学的兴趣。
探究三：分子之间有间隙 （任务驱动法 10 min）		

续表

【引导】既然分子之间能不停息地运动，那是否证明它们之间有一定的“距离”呢？我们又能不能把分子间的这种“距离”直观地表现出来？ 【引导】以小组为单位，进行探究。 【多媒体演示实验】播放水与酒精混合的 flash 动画。	学生实验探究：用 5 mL 酒精和 5 mL 水混合，观察混合后液体的总体积。	在探究二结论上进行层层引导，引起有意注意，进入本课时另一个重点；同时布置实验任务，让学生在完成任务。同时培养其实验动手和团体合作能力。
探究四：分子是保持物质化学性质的最小粒子 （多媒体教学法 8 min）		
【设问】结合生活常识，水的三态变化中：气态水，液态水，固态水，它们的化学性质是否有变化？ 【电解水的 flash 演示】	观察动画实验，尝试运用变化与联系的观点去思考和分析问题。	借助多媒体，呈现过程，形成表象，化抽象知识为直观感官体验，降低学习难度，在轻松愉快的气氛中收获知识。
应用巩固，课堂反馈（6 min）		
【投影】让学生用课堂学到的分子知识解释生活现象：缉毒犬缉毒，液化石油气，天气热时车胎容易爆。	小组讨论。	深化知识在生活中的应用，同时得到课堂反馈以便我在接下来的教学中作出及时调整。
【布置课后作业】分必做习题与选做的能力提高题。	完成作业与选做能力提高题。	深化课堂知识，而考虑学生能力发展的差异以及潜力发展的需要，留下选做题目。

附：板书设计

分子

◆ 分子的定义：分子是保持物质化学性质的最小微粒

◆ 分子的性质

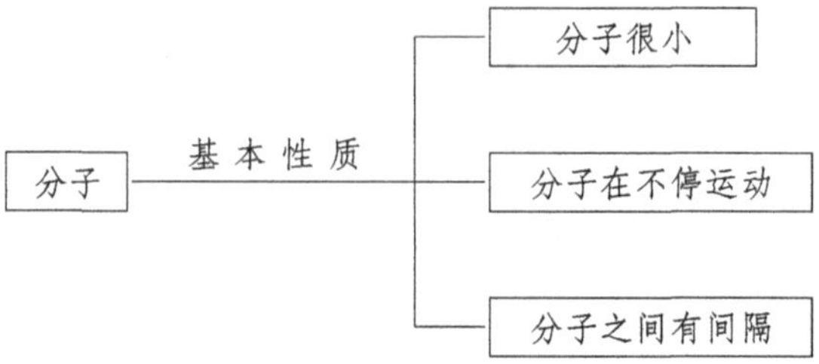

续表

附：课后作业 ◆ 让学生转换角色，以“分子的自述”为题，写一篇小结（必做） ◆ 能力提高题（选做） （考虑到学生能力发展差异和潜力发展的需要，留下选做题）如图，在一个透明密封的容器内，盛有一定量的红棕色溴蒸气。将活塞从 A 处推到 B 处时，看到的现象是________，活塞在外力作用下能从 A 处推至 B 处说明了溴分子间________。 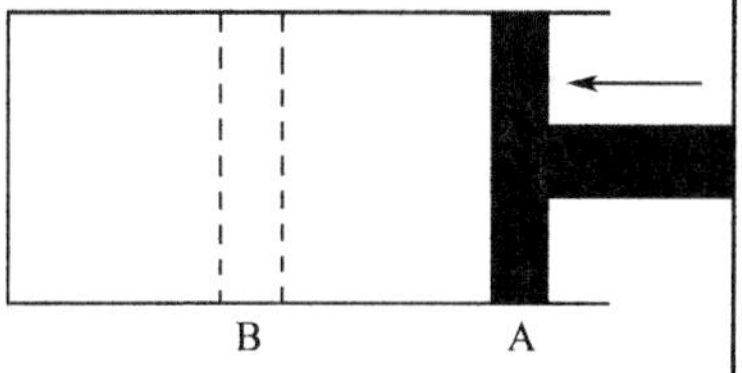
教学反思 (1) 通过温故而知新、创设情境、引起悬念，设疑并引导学生形成想象表象，感受到分子的真实存在，进而导入课题。 (2) 基于学生以直观思维为主，抽象思维为辅，其构建分子的想象表象具有一定的难度的情况，本课时采用了以引导为主的讲授法、实验演示法以及借助多媒体展示图片与播放动画来帮助学生突出重点，突破难点。 (3) 在探究中层层设疑，引导学生尝试把宏观事物与已学过的知识进行联系、转换理解，引起学生的注意以及求知欲，让学生带着好奇心去探究新知。 (4) 本课设计从生活常见事物出发、从宏观物体出发，符合循序渐进、由浅入深的学生认知规律。 (5) 基于九年级学生的实验技能初步形成，本课时设计了难度比较大的教师演示实验以及相对比较简单的“酒精与水混合”的学生探究实验，希望能让学生在实验探究的氛围中进行学习，同时保证我的课堂质量与效率。

【点评】

优点：

(1) 此教学设计从教学方法来看，该节课引导学生用微粒的观点学习化学，通过观察、想象、类比、模拟等多种方法，使学生初步理解化学现象的本质，从宏观世界步入微观世界，再反过来用微观世界的知识去解释宏观世界中诸多现象和问题，从而激发学生学习化学的兴趣，设计构思化繁为简、巧妙合理。

(2) 从教学手段上看，本节课图文并茂，结合动画模拟设计，使抽象的知识具体化，复杂的知识明了化，学生便能体验到化学变化实质过程，为深刻理解物理变化、化学变化、分子、原子等概念做了铺垫，为学生理顺了如何用分子和原子的观点解释化学变化，使学生能轻松愉快地接受这些较为抽象的知识。

(3) 课后题目设计有必做，有选做，能够做到兼顾不同层次的学生。

缺点：

(1) 必做题尽可能以基础程序化的题目为主，方便各层次学生顺利完成；选做题可以选用一些开放性较高的题目，需要学生进行发散思考，以满足学有余力的学生。

（2）整个教学是按部就班地讲分子的特征、分子的概念，最后学生都了解了分子的相关知识，可是学完之后，学生还是感觉微观世界看不见也摸不着，如果整节课都围绕“水”这一学生熟悉的物质展开，可以通过“分水”、“画水”、“拆水”沿着宏观—微观—微粒—具体分子的主线，画出不同阶段对水的不同认识，微观的水分子形象在学生的头脑中逐渐清晰起来，有利于学生微观概念的建构，并且会主动用微观的视角去看世界。

（四）教学设计 4：第五单元　物质构成的奥秘（课题 1　质量守恒定律）

课题 1　质量守恒定律

2015 届广东省师范生教学技能大赛　陈××

一、指导思想与理论依据

在化学反应前后，参加反应的各物质的质量总和等于反应后生成的各物质的质量总和。这就叫作质量守恒定律。在化学反应中，反应前后原子的种类没有改变，数目没有增减，原子的质量也没有改变。在任何与周围隔绝的体系中，不论发生何种变化或过程，其总质量始终保持不变。

二、教学背景分析

（一）教学内容分析

本节内容节选自人教版《九年级化学上册》第五单元课题 1“质量守恒定律”第 1 课时，它包括质量守恒定律的含义、原因和应用，是初中化学的一个重要化学规律，它的应用贯穿于整个中学化学。在此之前，学生学习了元素符号、化学式、分子和原子的初步知识，对化学反应中物质发生了质的变化已经有了一定的认识，本节课将引领学生对化学反应的认识开始从质到量的过渡，也为之后化学方程式的书写和计算的教学构建了理论铺垫，所以本节内容在初中化学里起着承上启下的作用，它不仅是本单元的重点，也是整个初中化学的重点内容。

（二）学生情况分析

（1）学生已有知识储备分析：已经积累了一定的元素化合物知识，对化学变化中物质发生质的变化有了一定的认识。

（2）学生已有生活经验分析：对化学反应变化过程中质量守恒存在质疑，蜡烛越烧越短、铁钉生锈后质量增加，这些生活常识似乎在诉说着一个道理：化学反应的过程中质量不一定守恒。

（3）学生认知过程分析：就物质来看，是从单一物质的质量到各物质质量总和，最后到参加反应的各物质质量总和；就对理论认知看，从实验证明守恒到从微观和本质角度去理解守恒。

（4）学生可能存在的认知障碍：从开放体系到密闭体系、从分步称量到整体称量的实验思维转换；从物质质量到微粒质量的理性思维转换。

三、教学目标设计

（一）知识与技能

（1）记住质量守恒定律的内容，能理解质量守恒定律的含义和化学变化质量守恒的原因。

（2）会运用质量守恒定律解释、解决一些化学现象和问题。

（二）过程与方法

（1）在探究活动中注重锻炼学生的交流和表达能力、分析和观察能力。

（2）培养学生运用实验的方法定量研究问题和分析问题的探究能力。

（三）情感态度与价值观

（1）树立透过现象认识事物本质的辩证唯物主义观点。

（2）通过对质量守恒定律的探究，让学生体会成功的乐趣，培养学生团结协作的团队精神。

四、教学重点和难点

（一）教学重点的分析与确定

（1）通过实验探究建立质量守恒定律。

（2）质量守恒定律的微观理解。

（3）质量守恒定律的应用。

（二）教学难点的分析与确定

（1）对质量守恒定律的正确理解，尤其是对“参加”和“质量总和”的理解。

（2）质量守恒定律的微观理解。

（3）应用质量守恒定律分析具体反应。

五、教学方法与策略

教法：演示实验法、启发引导法、多媒体教学法。

学法：实验探究法、合作学习法。

六、教学过程

教学环节	教师活动	学生活动	设计意图
创设情景	【展示】多媒体展示运动会发令枪图片。 【提问】枪响后产生的白烟可能是我们学过的什么物质呢？	认真观看。同学们不禁会想到红磷燃烧产生大量白烟。	创设问题情景，引出新的思索。
分析推理，提出猜想	【教师追问】红磷燃烧产生新物质五氧化二磷，那在这样的化学变化中，产生新物质的同时，物质的总质量是否会发生改变呢？ 猜想与假设： 参加化学反应的物质的总质量与生成的物质的总质量是否相等呢？	产生猜想，出现不同的想法。 回答三种可能： 1．大于。 2．小于。 3．相等。	引导学生从量的方面来进行探讨，了解科学探究的方法，教师适时激励，激发学生的信心和勇气。

续表

教学环节	教师活动	学生活动	设计意图
分析推理，提出猜想	【教师】大家的讨论非常热烈，从讨论的情况来看，有三种不同的意见，那么哪一种是正确的呢？我们不妨用红磷燃烧实验来探究。请同学们认真观察并记录现象。 【演示实验1】红磷燃烧前后质量的测定。 实验1结论：反应前物质的总质量与反应后物质的总质量的关系是（相等）。 【教师追问】那么是不是所有的化学变化都是这样的呢？有没有化学反应前后各物质的质量总和不相等呢？下面大家分组探究铁钉和硫酸铜，盐酸和碳酸钠粉，两个反应前后物质总质量的变化情况。	聆听，认真观察。 观察现象。 记录结果。 认真思考。	培养学生的观察能力和记录实验的方法。
实验探究，得出结论	【分组探究实验】 1. 铁钉和硫酸铜溶液反应前后质量的测定。 结论：反应前物质的总质量与反应后物质的总质量的关系是（相等）。 2. 盐酸和碳酸钠粉末反应前后的质量测定。 结论：反应前物质的总质量与反应后物质的总质量的关系是（不相等）。 【提出问题】 分析比较两个方案的实验结果，你能得到什么结论？ 【师生归纳小结】在不是封闭的体系中分析数据时，不要忽略参加反应和生成的气体，引导学生从反应的现象观察问题。 【教师追问】如果把生成的气体收集起来称量，那么反应前后的物质的总质量相等吗？怎样才能称量到气体的质量呢？	学生分组实验： （1）方案一：铁钉跟硫酸铜溶液反应前后质量的测定：1、2小组完成。 （2）方案二：盐酸跟碳酸钠反应前后质量的测定：3、4小组完成。 观察实验现象，进行讨论、归纳、完成表格（表格见后），学生代表展示本组实验，叙述实验现象和实验数据。	通过小组合作，既锻炼学生的动手实验能力，也培养他们实事求是的科学实验态度。

续表

教学环节	教师活动	学生活动	设计意图
实验探究，得出结论	【演示实验 2】 用改进后的实验装置，再次进行碳酸钠与稀盐酸反应的实验。实验后，同学们观察到：天平平衡，化学反应前后物质的总质量相等。 【得出结论】 质量守恒定律：参加化学反应的各物质的质量总和等于反应后产生的各物质的质量总和。教师强调四要素："参加"、"化学反应"、"质量"和"总和"。 【板书】一、质量守恒定律：参加化学反应的各物质的质量总和，等于反应后生成的各物质的质量总和。 【讲述】科学家也是沿着我们刚才所走过的研究路线，发现并一次次地验证了这条定律。该定律的最早发现要归功于罗蒙诺索夫和拉瓦锡。 【投影】史实资料——《质量守恒定律的发现》 【提问】为什么化学反应后物质的种类发生改变，而物质的质量却不改变呢？	同学们基本可以用自己的语言来叙述质量守恒定律。 仔细做好笔记。 阅读材料。 认真思考。	初步记住定律。 通过讨论使问题得到逐步明晰和解决。 渗透化学史的教育，让学生了解质量守恒定律的产生过程，学习科学家敢于质疑、开拓创新的精神。引导学生体会没有经过科学理论的证明的经验归纳，不能称之为定律。
分析结论，探求实质	【多媒体课件】电解水微观过程演示，通过教师的讲解，引导学生从化学反应的微观实质认识化学反应前后质量守恒的原因。 【板书】二、质量守恒的原因： 原子的种类、数目和质量均不改变。 （三不变）	学生发现质量守恒的本质原因是化学反应前后原子的数量、种类、质量不变。	引导学生从化学的微观认识质量守恒定律，从而使学生的思维从宏观到微观，从现象到本质，产生质的飞跃。 培养学生分析和归纳的能力。

续表

教学环节	教师活动	学生活动	设计意图
解释应用，拓展提高	【展示】镁条燃烧的图片，请学生分组讨论镁条燃烧前后的质量关系？ 【解释】化学反应前后，两次称量的质量可能会不相等，但反应前后物质的总质量一定是守恒的。 【随堂练习】1. 化学反应前后肯定没有改变的是（　　），肯定改变的是（　　），可能改变的是（　　）。 ①物质的种类②原子的种类③分子的种类④原子的数目⑤各物质的质量总和⑥元素的种类⑦原子的质量⑧分子的数目⑨元素的化合价 2. 下列现象不能用质量守恒定律解释的是（　　）。 A. 铁钉生锈后质量增加 B. 煤燃烧后质量减轻 C. 双氧水分解后质量减少 D. 10 g 的冰融化后变为 10 g 的水 3. 下列对化学反应前后质量变化的解释，不符合质量守恒定律的是（　　）。 A. 高锰酸钾受热分解后固体剩余物的质量减少，是因为放出了氧气 B. 蜡烛燃烧后质量变小，是因为蜡烛受热形成了石蜡蒸气 C. 细铁丝在氧气中燃烧后，质量增大，是因为生成物中含有氧的质量 D. 白磷在密闭容器中燃烧，反应前后总质量不变，是因为生成物都没有逸散	【学生回答】生成的氧化镁的质量大于参加反应的镁条的质量。 小组合作讨论。 独立完成。	再次设疑，启发思考，将认识从感性上升到理性。 帮助学生理解质量守恒定律中“参加”二字，加深对质量守恒定律的理解，用简洁、流畅的语言表述，便于学生记忆和使用。 及时反馈，使学生掌握质量守恒定律及其运用。

七、板书设计

第五单元　课题 1　质量守恒定律

一、质量守恒定律：参加化学反应的各物质的质量总和，等于反应后生成的各物质的质量总和。

二、质量守恒定律的本质原因——三不变。

化学反应前后：
- 原子的种类不变
- 原子的数目不变
- 原子的质量不变

【点评】

这是2018年第六届广东省师范生教学能力大赛肇庆学院校内选拔赛的作品。

优点：

（1）教学设计内容较为完善，有教法分析、学情分析、重点难点分析、教学过程等内容。

（2）学情分析较为详细合理，对学生知识基础、心理情况等特点做了较为全面的分析。

（3）教学过程描述较为清晰、详细，涉及的知识点合理。

（4）通过学生常见的发令枪引入课题，是比较好的情境创设。

（5）有红磷燃烧等多个演示实验，符合教学的直观性原则；作了课堂小结，便于学生记忆。

（6）板书设计简明扼要，突出了教学重点。

缺点：

（1）教学设计部分内容有缺失，具体来说缺教学用品、教学流程图、导学案等。

（2）教学重点、难点应该在上课前已经确定好，不需要在上课过程中确定。

（3）整个教学设计以文字描述为主，没有图文并茂地展现教学过程，可以适量增加一些实验装置图等。

（4）教学过程没有对环节作时间安排，这不利于上课过程中对时间的把握。

（5）没有安排课堂和课后书面练习，不符合反馈和评价的原则。

（五）教学设计5：第六单元　碳和碳的氧化物（课题1　金刚石、石墨和C_{60}）

课题1　金刚石、石墨和C_{60}
（第2课时：碳的化学性质）

2015届广东省师范生教学技能大赛　×××

一、教学目标

（一）知识与技能

通过实验和对实验现象的观察与分析，掌握碳在常温下的稳定性和高温时的化学活动性。

（二）过程与方法

会对演示或展示的资料进行分析、归纳；通过讨论、探究等方式得出实验结果。

（三）情感态度与价值观

以发展的眼光看待碳单质；树立物质的组成、结构决定性质、性质决定用途的观点。

二、教学重难点及教学方法

教学重点：单质碳的化学性质。

教学难点：碳与某些氧化物的反应；学生分析能力的培养。

教学方法：观察现象→分析讨论→实验探究→总结提高。

三、教学过程设计

教学活动	学生活动	设计意图
【设问】由碳元素组成的不同单质物理性质不同，化学性质是否相同？ 【讲解】是相同的，因为它们都是由碳元素组成的。 【引入】据报道，我国考古学家挖出一古墓，棺中一千年女尸不腐烂，肌肉有弹性，头上青丝依旧。保存如此完好，使用了什么防腐剂？ 【讲解】防腐剂就是木炭。考古学家发现，在棺木周围埋了足有一米多厚的木炭。木炭耐酸、耐碱、耐腐蚀，这说明了碳的什么性质？说明碳在常温下化学性质稳定。（引出新课题）	回答问题。 思考并议论。 联系实际，领会碳在常温下化学性质稳定。	巩固已学知识。 增强学生思维意识。 引起学生浓厚兴趣，激发学生学习积极性。
【板书】二、碳的化学性质 1. 常温下的稳定性 【提问】1. 木制的电线杆，在埋入地下前将表面微微烧焦的目的是什么？ 2. 为什么古代字画（用墨或炭黑书写）能够保存很长时间而不变色？ 3. 为什么两国签署文件要用碳素墨水？	回答：通过烧焦分解有机物质，生成碳，利用常温下碳的化学性质较稳定的性质，在电线杆表面形成碳保护层，使其不易腐坏。 回答：碳在常温下化学性质稳定。	强调“常温”，条件不同，物质的变化不同。 培养学生运用知识解决问题的能力。
【设问】碳在常温下化学性质稳定，那么在点燃、加热、高温条件下，化学性质又如何？ 【提问】在新添煤的煤炉中，你会看到什么颜色的火焰？ 【讲解】碳在氧气中燃烧，氧气充足时生成二氧化碳（如何检验?），如氧气不足时，产物主要是一氧化碳。煤气的主要成分是一氧化碳，冬天取暖时能将煤炉放在卧室中吗？ 【提问】上述内容说明碳有什么性质？ 【板书】2. 可燃性	思考并议论。 结合实际描述，会有少量蓝色火焰。 规范书写： $C+O_2 \xlongequal{点燃} CO_2$ $2C+O_2 \xlongequal{点燃} 2CO$ 理解碳不充分燃烧生成一氧化碳。 说明碳有可燃性，条件不同产物不同。	增强学生思维意识。 联系实际，培养学生的观察能力。 强调主要产物，防止误解只有一种产物。 联系实际，增强安全意识。 强调反应条件对反应产物的影响。

续表

<table>
<tr><td colspan="3">【练习】
(1) 碳原子的核电荷数为______，核外电子数为______，最外层电子数为______。
(2) 常温下，碳的化学性质______，随着温度升高，碳的活动性__________。
(3) 碳燃烧生成的两种氧化物是______和______，其中碳的化合价分别为____________。</td></tr>
<tr><td>【演示】木炭还原氧化铜（引导学生观察实验装置、实验操作、实验现象）。
引导学生通过观察现象，分析实质：碳夺氧生成二氧化碳，氧化铜失氧生成铜。
【提问】(1) 试管口为什么要略向下倾斜？
(2) 为什么要用金属网罩？
(3) 该反应说明碳有什么性质？
(4) 此装置还能用来做什么实验？
引导学生通过观察现象，分析实质：碳夺氧生成二氧化碳，氧化铜失氧生成铜：
$C+2CuO\xlongequal{高温}CO_2\uparrow+2Cu$
【讲解】在这个反应里，氧化铜失去氧，发生还原反应，木炭是使氧化铜还原为铜的物质，它具有还原性。</td><td>观察并记录现象：石灰水变浑浊；反应后粉末中有红色物质。
学生思考并回答。
分析并得出结论。
倾听、思考。</td><td>培养学生观察实验的能力。
复习已学旧知，巩固新知。培养学生发散思维能力。
渗透氧化反应和还原反应的知识。
渗透碳的还原性。</td></tr>
<tr><td>【板书】3. 还原性
【讲解】单质碳的还原性决定了它在冶金工业有着重要用途。例如，焦炭可以把铁从它的氧化物矿石中还原出来：
$3C+2Fe_2O_3\xlongequal{高温}3CO_2\uparrow+4Fe$</td><td>倾听、思考、分析。</td><td>联系实际教学，加深理解碳的还原性。</td></tr>
<tr><td colspan="3">【练习】
1. 下列反应中，碳不体现还原性的是（　　）。
A. $CO_2+C\xlongequal{高温}2CO$　　B. $2Mg+CO_2\xlongequal{点燃}2MgO+C$
C. $C+H_2O$（气）$\xlongequal{高温}CO+H_2$　　D. $2C+Fe_3O_4\xlongequal{高温}2CO_2\uparrow+3Fe$
2. 把一包黑色粉末加热到高温，生成红色粉末和一种使澄清石灰水变浑浊的气体，该黑色粉末可能是（　　）。
A. CuO 和 C　　B. MnO_2　　C. Fe_3O_4 和 C　　D. CuO
【小结】在学生讨论的基础上完成：氧化反应与还原反应知识小结。
{ 氧化反应：物质与氧发生的化学反应（本质：物质夺取氧的反应）。
还原反应：含氧化合物里的氧被夺去的反应（本质：物质失去氧的反应）。
{ 还原性：（本质：物质夺取氧的性质）。
氧化性：（本质：物质失去氧或提供氧的性质）。</td></tr>
</table>

续表

【总结】引导学生总结碳的化学性质。 【反思】通过本节课的学习你有哪些收获？	学生小结： 1. 常温下稳定性。 2. 可燃性（条件不同，产物不同）。 3. 还原性。	帮助学生学习归纳、总结等方法。

四、板书设计

二、碳的化学性质

1. 常温下的稳定性

2. 碳与氧气的反应（可燃性）

$C+O_2 \xlongequal{\text{点燃}} CO_2$
$2C+O_2 \xlongequal{\text{点燃}} 2CO$
均放出热量

$3C+2Fe_2O_3 \xlongequal{\text{高温}} 3CO_2\uparrow+4Fe$
（红色粉末）　　（黑色粉末）

现象：
- 澄清的石灰水变浑浊
- 反应后的粉末中有黑色物质

3. 碳与某些氧化物的反应（还原性）

$C+2CuO \xlongequal{\text{高温}} CO_2\uparrow+2Cu$（与金属氧化物反应）
（黑色粉末）　　（红色粉末）

现象：
- 澄清的石灰水变浑浊
- 反应后的粉末中有红色物

$C+CO_2 \xlongequal{\text{高温}} 2CO$（与非金属氧化物反应）

【点评】

优点：

（1）教学过程叙述较为详细，能够较为完整地反映整个教学过程。

（2）采用“木乃伊”的例子导入新课，方法自然，容易激发学生的好奇心，进而提高学生的学习兴趣。

（3）板书设计较为详细，概括了主要授课内容。

缺点：

（1）教学设计内容不完整，缺项较多，教材分析、学情分析、教学用品、教学流程图、教学反思、导学案等内容均没有在教学设计中体现出来。

（2）整个教学设计以文字描述为主，没有图文并茂地展现教学过程，可以适量增加一些实验装置图等。

（3）教学环节没有时间安排，不利于教学时间的掌握。

（4）没有突出教学重点也没有描述突破难点的方法。

（5）没有安排课后书面练习，不符合反馈和评价的原则。

(六)教学设计6：第六单元　碳和碳的氧化物(课题3　二氧化碳)

课题3　二氧化碳

2015届广东省师范生教学技能大赛　肖××

一、指导思想与理论依据

本单元根据全书体系结构的设计，对碳和碳的氧化物进行了集中编排，将关于碳元素的内容整合，而该课时是本单元的重中之重。以本节内容特点和学生的实际为本，采用以实验探究为主的教学方法，使学生主动参与和主动探究，充分展示学生的思维过程，激发学生的学习热情。

通过这个课时的学习，让学生从自主实验中去学习化学，学习掌握二氧化碳的性质；引导学生从化学的视角看五彩缤纷的物质世界，使学生真正成为学习的主人，切身感受到化学学习的快乐，品尝学习成功的喜悦。

二、教学背景分析

(一)课标要求

能结合实例说明二氧化碳的主要性质和用途。

(二)教学内容分析

本节课教学是人教版《初中化学九年级上册》中第六单元“碳和碳的氧化物”课题3“二氧化碳和一氧化碳”的第1课时内容。本节课主要介绍二氧化碳的性质和用途，并通过与学生已有知识的联系，不断完善和发展学生的认知结构。在了解氧气的基础上学习本课内容，是对气体性质实验探究过程的一种巩固和加深；同时又为以后学习燃烧和灭火、酸碱化学性质等知识打下基础，做好铺垫。

通过本课题的教学，不仅可以进一步强化学生学习化学的科学方法，还可以通过对“温室效应”的了解，培养学生树立保护环境的意识，引导学生关注社会、关注生活，真正做到“从生活到化学，从化学到社会”。

(三)学生情况分析

二氧化碳——重要气体。通过前面氧气的学习，学生已具有一定的实验操作能力。并且在日常生活中，学生已经了解了很多有关二氧化碳的现象和知识，例如喝汽水、植物光合作用的原料、呼吸作用产生等。因此，联系生活来学习二氧化碳显得很重要。如何让学生记忆和应用，重新树立学好化学的信心，提高学习效率，这就要求发挥教师“导”的主体功能。

三、教学目标设计

(一)知识与技能

(1)掌握二氧化碳的物理性质和化学性质。

(2)了解二氧化碳的用途。

(二)过程与方法

(1)通过二氧化碳性质的探究过程，学会研究物质性质的基本方法。

(2) 通过自主探究的学习模式，提高对实验现象的观察、描述、总结的能力。

(三) 情感态度与价值观

(1) 通过实验、问题的讨论，培养学生求实、创新、合作的科学品质。

(2) 通过教师与学生、学生与学生之间的合作学习、研究性学习，体验探究成功的乐趣，激发学生的求知欲，形成持续不断地学习化学的兴趣。

四、教学重点和难点

(1) 教学重点：掌握二氧化碳的物理性质和化学性质。

(2) 教学难点：学会探究二氧化碳性质的方法 。

五、教法分析与学法指导

(1) 教法：实验探究法、联系对比法。

(2) 学法：探究式学习。

六、教学过程

教学环节		教师活动	学生活动	设计意图
创设情境		[创设情境] 意大利“死狗洞”的秘密：在意大利有一个“死狗洞”，狗一进去就会死亡，人进去却安然无恙。为什么会有如此奇怪的现象呢？有一天，一位科学家来到这个洞，只见岩洞的顶上倒悬着许多钟乳石，一敲就会响，地下丛生着石笋，湿湿的泥土里冒着气泡。科学家恍然大悟。	听讲、思考。	通过一则小故事，激发学生学习和探究的兴趣，更容易进入新内容的学习。
课堂引入		[提问] 这个“死狗洞”的秘密究竟是什么？ [讲述] 生长钟乳石和石笋的岩洞，主要成分是碳酸钙，它在地下深处受热分解就会放出二氧化碳气体。含二氧化碳的地下水，会溶解石灰岩中的碳酸钙，生成溶于水的碳酸氢钙。当含有碳酸氢钙的地下水渗出地面时，由于压力降低，碳酸氢钙就分解出二氧化碳气体。为什么二氧化碳会导致小狗死亡？ [课堂引入] 导入开始对本课时“二氧化碳”的学习。	思考、回答。 思考。	
探究学习	二氧化碳的性质	[讲述] 在第二单元我们学习了氧气，知道物质的性质决定物质的用途，而用途可以体现物质的性质。现在我们来分析猜想一下在这些用途中都能体现二氧化碳的哪些性质？ [提问] 二氧化碳可以充入钢瓶，制成灭火器，由此推断它应该具有怎样的性质呢？	思考、讨论、回答。	

续表

教学环节		教师活动	学生活动	设计意图
探究学习	二氧化碳的性质	 猜想：不支持燃烧。 [提问] 固态二氧化碳干冰可以用来制造舞台效果，我们看到舞台上雾气都紧贴地面，由此猜测二氧化碳具有怎么样的性质？  猜想：密度比空气大。 [提问] 生活中的碳酸饮料就是将二氧化碳注入水中制成的，这体现了二氧化碳的什么性质？ 猜想：二氧化碳溶于水。 [提问] 为什么我们把这样的饮料称为“碳酸饮料”？二氧化碳溶于水的过程中，是否有新物质生成？ 猜想：能与水反应生成碳酸。 [讲述] 我们对二氧化碳的性质做出了猜想，那么我们的猜想正不正确呢？接下来我们就针对我们的猜想进行探究验证！ [实验探究] 假如我们要证明二氧化碳与水反应产生了碳酸，要如何设计实验对其展开探究？ 取四朵用石蕊溶液染成紫色的干燥的花。第一朵纸花喷上稀醋酸，第二朵纸花喷上水，第三朵纸花直接放入盛满二氧化碳的集气瓶中，第四朵纸花喷上水后，再放入盛满二氧化碳的集气瓶中，观察四朵纸花的颜色变化。	思考、讨论、回答。 思考、讨论、回答。 思考、讨论、回答。 观察现象。	学生通过思考，初步认识二氧化碳的性质，并初步体验对物质性质进行实验探究，使学生更易掌握实验探究的学习方法。 进一步引导学生进行实验探究。

续表

教学环节		教师活动	学生活动	设计意图
探究学习	二氧化碳的性质	 [分析] 1. 酸能使石蕊变红。 2. 水不能使石蕊变红。 3. 二氧化碳不能使石蕊变红。 4. 二氧化碳溶于水后，能使石蕊变红。 [结论] 二氧化碳溶于水后，生成碳酸。 [讲述] 通过探究二氧化碳是否与水发生反应，我们知道如何对物质性质验证进行实验探究。 提出猜想 ⇒ 查阅资料 ⇓ 进行实验 ⇐ 设计实验 ⇓ 分析现象 ⇒ 得出结论 接下来，就由同学们分组自主设计实验验证其他的猜想。 [自主实验探究] 1. 二氧化碳的密度比空气大。 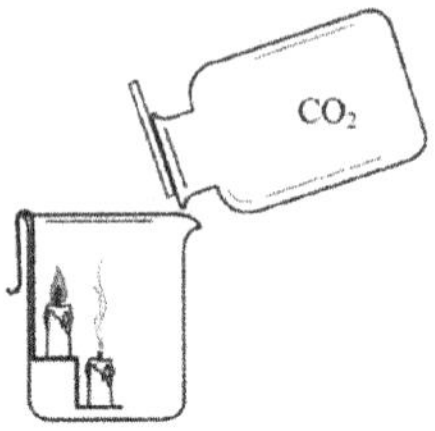 2. 二氧化碳溶于水。 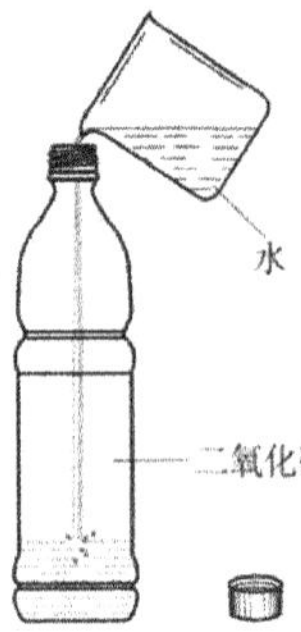	分析现象。 自主设计实验。 各组分享实验结果，分析现象。	在学生亲身体验中，激发思维及探究的兴趣，在做实验中掌握二氧化碳的性质。

续表

<table>
<tr><th colspan="2">教学环节</th><th>教师活动</th><th>学生活动</th><th>设计意图</th></tr>
<tr><td rowspan="2">探究学习</td><td>二氧化碳的性质</td><td>3. 二氧化碳不支持燃烧。
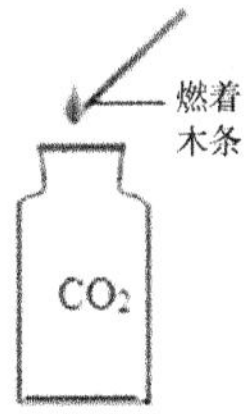

[结论]
1. 在下面的蜡烛先熄灭，说明二氧化碳的密度比空气大。
2. 瓶子变瘪，二氧化碳溶于水。
3. 木条熄灭，二氧化碳不助燃，不能燃烧。
[板书] 二氧化碳的性质
物理性质：无色无味的气体，密度大于空气，能溶于水。
化学性质：
1. 不助燃，不可燃。
2. 能与水反应生成碳酸，碳酸易分解：
$CO_2+H_2O=H_2CO_3$
$H_2CO_3=H_2O+CO_2\uparrow$
3. 能使澄清石灰水变浑浊：
$Ca(OH)_2+CO_2=CaCO_3\downarrow+H_2O$</td><td></td><td></td></tr>
<tr><td>二氧化碳对生活和环境的影响</td><td>[讲述] 通过以上内容的学习，我们初步了解了二氧化碳的性质。那么，二氧化碳在我们的生活中充当着怎样的角色呢？
[PPT 展示]
1. 光合作用。
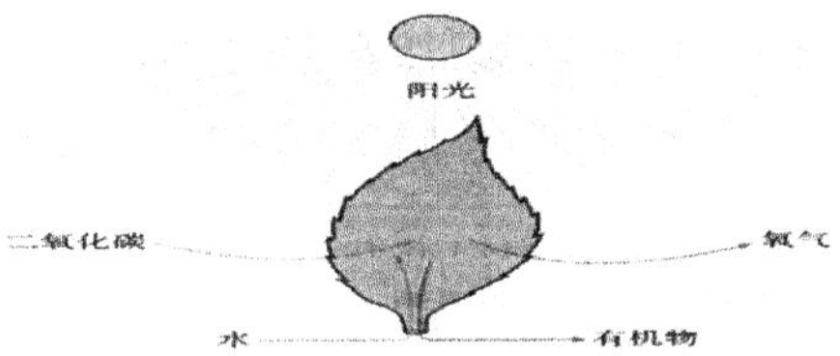

2. 温室效应。
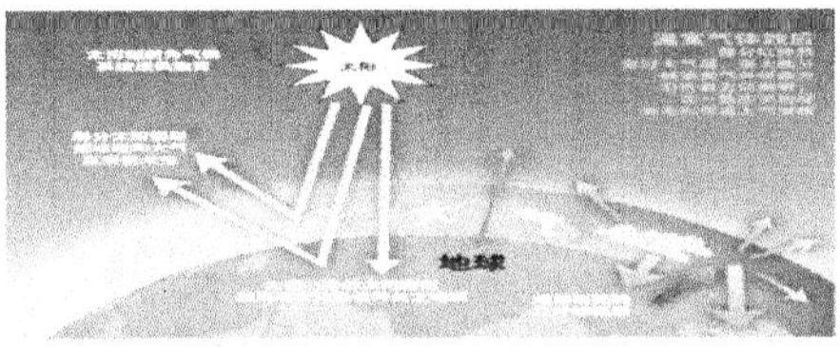
</td><td>观看。</td><td>再次建立“物质的性质决定物质的用途，而用途可以体现物质的性质”的概念，使学生将生活和化学联系起来。</td></tr>
</table>

续表

教学环节	教师活动	学生活动	设计意图
课时小结	1. 根据板书进行总结。 2. 当堂习题巩固。 3. 布置课后作业。	进行总结。	培养学生总结归纳以及知识运用的能力，有利于加深对知识的理解。

七、板书设计

课题 3　二氧化碳和一氧化碳

第一课时 二氧化碳

(一) 二氧化碳的性质

1. 物理性质

无色无味的气体，密度大于空气，能溶于水。

2. 化学性质

①不助燃、不可燃。

②能与水反应生成碳酸，碳酸易分解：

$CO_2+H_2O = H_2CO_3$　　$H_2CO_3 = H_2O+CO_2\uparrow$

3. 能使澄清石灰水变浑浊

$Ca(OH)_2+CO_2 = CaCO_3\downarrow+H_2O$

4. 用途

(二) 二氧化碳对生活和环境的影响

1. 光合作用

2. 温室效应

八、教学设计反思

本节课主要运用了实验探究的教学方法，先通过一个实验探究给学生建立关于验证物质性质的实验探究的意识，再引导学生进行自主设计实验进而验证二氧化碳性质的猜想，让学生充分掌握本课时的重难点，并学会实验探究的学习方法。

【点评】

这是 2018 年第六届广东省师范生教学能力大赛肇庆学院校内选拔赛的作品。

优点：

(1) 该作品包含了教学设计的主要内容，教学过程叙述得较为详细，有较多的图片，能图文并茂地展示教学内容。

(2) 采用“死狗洞”的例子导入新课，方法自然、有新意，容易激发学生的学习兴趣。

(3) “纸花”探究实验较为形象，有新意，容易调动课堂气氛。

缺点：

(1) 该同学写此稿时已经进入新课程，新课程已经将“教案”改名为“教学设计”。

(2) 该教学设计部分内容有缺失，如缺教学用品、教学流程图、课堂知识反馈(课堂及课外练习)；教学环节时间安排没有在教学设计中体现出来；还缺导学案等。

(3) 该作品对教学重点、难点描述过于笼统，同时缺乏突破难点的方法。

(4) 教学过程学生活动写得过于简单，无法具体表现出学生的学习过程。

(5) 板书设计过于简单，只是罗列出相关知识点，没有体现出版面的具体安排。

(七) 教学设计 7：第七单元　燃料及其利用（课题 1　燃烧和灭火）

课题 1　燃烧和灭火

第五届广东省师范生教学技能大赛　黄××

一、教材分析

"燃烧和灭火"是人教版《初中化学上册》第七单元课题 1 的内容。在此之前，已经认识了一些物质在空气和氧气中的燃烧，再加上日常生活积累的经验，具备了对燃烧现象及灭火原理进行深入研究的基础。本课题是对之前所学过的"燃烧"进行深入了解并且应用于实际之中。对以后将学习的"化学反应中能量的变化"可以起到铺垫的作用。这种承前启后作用如图 2-6 所示。

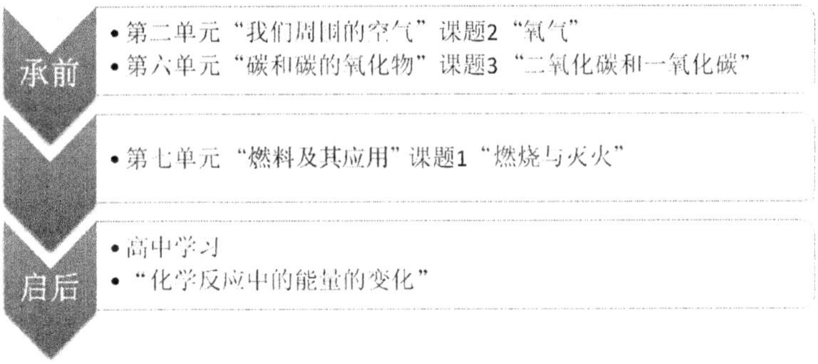

图 2-6　教材分析

二、学情分析

学情分析主要从知识储备、生活经验、能力基础三个方面进行，如图 2-7 所示。

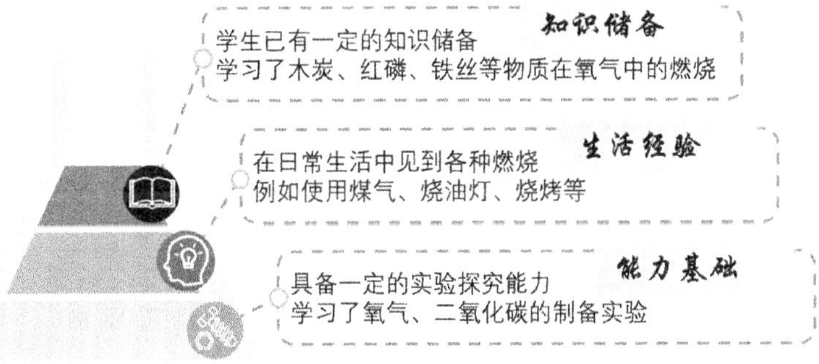

图 2-7　学情分析

三、教学目标

知识与技能	过程与方法	情感态度与价值观
1. 初步认识燃烧现象，知道物质燃烧的基本条件。 2. 了解灭火的原理，学会常见的灭火方法。	1. 能利用物质燃烧解释日常生活中的现象。 2. 能利用灭火的原理，处理一些突发的失火状况。 3. 学会科学探究的思考方法。	1. 能科学地认识燃烧、灭火对人类社会发展所起的重要作用。 2. 通过探究活动，使学生初步形成富于思考、团结合作的科学精神。 3. 树立防火安全意识，养成关注社会的责任意识，体会化学和生活的联系。

四、教学重难点

教学重点：燃烧条件和灭火原理。

教学难点：对燃烧条件的实验探究。

五、教学策略与教学手法

教学策略与教学手法如图 2-8 所示。

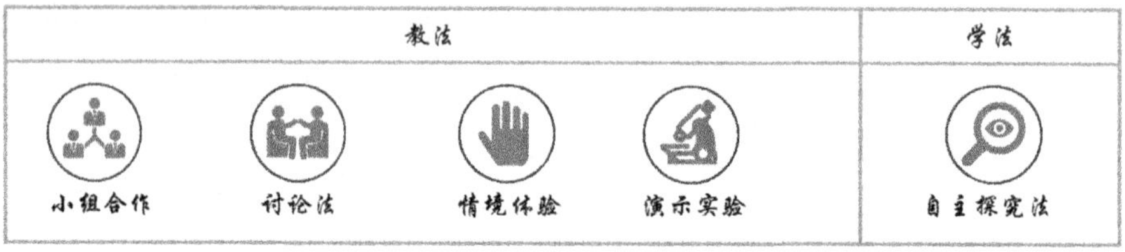

图 2-8　教学策略与教学手法

六、教学过程

教学过程以图示表示，如图 2-9 所示。

图 2-9　教学过程

	教师活动	学生活动	设计意图
创设情境	【实验】不怕烧的手 将手套在盛有乙醇的体积分数为 70%的酒精的烧杯中浸泡，待均匀湿透后取出。将浸透的手套舒展开，戴在手上，在火焰上点燃，让它燃烧。	认真观看魔术。	观看实验。 通过创设情境，激发学生探究燃烧本质与燃烧条件的兴趣。
引入新课	【提出问题】 手套为什么烧不坏？燃烧需要什么条件呢？ 【教师】 今天我们来学习课题“燃烧和灭火”。	思考燃烧需要的条件。	

续表

<table>
<tr><th></th><th colspan="3">教师活动</th><th>学生活动</th><th>设计意图</th></tr>
<tr><td>自主学习</td><td colspan="3">【课前回顾】
请同学们回忆学习过的2—3个燃烧事例，写出有关的化学方程式，回忆燃烧现象。

【提出问题】
结合上述现象，归纳出燃烧的特征是什么？
<table><tr><th>事例</th><th>化学方程式</th><th>现象</th></tr><tr><td>镁带燃烧</td><td></td><td></td></tr><tr><td>硫在空气中燃烧</td><td></td><td></td></tr><tr><td>木炭燃烧</td><td></td><td></td></tr></table>【教师】
可燃物与氧气发生的一种发光、放热的剧烈氧化反应叫作燃烧。</td><td>书写化学方程式，并回忆燃烧现象。

小组讨论，回答：
① 都发光。
② 都放热。
③ 都是物质与氧气的反应（氧化反应）。</td><td>学生根据已有的化学知识，与所学内容进行联系，总结、归纳出新知识。利用直接经验对燃烧的定义进行概括。</td></tr>
<tr><td>猜想与假设</td><td colspan="3">【教师活动】
利用对比现象进行猜想与假设燃烧的条件。
【燃烧条件的猜想】
让学生利用生活中的常识与现象，猜想燃烧需要的条件？</td><td></td><td></td></tr>
<tr><td rowspan="2">猜想与假设</td><td></td><td>观察与事实</td><td>猜测结果</td><td rowspan="2">【猜想一】
<table><tr><th></th><th>火柴</th><th>泥土</th></tr><tr><td>现象</td><td></td><td></td></tr><tr><td>结论</td><td></td><td></td></tr></table></td><td rowspan="2">通过小组成员之间相互帮助、相互交流使学生学会合作、创新，感受合作带来的成功与喜悦。</td></tr>
<tr><td>示例一</td><td>火柴可燃吗？泥土呢？

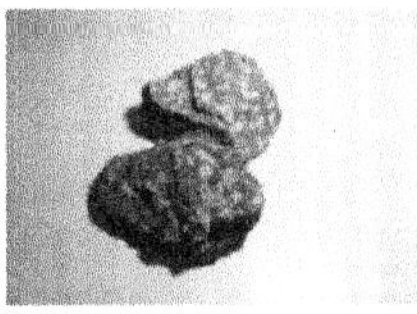</td><td></td></tr>
</table>

续表

<table>
<tr><th></th><th colspan="3">教师活动</th><th>学生活动</th><th>设计意图</th></tr>
<tr><td rowspan="4">猜想与假设</td><td></td><td>观察与事实</td><td>猜测结果</td><td>【猜想二】<table><tr><td></td><td>纸张</td><td>木材</td></tr><tr><td>现象</td><td></td><td></td></tr><tr><td>结论</td><td></td><td></td></tr></table></td><td rowspan="4"></td></tr>
<tr><td>示例二</td><td>纸张和木材哪个更易着火呢？

</td><td></td><td></td></tr>
<tr><td>示例三</td><td>用烧杯罩住蜡烛后，蜡烛还能一直持续燃烧吗？
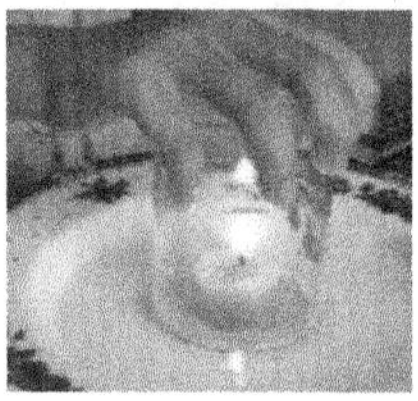</td><td></td><td>【猜想三】<table><tr><td></td><td>没用烧杯罩住的蜡烛</td><td>用烧杯罩住的蜡烛</td></tr><tr><td>现象</td><td></td><td></td></tr><tr><td>分析</td><td></td><td></td></tr><tr><td>结论</td><td></td><td></td></tr></table></td></tr>
<tr><td colspan="3">【教师活动】
猜想 1 结论：燃烧与物质的本性有关，物质有可燃性才能燃烧。
猜想 2 结论：可燃物达到燃烧所需要的最低温度。
猜想 3 结论：可燃物的燃烧需要氧气。
【介绍】
着火点：可燃物达到燃烧所需要的最低温度，这个温度是可燃物的着火点。不同物质的着火点不同。</td><td>【学生活动】
小组讨论。
填写表格。</td></tr>
</table>

续表

	教师活动	学生活动	设计意图
实验探究	【探究活动】燃烧条件的探究。 【视频演示】 在水槽中注入1/2热水，并放入一小块白磷。在锥形瓶里放白磷，另一个锥形瓶里放红磷，观察现象。 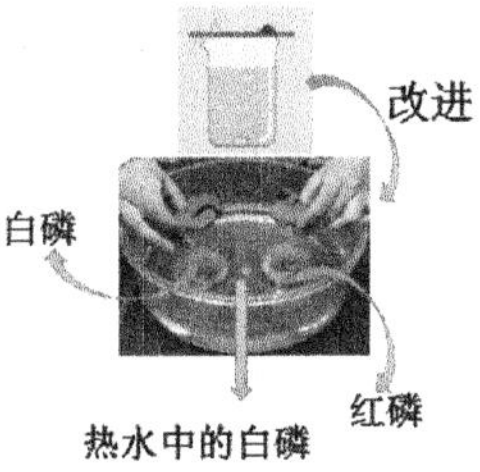 	【问题思考，加深理解】 （1）锥形瓶内白磷燃烧而红磷不燃烧的事实，说明燃烧需要什么条件？ （2）锥形瓶内白磷燃烧而热水中白磷不燃烧的事实，说明燃烧还需要什么条件？	对比性的问题为学生的分析搭建阶梯。
实验拓展	【教师提问】 这三个条件是否缺一不可？还是满足一个就可以？让我们来用实验验证。 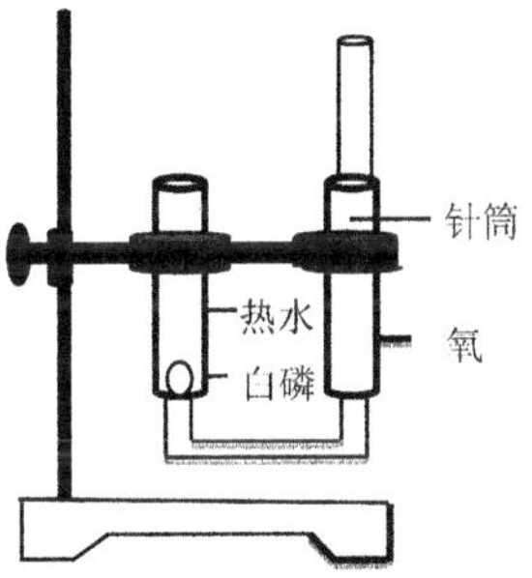 【实验】水火相容。 【教师演示】 在左边的针筒注入热水，并放入一小块白磷，推右上方的针筒，观察现象。 ［小结］燃烧的三个条件必须同时满足，可燃物才能燃烧。	【问题思考，加深理解】 （1）由本来在热水中不燃烧的白磷，在通入氧气后燃烧的事实，再次说明燃烧需要什么条件。 （2）综合上述讨论，你能总结出燃烧需要哪些条件？	这个实验不仅生动有趣，而且改进后符合绿色环保的要求，从而进一步激发学生研究和学习化学的兴趣。
总结归纳一	及时展示"火三角"，强调必须同时满足三个条件，缺一不可。  	感受、理解、记忆。	强化结论。 为灭火原理做好理论准备。

续表

<table>
<tr><th></th><th>教师活动</th><th>学生活动</th><th>设计意图</th></tr>
<tr><td>学以致用</td><td>【过渡】
燃烧在造福人类的同时，也有用火不当和失控而引起的灾难。通过展示一组火灾图片，显示出大火的无情和大火造成的惨痛教训，从而引出灭火的必要。
【点拨】
根据燃烧所需的三个条件，我们怎样灭火呢？</td><td>思考、观看、感受。
引起内心的震动。
反推理解新知，思考得出结论：
灭火就是破坏燃烧的条件。</td><td>引导学生辩证看事情。

让学生学会逆推法，从而获得新认识。</td></tr>
<tr><td>快乐互动</td><td>【模拟场景】
用PPT展示不同的着火场面，并给出一些灭火的材料（水、细砂、湿抹布、扇子等），让学生开动脑筋，展开丰富联想。然后让学生分小组抢答自己的灭火方法，并说明自己的灭火原理。
【纸片展示】
CO_2灭火器　湿抹布　沙子
【提问】
在刚才这些灭火的方法中，哪种方法最简单、方便、可行？</td><td>讨论。
组长做记录。<table><tr><th></th><th>1</th><th>2</th><th>3</th><th>4</th><th>5</th></tr><tr><td>灭火方法</td><td></td><td></td><td></td><td></td><td></td></tr><tr><td>得分</td><td></td><td></td><td></td><td></td><td></td></tr></table></td><td>开放式的探究学习活动，培养学生的探究能力。
体现从书本知识回归生活的教学理念。</td></tr>
<tr><td>总结归纳二</td><td>【共同归纳】
灭火的原理和方法：
1. 清除可燃物或使可燃物与其他物品隔离。
2. 隔绝氧气（或空气）。
3. 使可燃物温度降到着火点以下。
（满足其一即可）</td><td>加深理解。
掌握原理与方法，讨论、学习。</td><td>创设问题情境。
提出问题让学生利用所学的新知识解决实际问题。</td></tr>
<tr><td>情境体验</td><td>【PPT场景接力】
小明所在学校桌椅失火，地点：纽约街88号，电话123321，小明拿起电话，拨电话……请你继续演下去。
根据屏幕上的提示，小明该怎样报警？
学生模拟火灾报警。
老师充当接警员。
【教师活动】
补充：发生火灾时，必须采取正确的逃生方法。</td><td>学生表演。
报警时记清是119，沉着冷静，说明火势大小，联系方法。

观看视频。

总结表演。</td><td>情境体验。
通过动画形式，生动有趣。

知识升华。</td></tr>
</table>

续表

	教师活动	学生活动	设计意图
课堂总结	【教师活动】通过本课的学习，我们正确认识了燃烧现象，学习了燃烧所需要的三个必要条件，了解了灭火原理及常用的灭火方法。同时，我们也感受到了化学是服务于生活的，我们利用化学原理，可以解决许多生活中的实际问题。	认真听讲，回忆本课学习内容。	回顾、总结。
布置作业	1. 课下上网查询“常见灭火器与灭火原理和适用范围”。（中国消防网 www.chinafire119.cn） 2. 应用与延伸、小组合作。 根据我校教学楼的特点，设计预防火灾的方案（包括发生火灾时需采取的灭火和自救措施）。		

七、板书设计

课题1　燃烧和灭火

1. 燃烧的定义

2. 燃烧的三个条件——
   - 可燃物
   - 氧气（或空气）
   - 达到燃烧所需的最低温度（着火点）

   ——三者缺一不可

3. 灭火的原理和方法——
   - 清除可燃物
   - 隔绝氧气（或空气）
   - 降低温度到着火点以下

【点评】

优点：

（1）三维目标、重点和难点定位准确，情境创设有新意，整个教学过程衔接自然。

（2）有教师演示和学生动手实验，利于激发学生的兴趣。

（3）主要实验设计有新意、安全、现象明显。

（4）情境体验、作业中的课后上网查询和课后延伸。根据我校教学楼的特点，设计预防火灾的方案（包括发生火灾时需采取的灭火和自救措施）非常好，利于学生思考，具有挑战性和创新性。

（5）板书设计简洁、重点突出。

缺点：

（1）教学流程图太简单，课后作业没有布置教材上的习题。

（2）玻璃管和针筒的热水与白磷的实验，白磷易被冲上水面。

（3）没有用生活中灭火事例来巩固知识，如：森林着火、油锅着火、液化罐着火的灭火方法和原理。

（八）教学设计8：第十单元 酸和碱（课题1 酸碱中和反应）

课题1 酸碱中和反应

2015届广东省师范生教学技能大赛 王××

一、指导思想和设计思路

在之前的“常见的酸和碱”的学习中，同学们对酸和碱的性质已经有了系统的认识，了解到可以用酸碱指示剂来辨别酸和碱，本节课在此基础上采用科学探究的方式引导学生学习酸和碱之间的反应，首先从“消失的墨水”引入，之后围绕“墨水”为什么消失进行探究，步步深入，从而引导同学们学习酸和碱之间的反应。

二、教材和学情分析

（一）教材分析

本节内容是人教版《初中化学下册》第十单元“酸和碱”中课题2的内容，本节课的内容主要是酸碱中和反应，中和反应是酸和碱的知识体系中的一个极为重要的知识点，对之后盐、复分解反应等知识的学习有着极为重要的作用，也是为高中进一步学习酸碱相关知识打下基础，同时中和反应在生活和生产中的应用也是极为广泛的，因而本节内容在化学学习中是必不可少的。

（二）学情分析

在学习本节课之前，学生也有接触到中和反应，比如在学习二氧化碳时涉及的二氧化碳与氢氧化钠的反应本质就是酸和碱的中和反应，但学生对于中和反应并没有清晰的概念。同时学生刚刚学习到酸和碱这两种物质，因而对其两者所发生的化学反应有着极大的好奇心。

三、教学目标

（一）知识与技能

（1）了解掌握酸碱中和反应的概念，并学会书写相关化学方程式。

（2）知道酸碱中和反应在现实生活中的相关应用。

（二）过程与方法

（1）会通过科学探究方式发现问题，解决问题。

（2）会用分析、归纳的方法加工处理信息。

（三）情感态度与价值观

（1）理论联系实际，意识到化学与生活息息相关。

（2）培养学生用辩证的方法看待生活中的事物。

四、教学重难点

（一）重点

（1）酸碱中和反应的概念及反应方程式的书写。

（2）中和反应在现实生活中的应用。

（二）难点

（1）酸碱中和反应的概念及反应方程式的书写。

（2）理论联系实际，学有所用。

五、教学方法

本节课采用情景教学，科学探究，提问，启发，小组互动式讨论等教学方法。从学科特点出发，以理论为线索，教师主导学生为主体，联系生活，引导学生在已有的基础上进行科学探究，从而认识新知识、新规律，激发学生学习的主观能动性。

六、教学过程

（一）教学流程图

本节课采取的思路如图 2-10 所示。

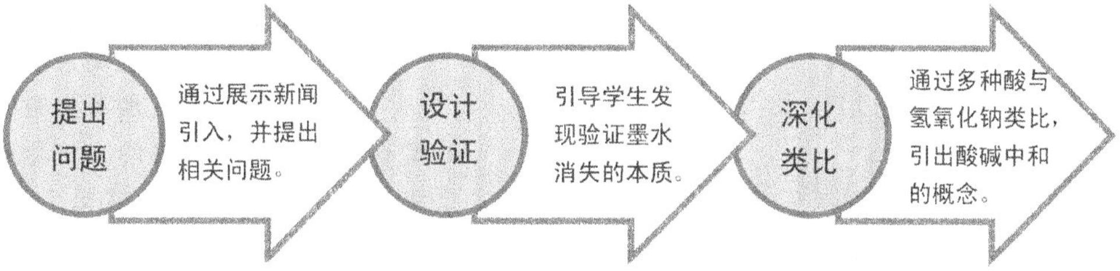

图 2-10　教学流程图

（二）教学措施

教师活动	学生活动	设计意图
【引入】展示 PPT 新闻：“魔笔”写欠条，三十分钟变“白条” 【提问 1】同学们，看了这一则新闻，大家是不是很疑惑，神奇的墨水为什么会消失呢？大家可以讨论。  	认真观看新闻，小组讨论利用已有知识思考墨水为什么会消失。 回答问题。	利用“消失的墨水”引入新知识，激发学生的学习兴趣，并且感受到化学与生活息息相关。
【讲解】墨水消失的本质是墨水的颜色褪去，“墨水消失”的真相就跟墨水是什么物质有关了，因此呀，老师从网上查阅了相关资料，查到“消失的墨水”其实是碱和指示剂的混合物。	心中设疑，带着疑问，观察，回顾碱的性质这一知识。	由未知的消失的墨水的原理牵引出已学过的知识，同时引导学生学会从网上获取知识。

续表

教师活动	学生活动	设计意图
【提问 2】碱和指示剂，同学们是不是特别耳熟呀？对了，这就是我们刚学习的物质，在前面的学习中我们知道碱和酚酞能发生怎样的反应？ 【讲解】同学们都回答得很好，现在我们就用实验室的氢氧化钠和酚酞来制作“红墨水”。  【讲解】现在我们已经做好“红墨水”了，那么我们进行接下来的小实验，用毛笔蘸上“红墨水”写字，用嘴吹干，会有什么现象呢？ 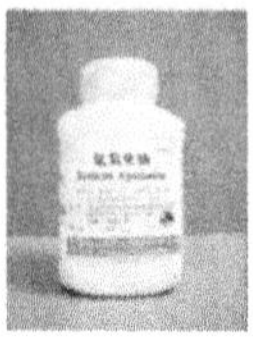  【提问 3】墨水消失了！为什么呢？大家思考一下。 【提问 4】大家的思路很正确哦，那么我们吹出的气体中有什么呢？ 【讲解】那同学们觉得是哪种气体起到了神奇的作用呢？ 【讲解】对的，同学们都很棒！已经猜出来了，老师刚刚是让大家吹干墨水，其实就是因为大家吹出的气体含有大量的二氧化碳，消失的墨水的实质就是空气中的二氧化碳与墨水中的碱性物质反应使指示剂褪色，下面我们来写出这个方程式吧！ 【板书】 $CO_2+2NaOH$ —— $Na_2CO_3+H_2O$	【回答】碱能使酚酞变红。 观察实验现象，思考。 【回答】纸上的笔迹消失了。 小组讨论，分析原因。 【回答】可能是我们吹出的气体中的某种物质。 【回答】氧气，水蒸气，二氧化碳，氮气。 【回答】二氧化碳。 书写化学方程式 $CO_2+2NaOH$ —— $Na_2CO_3+H_2O$	一步步引导学生进行分析，找出墨水褪色的实质，锻炼学生通过观察现象，分析原因的能力，认识到墨水消失是空气中的二氧化碳作用的结果。 让学生们动笔写出相关化学方程式，加深印象的同时也锻炼学生根据中文描述写出化学方程式的能力。
【讲解】二氧化碳与水生成碳酸，碳酸与氢氧化钠反应使含有酚酞的氢氧化钠溶液褪色，大家通过前面的学习，了解到碳酸、盐酸、硫酸都是较为常见的酸，那么盐酸和硫酸能不能与氢氧化钠反应呢？我们进行接下来的小实验。 【讲解】通过实验现象，我们知道这两者是可以反应的，我们来写出这两个反应的反应方程式吧！	观察实验。 书写盐酸、稀硫酸分别与氢氧化钠的反应方程式。	通过碳酸、盐酸、硫酸和氢氧化钠的实验，归纳类比，知道酸碱中和反应，了解酸碱中和反应的概念。

续表

教师活动	学生活动	设计意图
【板书】 $HCl+NaOH=H_2O+NaCl$ $H_2SO_4+2NaOH=Na_2SO_4+2H_2O$ 【提问 5】我们来观察一下这两个反应的特点，同学们可以说一说吗？ 【讲解】同学们说的都很对，这两个反应的反应物是酸和碱，而生成物之一都是水，另一产物则由金属离子和对应的酸根组成的，我们称之为盐，这两个反应就是中和反应。 【板书】中和反应的概念 酸和碱作用生成盐和水的反应。 【讲解】其实酸碱中和反应与我们的生活息息相关，下面我们就来看看它在我们生活中有什么运用？	【讨论回答】 反应物都是酸和碱，生成物都有水。 认真听讲，并做相关笔记。	学习相关概念后，引入生活中的相关运用，使学生建立起理论与实践的桥梁。
【PPT 展示】中和反应在生活中的运用，如：盐碱地改良。  盐碱地	观看图片，并不断思索生活中的酸碱中和反应。 听讲，做笔记。	由理论到实际，发现生活中的酸碱中和反应，激发学生的发散性思维。
【课堂练习】 1. 一些国家正在试用碳酸水浇灌某些植物，这样做不能起到的作用是（　　）。 A. 改良碱性土壤 B. 改良酸性土壤 C. 促进植物的光合作用 D. 提高农作物产量 【课外拓展】今天我们大家一起学习了酸碱中和反应，揭开墨水消失的秘密，老师呢今天还有个任务交给大家，请同学们回去当一下名侦探，好好调查一下生活中与酸碱中和反应的相关事例。	认真解答习题并回去完成课后拓展。	回顾本节知识，加深学习印象。

七、板书设计

酸碱中和反应

二氧化碳与氢氧化钠反应　$CO_2+2NaOH═Na_2CO_3+H_2O$

盐酸与氢氧化钠反应　$HCl+NaOH═H_2O+NaCl$

稀硫酸与氢氧化钠反应　$H_2SO_4+2NaOH═Na_2SO_4+2H_2O$

中和反应：酸和碱作用生成盐和水的反应。

【点评】

优点：

(1) 采用情景教学，科学探究，提问，启发，小组互动式讨论等教学方法，多种教学方法穿插，符合学生年龄特点和新课程理念。

(2) 课堂过渡都采用了启发式教学，利于学生思考问题。

(3) 最后联系了实际中的生产生活，使学生体会到酸碱中和反应在农业生产中的应用，理论联系了实际。

缺点：

(1) 重点、难点太相近，没有写出突出重点、突破难点的方法。

(2) 教学流程图不规范。

(3) 用氢氧化钠溶液与酚酞溶液制作的红墨水，用吹气或放空气中吸收 CO_2 褪色太慢，不适合用作课堂演示；而且这个反应是 CO_2 先与水反应生成 H_2CO_3，H_2CO_3 再与 NaOH 溶液反应，作为课的引入太复杂。

(4) 没有安排课堂练习和课后练习巩固知识。

二、高中《化学必修 1》

(一) 教学设计 1：第二章　化学物质及其变化（第一节　物质的分类）

“以生活之美，品化学之趣”——分散系及其分类

第七届广东省本科高校师范生教学技能大赛　陈××

一、教案总体设计

高中化学新课标立足于学生现代生活和未来发展的需要，着眼于提高 21 世纪公民的科学素养。胶体是日常生活中常见的一类物质，联系生活实际来学习这类物质，以及把性质再应用到社会实践中，满足了公民基本科学素养的要求，也使学生感到亲切自然。

本节课借助于宏观辨识与微观探析策略及联系化学史策略，通过中国豆浆文化引导学生联系宏观物质去探索微观世界，并感悟结构决定性质的化学思想，通过实验探究找到认知冲突背后的原因。从粒度大小的角度对混合物进行分类，并以概念同化的方式引入胶体和分散系等概念，使学生明确分散系是上位概念，溶液、胶体、浊液是

下位概念，它们之间存在大概念和小概念之间的包容关系。

教师不应把主要精力局限于所教的内容上，而应注意学习者的心态（即情感与动机）变化。教育的目标是教师与学生共享生命历程，共创人生体验；养育积极愉快、适应时代变化、心理健康的人。本设计以开放式教学为指导思想，辅助以视频、讨论、归纳等手段，使学生在感受化学美的同时从不同的角度思考问题，在不断解决问题的过程中，建构理论知识，增强实际分析问题、解决问题的能力和培养创新精神。图 2-11 即以学生为中心的教案总体设计。

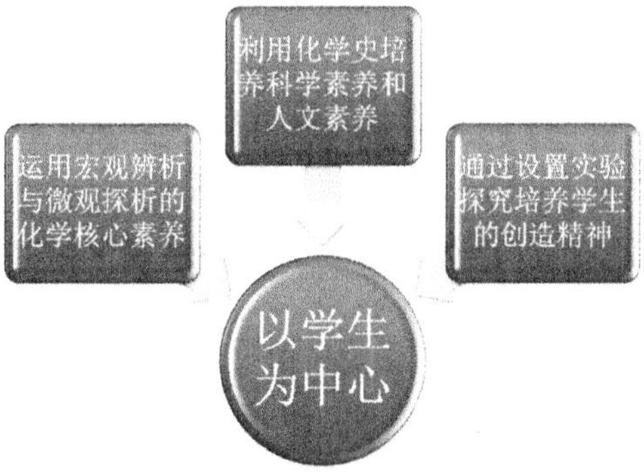

图 2-11　以学生为中心的教案总体设计

二、教学内容分析

（一）课程标准分析

依据国内化学课程的现状和化学课程改革的趋势，以及基础教育课程改革的指导思想，提出化学课程改革的重点如下：以提高学生科学素养为主旨，重视科学、技术与社会的相互联系，倡导多样化的学习方式，强化评价与诊断、激励与发展功能。

通过知识与技能、过程与方法、情感态度与价值观三个方面来体现化学课程对学生科学素养的要求，并据此制定化学课程目标和课程内容，提出课程实施建议。依据学生已有的经验、心理发展水平和全面发展的需求选择化学课程内容，力求反应化学学科特点，重视科学、技术与社会的联系。

（二）教学背景分析

依据教育部《普通高中化学课程标准（实验）》和普通高中新课程化学学科模块学习要求，本节的学习包括三部分内容：①了解胶体、溶液和浊液之间的区别；②了解胶体的重要性质及其应用；③以探究实验的形式让学生主动学习胶体的性质，并分析实验结果。

（三）教材分析

1. 内容的选择与呈现

本节教学设计使用人民教育出版社《化学必修 1》第二章第一节“分散系及其分类”第二课时的教学内容。对比分析了人教版、苏教版、鲁科版三大版本的教材，发现都强调分散系的概念和分类，见表 2-2。

表 2-2 对比分析三大版本教材

	分散系的概念	胶体概念	Fe $(OH)_3$ 胶体的制备	丁达尔现象	聚沉	渗析	电泳
人教版	√	√	√	√	√	/	拓展
苏教版	√	√	/	√	拓展	/	/
鲁科版	√	√	/	√	√	√	√

胶体是物质的一种存在形式，是一种混合物体系。因此，胶体知识与学生以前所学的知识有所不同，它研究的不是某种物质所特有的性质，而是物质的聚集状态所表现出来的性质。这对学生而言是一个较为陌生的领域，是学生通过分类思想来研究物质、观察物质新的切入点。教科书根据这一特点，结合分类方法介绍了按照分散质和分散剂所处的状态得出九种分散系，然后从分散质粒子的大小引出了胶体的重要性质——丁达尔效应。目的是使学生在了解胶体这一重要性质的基础上，认识到物质的性质不仅与物质的结构有关，还与物质的存在状态有关，从而拓展学生的视野。值得注意的是，教科书最后有意识地点明了胶体化学原理和方法与纳米科技发展的关系，让学生理解化学的基本原理和高科技的发展是息息相关的。

对于胶体这部分内容，教科书只介绍了丁达尔效应，而布朗运动、电泳现象以及胶体的介稳性和胶体的聚沉只是在科学视野栏目中做了简单的介绍，并不要求作具体的展开。所以，在进行教学时，要注意把握好知识的深度和广度，在了解胶体概念与丁达尔效应的基础上，重点突出分类的方法。

2. 教材的地位与作用

本节内容涉及的胶粒带电，可为后面电解质的学习提供简单的微观认识基础，有着启下的作用。胶体化学在实际生活中具有广泛的应用。学习本课，学生可以更深刻地认识科学、技术和社会之间的联系，丰富生活知识，开拓知识视野，提高其对化学学习的兴趣，真正做到学以致用。

（四）学生情况分析

新课标指出，课堂要以学生为主体，所以教师要对学生进行充分的了解，才能因材施教，有的放矢。本节课，我所面对的学生具有如图 2-12 所示的特点。

三、教学与评价目标

（一）教学目标

1. 知识与技能

（1）了解分散系的概念，知道胶体是一种常见的分散系。

（2）了解胶体、溶液与浊液之间的区别。

（3）了解胶体的重要性质及其应用。

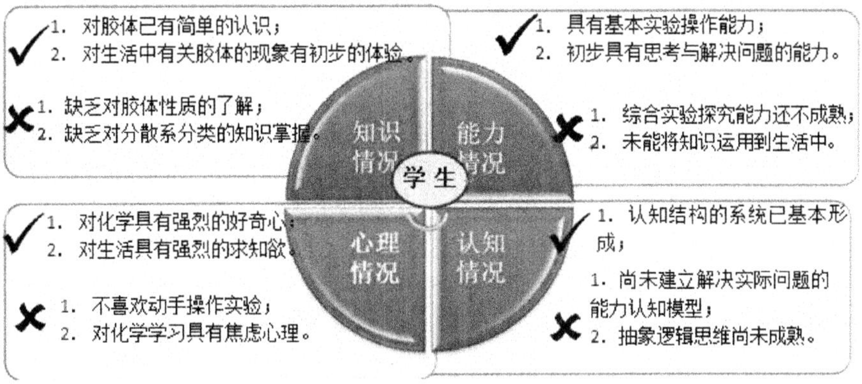

图 2-12　学生情况分析

2. 过程与方法

（1）运用比较、分类、归类等方法自主学习分散系的概念。

（2）以探究实验的形式让学生主动学习胶体的性质，并分析实验结果。

3. 情感态度与价值观

（1）通过探究实验激发学生学习化学知识的兴趣。

（2）培养学生观察生活和善于运用化学知识解决实际问题的能力。

（3）对学生进行科学史教育，培养学生的爱国情感和勇于探索的科学态度。

（二）评价目标

在进行本节课课堂教学之前，教师主要通过与学生交谈的方式进行学习需求分析，在学习过程中引导学生采用小组合作、小组探讨等方法，鼓励学生进行自主学习与合作学习。在学习结束后通过小节测验、布置家庭作业等形式对学生学习进行评价和分析，如图 2-13 所示。五类评价目标环环相扣，这五类目标都得到满足有利于帮助学生提高他们对内容的理解和思考，从而有效地提升学生的学习技能。

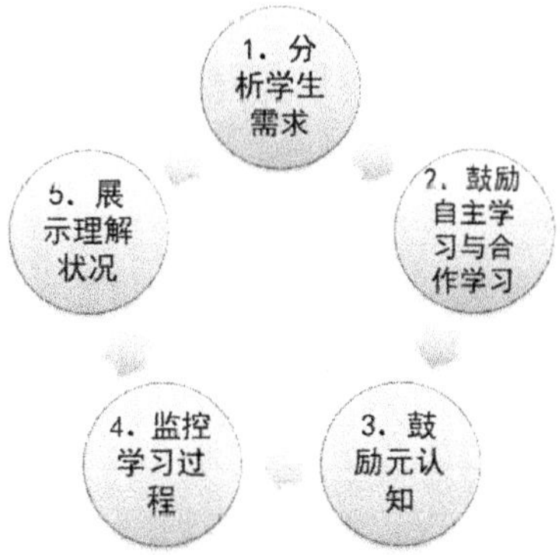

图 2-13　评价目标

四、教学重难点

教学重难点如图 2-14 所示。

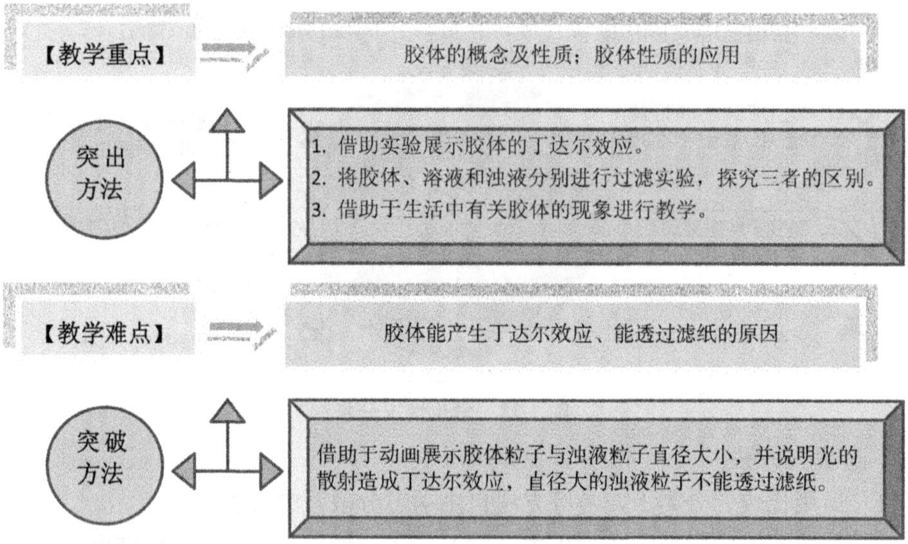

图 2-14　教学重难点

五、实验原理

实验原理如图 2-15 所示。

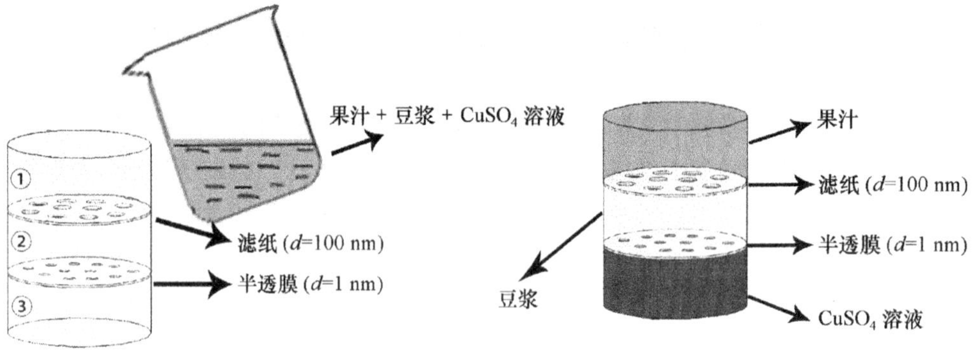

图 2-15　实验原理

六、教学流程图

教学流程如图 2-16 所示。

七、课前准备

（一）教具准备

多媒体用具：PPT 翻页笔（1 支）、激光灯（4 支）、磁贴（若干）、U 盘、对错示意板（4 个）。

化学仪器：烧杯（若干）、玻璃棒（4 根）、滤纸（4 片）。

物品：感冒灵颗粒（2 包）、豆浆（1 杯）、鸡蛋膜（4 片）、红墨水（1 mL）、橙汁（50 mL）、硫酸铜溶液（50 mL）。

（二）实验装置准备（略）

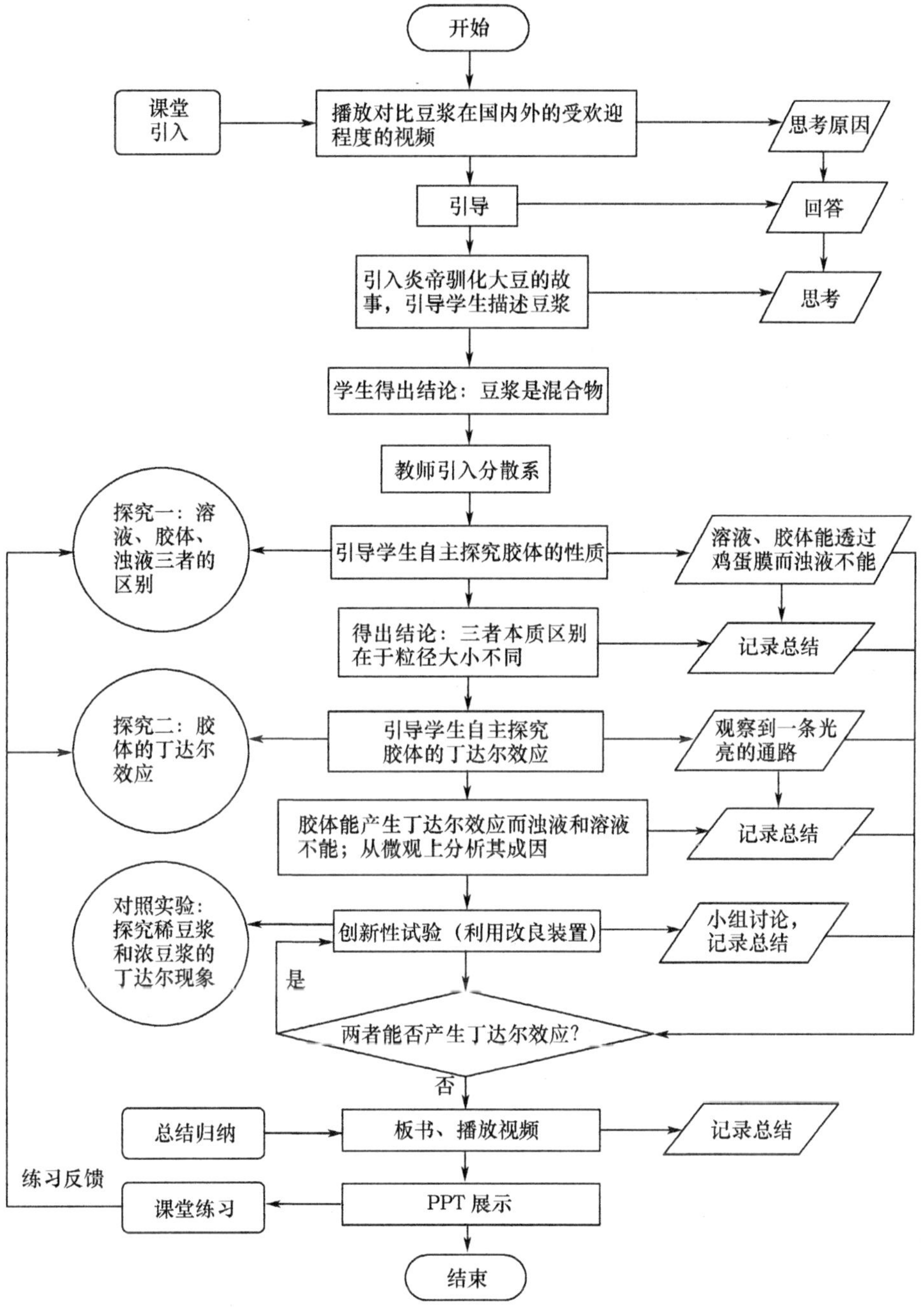
开始
课堂
引入
播放对比豆浆在国内外的受欢迎
程度的视频
思考原因
引导
回答
引入炎帝驯化大豆的故
事，引导学生描述豆浆
思考
学生得出结论：豆浆是混合物
教师引入分散系
探究一：溶
液、胶体、
浊液三者的
区别
引导学生自主探究胶体的性质
溶液、胶体能透过
鸡蛋膜而浊液不能
得出结论：三者本质区别
在于粒径大小不同
记录总结
探究二：胶
体的丁达尔
效应
引导学生自主探究
胶体的丁达尔效应
观察到一条光
亮的通路
胶体能产生丁达尔效应而浊液和溶液
不能；从微观上分析其成因
记录总结
对照实验：
探究稀豆浆
和浓豆浆的
丁达尔现象
创新性试验（利用改良装置）
小组讨论，
记录总结
是
两者能否产生丁达尔效应?
否
总结归纳
板书、播放视频
记录总结
练习反馈
课堂练习
PPT 展示
结束

图 2-16　教学流程图

八、教学过程

<table>
<tr><td colspan="3">（一）创设情境，导入新课（用时 2min）</td></tr>
<tr><td>教师活动</td><td>学生活动</td><td>设计意图</td></tr>
<tr><td>【引入】
1. 播放外国人第一次喝豆浆的视频，对比中国人与外国人对豆浆的态度。(1min30s)

</td><td>1. 观看视频，对豆浆在中外受欢迎程度不同产生浓厚的兴趣，对本节课充满了好奇心。</td><td>1. 创设情境，激发学生的学习兴趣，引起学习动机。</td></tr>
<tr><td>2. 用炎帝驯化大豆的故事解释豆浆在中国受欢迎的原因，并引导学生描述豆浆。(30s)
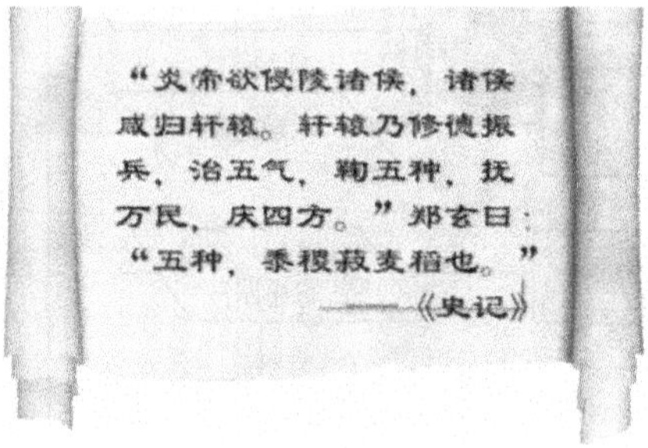
</td><td>2. 感受到了中国文化的博大精深以及中国饮食文化之美。</td><td>2. 利用化学史引入，加深学生对化学知识的理解，培养学生的科学素养以及人文素养。</td></tr>
<tr><td colspan="3">（二）活动探究，探索新知（用时 9min）</td></tr>
<tr><td>教师活动</td><td>学生活动</td><td>设计意图</td></tr>
<tr><td>1. 从同学们的描述中，老师听到了不同的答案。有同学说是溶液，有同学说是混合物，还有同学说是分散系。到底同学们说对了没有呢？老师在这里先保留悬念。同学们提出了一个新的名词“分散系”，那什么叫作分散系呢？请同学们翻开课本第 25 页，认真阅读最后一段，找出分散系的概念以及分散系的组成。(1min30s)
【教师讲授】分散系{分散质：分散系中被分散的物质；分散剂：分散系中起容纳作用的物质}
【教师举例】</td><td>1. 阅读教材，归纳分散系的概念；学习分散系的类别，以及溶液、胶体、浊液之间的区别。</td><td>1. 通过创设情境进而迁移新知识，培养学生的知识迁移能力。</td></tr>
</table>

续表

<table>
<tr><td colspan="3">（二）活动探究，探索新知（用时 9min）</td></tr>
<tr><td>教师活动</td><td>学生活动</td><td>设计意图</td></tr>
<tr><td>2.【引导学生实验】实验探究 1（2min30s）
将硫酸铜溶液、豆浆和果汁在改良后的装置中（带有普通滤纸和鸡蛋膜制成的半透膜）中过滤。
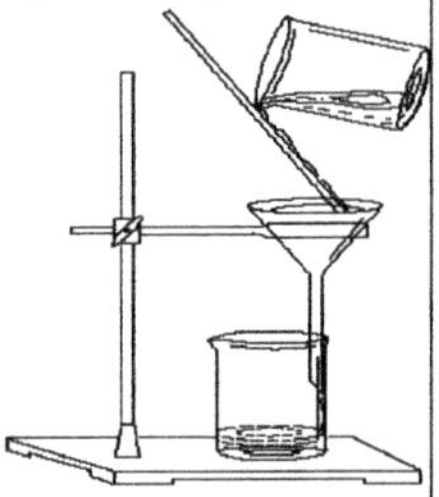
【提问】同学们看见了什么现象？
【介绍】由此联系溶液、胶体和浊液的粒径大小不同，引导学生解释现象。
<table>
<tr><td>粒径大小</td><td>所属分散系</td><td>外观形象</td></tr>
<tr><td>$d<1$ nm</td><td>溶液</td><td>均匀、透明、稳定</td></tr>
<tr><td>1 nm $< d <$ 100 nm</td><td>胶体</td><td>均匀、部分透明、介稳</td></tr>
<tr><td>$d>100$ nm</td><td>浊液</td><td>不均匀、不透明、不稳定</td></tr>
</table>
</td><td>2. 动手操作实验，感受化学是一门以实验为基础的科学。通过实验找出溶液、胶体和浊液之间的区别。
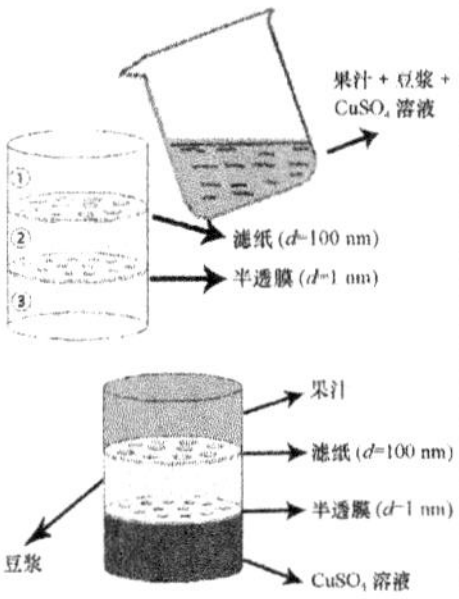
</td><td>2. 基于证据进行分析推理，证实或证伪假设；认知用化学实验验证理论知识。</td></tr>
<tr><td>3.【引导学生实验】实验探究 2（3min）
【引入】生活中我们都接触过豆浆，那你有见过这样的豆浆吗？
【演示】用激光笔照射豆浆。（学生亦做）
【提问】同学们看见了什么现象？
【介绍】由此联想生活中光透过云层产生的光柱，给出丁达尔现象的定义。
【板书】胶体的性质①胶体的丁达尔效应。
【教师引导】用激光笔分别照射硫酸铜溶液、豆浆和果汁，观察有什么现象？请同学们拿起桌面上的示意牌告诉老师，能否看到一条光亮的通路？
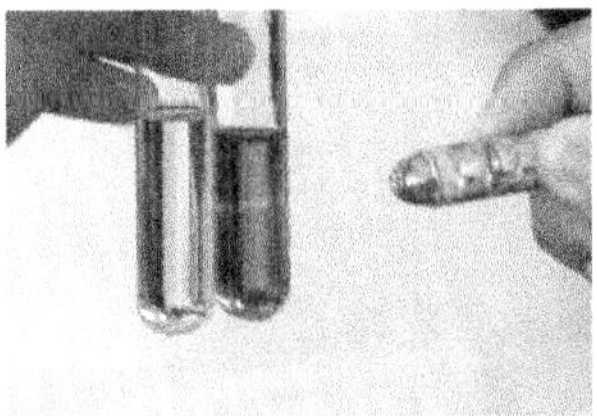</td><td>3. 通过动手实施实验，学生获取宏观证据并解释结论，提高了学生的实验探究能力。通过老师的追问，同学们纷纷进行小组讨论，思考，最终得出结论。</td><td>3. 运用化学实验进行实证，对物质及其变化的规律进行化学实验探究，体现了实验观。</td></tr>
</table>

续表

（二）活动探究，探索新知（用时 9min）		
教师活动	学生活动	设计意图
【分析现象】利用 PPT 展示胶体丁达尔现象的成因及溶液、悬浊液没有丁达尔现象的原因。 【板书】丁达尔现象 【教师追问】教材上描述豆浆是一种胶体，为什么有的小组用激光灯照射豆浆没有看到明显的通路呢？是教材出错了吗？还是我们的实验存在问题？ 【教师引导】引导学生对这个问题进行反思并解释原因。		
4.【引导学生实验】实验探究 3（1min） 【设疑】同样是豆浆，用激光笔照射浓的豆浆和稀的豆浆，为什么会有两种不同的实验现象呢？  浓豆浆  稀豆浆 教师解释：胶体与浊液、溶液因粒子直径的区别，才会使胶体具有丁达尔现象（光能通过溶液，不能通过浊液）。	4. 小组实验，激光笔照射在浓豆浆上不能看到有光亮的通路，而照在稀豆浆上可以看到有光亮的通路。并进行小组讨论，分析结果。	4. 通过实验现象进行宏观表征，微观探析。学会用对比分析解决问题，能从物质的微观层面理解其组成、结构和性质的联系，形成“结构决定性质，性质决定应用”的观念。
5.【引导学生实验】实验探究 4（1min） 【设疑】如果给胶体通入直流电，胶体的运动会怎么变化？ 【模拟动画】观看动画，从微观角度分析电泳的方向。 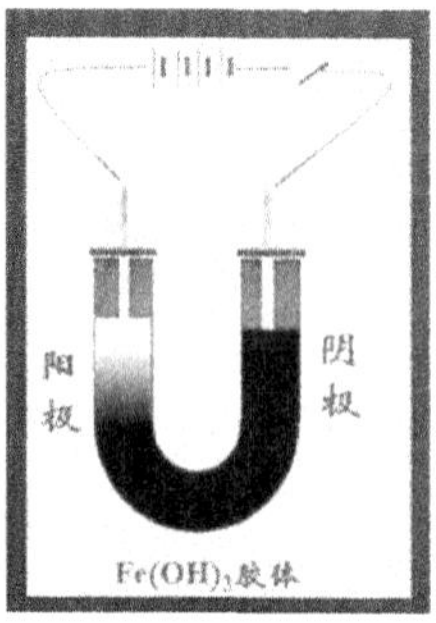	5. 观看微观动画，认识微粒的行为变化。	5. 为学生构建行为微粒观，提升学生宏微结合的学科素养。

续表

（二）活动探究，探索新知（用时 9min）		
教师活动	学生活动	设计意图
6.【设疑】同学们学习了分散系之后，能否举例日常生活中有关分散系的事例呢？（15s） 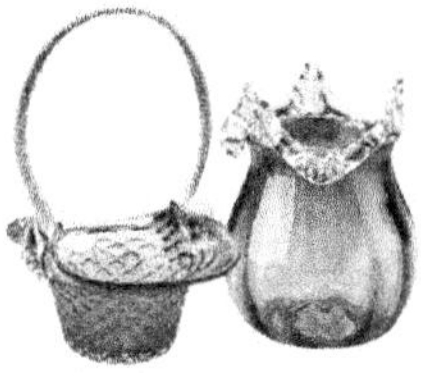 彩色玻璃  干燥剂吸水	6. 同学们运用所学的知识迁移到生活当中去，积极列举生活中有关胶体和分散系的现象事例。	6. 培养学生学思行结合的能力，在学习的基础上进行深入的思考，明白学是一种手段，行才是终极目的。

（三）总结升华，反馈练习（用时 45s）		
教师活动	学生活动	设计意图
1.【总结】（30s） 梳理本节课的知识脉络，突出教学目标。 ①分散系的分类 ②丁达尔效应 ③电泳	1. 回顾课堂内容。	1. 梳理知识脉络，建构知识网络体系。
2.【反馈练习】（15s） ①下列物质能发生丁达尔效应的是（　　）。  A. 蔗糖水  B. 肥皂水  C. 碘酒 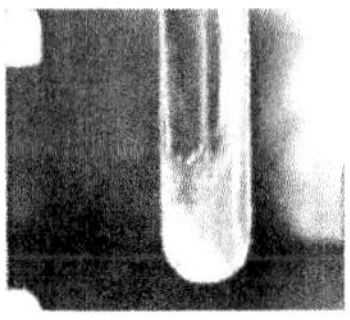 D. 碘化银胶体 ②溶液、胶体和浊液这三种分散系的根本区别是（　　）。 A. 是否为大量分子或离子的集合体 B. 分散质微粒直径的大小 C. 能否透过滤纸 D. 是否均一、稳定、透明	2. 作业本记录，动脑思考，动手做。	2. 帮助学生消化相关知识；引导学生将化学理论性知识转化成技能性知识；进行教学评价，便于优化。

九、板书设计

分散系及其分类

一、分散系的分类

二、胶体的性质

1. 丁达尔效应

2. 电泳

三、对比实验探究

十、教学反思

生活中有关胶体的现象比较常见，学生学习热情高，可以很好地引导学生认识化学对促进人类社会进步和提升人类生活质量所做出的贡献；通过对分散系的分类和胶体性质的探究以及师生讨论和小组讨论，完成了教学目标，保证了课堂学习效率。本节课借助多种教学手段进行授课，从声音和视觉上均能给学生带来一个美的享受。

十一、教学评价

课堂教学评价表，见表 2-3。

表 2-3　课堂教学评价表

评价内容	评价标准	评价等级		
		A	B	C
教师的教学观念	与时俱进、开拓创新			
教学目标	符合教学大纲和学生实际水平			
教学内容	正确无误、重点突出			
教学方法和手段	善于创设问题情境、激发学生兴趣			
教师的教学能力	表达清晰、驾驭能力强、书写规范			
教学效果	圆满完成教学任务、达到预期目标			
教学特色（发展性）				
教学不足（改进性）				

附件一：

学习效果评价设计

“分散系及其分类”课堂评价量规			
内容	评价要求		
	优	良	需努力
1. 学习态度 在角色转换中踊跃发言的次数	9	6	3 次及以下

续表

内容	评价要求		
	优	良	需努力
2. 学习方法 在角色转换中分析问题的视角	在角色转换中能够站在主要矛盾的视角分析问题。	在老师的适当铺垫下能够站在主要矛盾的视角分析问题。	被老师牵着鼻子走，没有自己的思路。
3. 综合能力评价	思路清晰、顺畅，能清晰地分析胶体的不同性质，在角色转换中，思维活跃，切入点准确。	思路比较清晰、顺畅，基本能清晰地分析胶体的不同性质，能够在限定的时间内进行角色转换，并有清晰的思路。	思路不够清晰，不能独立地对胶体的不同性质进行准确的分析，在限定的时间内进行角色转换时，被别人牵着鼻子走。

附件二：

“分散系及其分类”导学案

1. 混合物如何分类？

- 物质
  - 混合物
  - 纯净物
    - 单质
    - 化合物
      - 酸
      - 碱
      - 盐
      - 氧化物

举例：请举例说明你生活中见到的混合物？

____

阅读：了解什么是分散系？什么是分散质？什么是分散剂？

分散系：____________________________________。

分散质：____________________________________。

分散剂：____________________________________。

2. 按分散质粒子的大小再分类。($1\ \text{nm}=10^{-9}\ \text{m}$)

分散系	粒子大小
溶液	$d<1\ \text{nm}$
胶体	$1\ \text{nm}<d<100\ \text{nm}$
浊液	$d>100\ \text{nm}$

3. 学生进行实验探究：溶液、胶体、浊液三种分散系的特点。

分散系	溶液	胶体	浊液
实例	$CuSO_4$ 溶液	豆浆	果汁
稳定性			
均一性			
激光笔照射			
透过滤纸的情况			
半透膜			

[小结] 溶液、胶体、浊液的本质区别是粒子的大小，区别溶液和胶体的简便方法是丁达尔效应。

4. 如何解释丁达尔现象？

(1) 为什么一束光射向胶体和溶液时，会出现这样不同的现象？

(2) 多媒体放映节日的夜晚，交相辉映的探照灯，为什么一束光打向夜空，会形成一条光亮的通路？

(3) 清晨光线透过树叶间的缝隙射入密林中，为什么有光路？电影院放电影时，放映室射到银幕上的光柱是怎么形成的？火烧云是怎么形成的？

5. 阅读课文，总结出胶体有哪些性质？

(1) ________________________（胶体的稳定性介于溶液和浊液之间）。

(2) ________________________（光束通过时，可以看到一条光亮的通路）。

(3) ________________________（能通过滤纸，不能通过半透膜）。

(4) ________________________（通直流电时，胶体会向一端电极移动）。

课堂反馈

1. 下列物质不属于分散系的是（　　）。

A. 水　　B. 氯化钠溶液　　C. 泥浆　　D. 淀粉溶液

2. 下列物质中，属于乳浊液的是（　　）。

A. 盐酸　　B. 蒸馏水　　C. 石灰浆　　D. 牛奶

3. 下列关于胶体的说法中正确的是（　　）。

A. 胶体外观不均匀

B. 胶体微粒不能透过滤纸

C. 胶体粒子直径在 1 nm 至 100 nm 之间

D. 胶体不稳定，静置后容易产生沉淀

4. $Fe(OH)_3$ 胶体和 $MgCl_2$ 溶液共同具备的性质是（　　）。

A. 都比较稳定，密闭放置不产生沉淀

B. 两者均有丁达尔现象

C. 分散质微粒可透过滤纸

5. 用特殊方法把固体物质加工到纳米级（1 nm～100 nm，$1\ nm = 10^{-9}\ m$）的超细粉末微粒，然后制得纳米材料。下列分散系中的分散质的微粒直径和这种粒子具有相同数量级的是（　　）。

A. 溶液　　B. 悬浊液　　C. 胶体　　D. 乳浊液

6. 已知土壤胶体带负电荷，因此在水稻田中，施用含氮量相同的化肥时，肥效较差的是（　　）。

A. 硫酸铵　　B. 碳酸铵　　C. 硝酸铵　　D. 氯化铵

7. 下列性质与胶体无关的是（　　）。

A. 江河入海口易形成三角洲

B. 向氯化铁溶液中加入碳酸钠溶液，会出现红褐色沉淀

C. 将卤盐加入豆浆制成豆腐

D. 一支钢笔使用两种不同牌号的墨水，容易出现堵塞现象

【点评】

优点

(1) 整体：教学设计板块完整。该设计包含：课标分析、教材分析、学情分析、教学目标及重难点、课前准备、教学流程图、教学过程、板书设计、教学评价及附教材截图和导学案。

(2) 该教学设计体现了“学生为中心”、“宏观辨识与微观探析”核心素养的培养及“知识来源于生活和回归生活”教学理念。

(3) 教材分析比较到位，尤其对比分析了三个版本教材对该章节知识点的展现形式，利于对教学过程的设计。

(4) 学情分析从知识、能力、心理、认知四个方面展开，分析结果相对而言与实际情况较吻合。

(5) 三维目标定位，重点、难点设定准确，教学流程图规范。

(6) 教学方法多样：探究实验、生活实例、微观动画，利于学生掌握本节内容。

(7) 有课堂达标测试和导学案，利于教学任务顺利开展。

缺点

(1) 学生心理欠缺方面（不喜欢动手操作实验）分析不准确。

(2) 分散系分类辨析实验，实际操作起来有难度，未能从实际情况出发，达不到预期效果。

(3) 情境导入以外国人第一次喝豆浆视频及与知识点契合度不够，并且该说法有以偏概全的嫌疑，用时也较长。

(4) 我国驯化大豆的实例素材作为导入新知也不太恰当。生活中分散系实例很多，可以考虑以生活实例导入。

(5) 浓稀豆浆对比以让同学们产生新的困惑，不利于丁达尔现象的讲解。

(6) 生活实例较少，未能充分体现教学设计中知识来源生活，回归生活的设计理念。

(7) 板书设计中分散系分类坐标图中应标注上数据，另外将对比实验探究作为活动探究的第 3、4 部分进行也不太合理。

(8) 教学反思不深刻，未能围绕教学目标达成度展开反思。

(9) 教学重点“突破方法”写成“突出方法”；导学案中“2. 按分散质粒子的大小再分类”表格中胶体粒子大小有误。

（二）教学设计 2：第二章　化学物质及其变化（第二节　电解质的概念）

第二节　电解质的概念

第六届广东省师范生教学技能大赛　姚××

一、教学总体设计

本节课选自《高中化学必修 1》第二章第二节，授课对象为高一的学生，在学习了物质的分类后，继续讲解电解质的概念，结合实验验证，学生能较快理解这一概念。

根据适应性教学设计理论和最近发展区理论，通过了解学生的基本情况，对学生的知识基础、能力基础及心理特征进行分析，开展建立在学生现有学习基础上的教学。使学习背景与学生已有的知识相匹配，从而得到最优的学习效果。

基于目标导向教学理论，通过课程标准、教材和学情的分析，制定教学目标。并以教学目标为基础，确定合适的教学内容，设计精简的板书，预想好学生的反应，完善教学策略，提高教学的效果，如图 2-17 所示。

为了高效地完成教学内容，达到教学目标。本节课通过“日常用电的安全”引入，创设情境，引起学生思考。学生结合已有盐溶液能导电的知识进行分析，通过教师引导，与学生沟通后，得出实验方案，自主实验，验证假设，最后总结出概念，并

图 2-17　教学总体设计

将化学理论性知识转化成技能性知识，应用到生活实际中，建立起化学学科与生活之间的联系。主要体现了：从生活中常见的化学现象中，体会化学在提高人们生活质量方面的积极作用，逐步形成能运用化学知识解决问题的能力。

二、教材内容分析

（一）课程标准分析

根据新课标的基本理念，化学课堂教学应立足于学生适应现代生活和未来发展的需要，从学生已有的知识和经验出发，经过各种形式的探究活动，使学生体验科学研究的过程，激发学生学习化学的兴趣，强化科学探究的意识，促进学习方法的转变，培养学生的创新精神、实践能力和人文精神。教学的核心目标除了使学生真正建构起化学概念外，更重要的是培养他们运用科学的思维方法抽象概括出概念的能力。

（二）教材分析

本节课选自人教版《高中化学必修 1》第二章第二节中的课题“电解质的概念”，“电解质”是贯穿在整个高中化学学习的基本概念，由电解质引发的知识点有“电离、离子反应、强弱电解质、电离平衡、盐类水解、沉淀溶解平衡、电离平衡、原电池”等。在教材中该知识点既是对于已学习的第二章第一节“物质的分类”的延伸与拓展，也是为即将要学习的离子反应知识做铺垫，起到承前启后的纽带作用，有利于学生构建完整的知识体系。

（三）文献综述

本节课设计时，在中国知网中，共查阅文献 13 篇，其中 4 篇涉及学生在学习“电解质的概念”时，会受到“相异构想”的影响，从而对概念的理解产生偏差。因此，在查看文献的基础上，综合分析，选择合适的教学思路，经过大量的实验后，得到了最佳的实验用量和检验方法，增加对学生的吸引力，优化教学效果。

三、学生情况分析

（一）知识基础

优势：学生已学过物质的分类，并知道盐溶液能导电。

欠缺：学生不知道导电的本质。

对策：通过教师实验引导，结合多媒体动画，生动展示导电实质。

（二）能力基础

优势：学生初步具备观察、描述实验现象和一定的动手实验能力。

欠缺：学生分析推理能力及总结概括能力还有待提高。

对策：通过提出问题—做出假设—实验验证—得出结论的教学过程，引导学生推理总结。

（三）心理特征

优势：高一学生思维活跃，求知欲强，乐于探索。

欠缺：学生以经验型逻辑思维为主，对抽象概念较难理解。

对策：改变教材教学思路，解释抽象概念的本质，结合实例说明。

四、教学目标及重难点

（一）教学目标

1. 知识与技能

（1）掌握电解质、非电解质的含义。

（2）掌握电解质导电这一过程是如何发生的。

2. 过程与方法

（1）在学习过程中，学会运用观察、实验等多种手段获取信息。

（2）能运用比较、分类、归纳等方法理解所学知识。

3. 情感态度与价值观

（1）通过对电解质的概念的学习，让学生感受化学知识的逻辑性。

（2）通过运用电解质的原理联系生活中的实际运用，增强学生对化学的学习兴趣。

（二）教学重难点

重点：电解质与非电解质的概念。

难点：判断物质是否是电解质。

五、课前准备

课前准备多媒体课件翻页笔、仪器和物品。

（1）仪器：小烧杯、玻璃棒、电池、导线、小灯泡、电流表、水位报警器。

（2）物品：氯化钠晶体、蒸馏水。

六、教学流程

教学流程如图 2-18 所示。

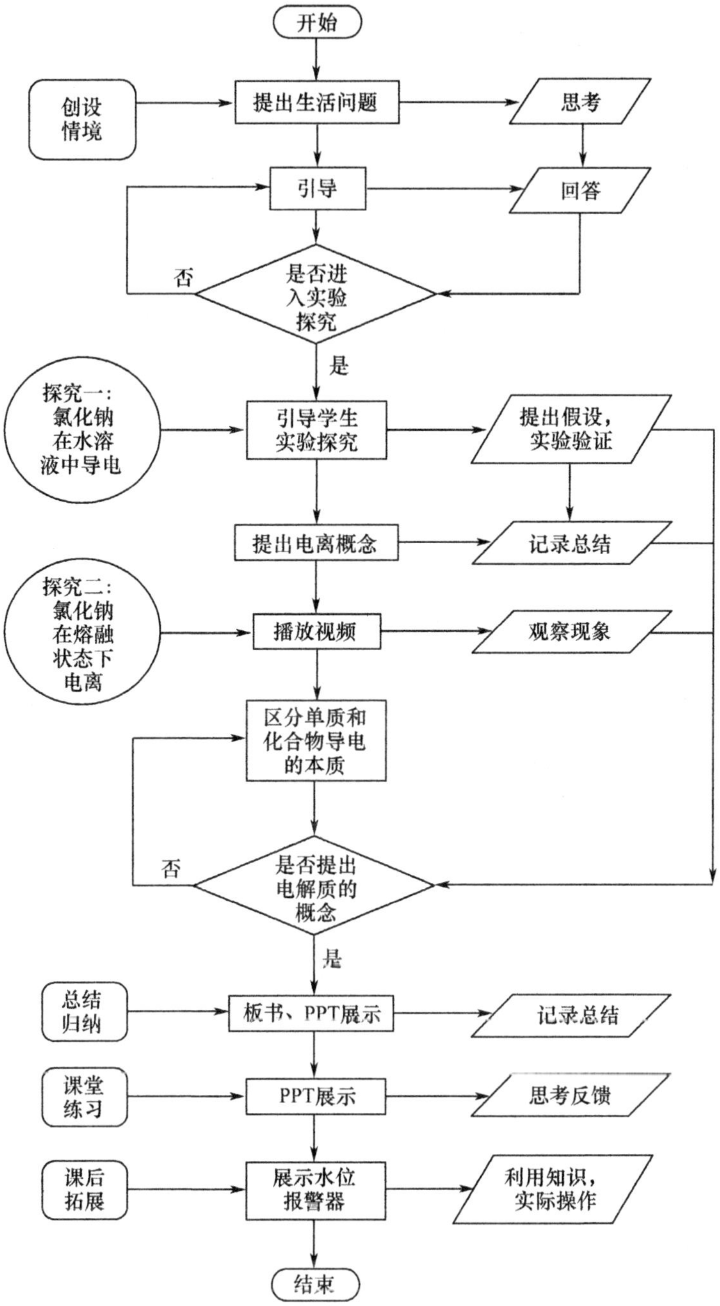
开始
创设情境
提出生活问题
思考
引导
回答
否
是否进入实验探究
是
探究一：氯化钠在水溶液中导电
引导学生实验探究
提出假设，实验验证
提出电离概念
记录总结
探究二：氯化钠在熔融状态下电离
播放视频
观察现象
区分单质和化合物导电的本质
否
是否提出电解质的概念
是
总结归纳
板书、PPT展示
记录总结
课堂练习
PPT展示
思考反馈
课后拓展
展示水位报警器
利用知识，实际操作
结束

图 2-18　教学流程

七、教学过程（12min）

教学环节	教师活动	学生活动	设计意图	时间
（一） 创设情境，引出教学内容	情境导入：电能使我们的生活越来越便利，但有时候我们在洗手或大量出汗后使用电器却很容易有触电的危险。对于这种情况，我们不能视而不见，不仅要知其然，更要知其所以然，才能更好地避免危险的发生。 提问：请问同学们，知道为什么我们的手出汗后或洗手后水未擦干时更容易发生触电吗？ 	回答：我们的手含有盐分，所以容易导电。	以情境开头引起学生的好奇心，思考问题，激发学生学习兴趣，同时为后面的教学内容做铺垫。	1 min
（二） 原理探究一：氯化钠在水溶液中导电	引导：我们人体出汗时，确实会排出盐分，可同时也排出大量的水分，那么究竟是盐导电呢？还是水导电呢？又或者是盐和水混合后的溶液导电呢？ 用实验来检验我们的假设。 实验仪器及物品：小灯泡，电流表，导线，电池，烧杯，玻璃棒，氯化钠晶体，蒸馏水。 请一位同学上台探究。 实验一：探究氯化钠晶体能不能导电。 实验二：探究蒸馏水能不能导电。 实验三：探究氯化钠溶于水后能不能导电。 总结：我们从实验中可以得出一条重要的结论，氯化钠在水溶液中可以导电。 引出氯化钠溶液导电的原理。 PPT 展示氯化钠晶体的结构以及氯化钠在水溶液中电离的动画。	学生的答案不一。 学生观察现象，归纳总结。 实验一：小灯泡不发光，电流表无偏转。 实验二：小灯泡有发出微弱的光或不发光，电流表有较小的偏转。 实验三：小灯泡发出明亮的光，电流表有较大的偏转。	使学生亲身体验实验过程，培养学生设计实验和实际操作的能力。 通过实验，训练学生初步学会“实验—观察—分析—归纳”的思维方法。	5 min

续表

教学环节	教师活动	学生活动	设计意图	时间
（二） 原理探究一： 氯化钠在水溶液中导电	解释：当氯化钠溶于水时，由于水分子的作用减弱了氯化钠中的氯离子和钠离子之间的静电作用力，使钠离子和氯离子能自由移动，从而使氯化钠溶液有了导电性。 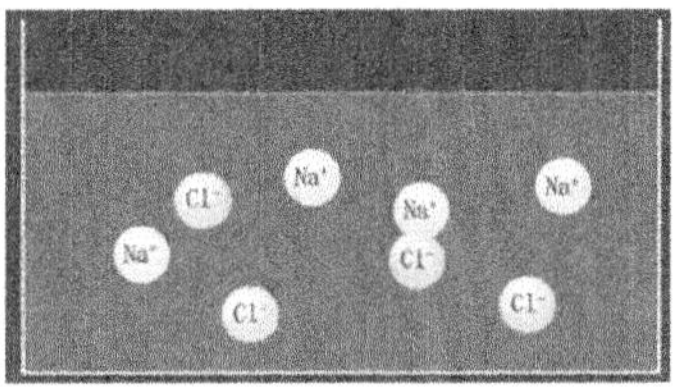 板书：$NaCl \xlongequal{} Na^+ + Cl^-$	得出结论：物质离解生成自由移动的离子的过程叫电离。 观察，总结，记录。		
（三） 原理探究二： 氯化钠在熔融状态下电离	提问：除了水溶液可以让氯化钠电离，还有其他方法吗？ 引导：我们把氯化钠晶体碾碎可不可以呢？ 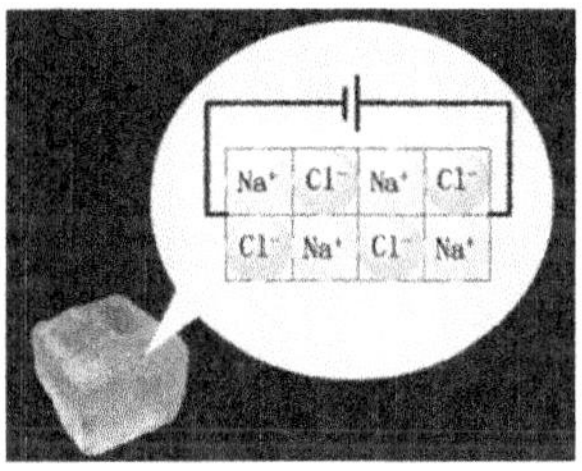 那有什么办法不加水溶液就可以使氯化钠晶体融化呢？ 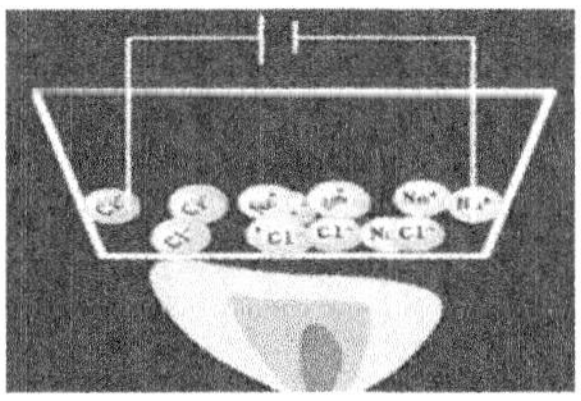 接下来我们看一下氯化钠晶体在加热融化后能不能导电。 播放视频 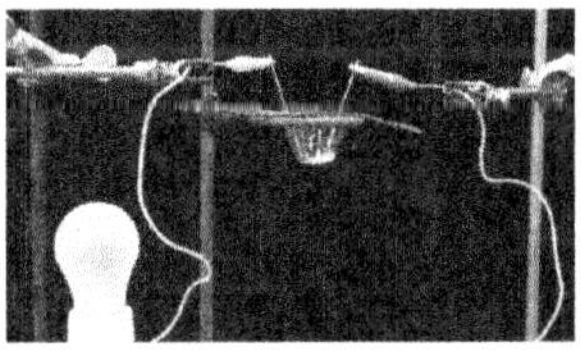	学生答案不明确。 回答：不可以，氯化钠还是晶体，不能电离。 回答：加热。 学生观看视频，得出结论：氯化钠在熔融状态下能导电，即氯化钠在熔融状态下能发生电离。	通过引导激发学生的思维，进一步探究。	3 min

续表

教学环节	教师活动	学生活动	设计意图	时间
（四） 回顾提升，总结归纳	回顾引导：我们日常生活中能导电的金属，是因为电子能够在金属上自由移动。 总结归纳：我们今天探究的是氯化钠在水溶液或熔融状态下能导电。 导电的原因是什么？ 总结并板书：氯化钠是化合物，在水溶液或熔融状态下能导电，我们把这一类化合物称为：电解质。 换句话说就是在水溶液或熔融状态下能发生电离的化合物叫电解质。 而在水溶液或熔融状态下不能发生电离的化合物叫非电解质。	学生回顾。 回答：氯化钠在水溶液或熔融状态下发生电离，产生自由移动的离子。	巩固知识。	1 min
（五） 课堂练习	下列哪些物质属于电解质？ A. NaCl　B. NaCl溶液　C. 铜（Cu） D. 硫酸钡（$BaSO_4$）　E. 酒精	思考，答题。	培养灵活运用知识的能力。	1 min
（六） 课外拓展	今天我们探究了在日常生活中，手大量出汗后或洗手之后未擦干容易触电的原因是什么？ 所以我们现在知道了这一原理，日常生活中就要避免发生这一类事情。 老师在知道这一原理之后，发现电解质这个知识能给我们的生活带来便利，当下雨时，水库或池塘的水到达一定量时，会有安全隐患，那么老师制造了一个水位报警器，这样我们足不出户就可以知道水是否到警戒线了。 现场展示。 布置任务：同学们课后以小组为单位，也利用这一原理，制作一个小小的水位报警器。 另外列举五种电解质和非电解质，并说明原因。 	回答：电解质会导电。 学生充满好奇，跃跃欲试。	知识回归生活。 让学生懂得知识来源于生活，也可以用于生活。	1 min

八、板书设计

电解质的概念

物质离解生成自由移动的离子的过程叫电离。

$NaCl = Na^+ + Cl^-$

电解质：在水溶液或熔融状态下能电离的化合物。

非电解质：在水溶液或熔融状态下不能电离的化合物。

九、教学评价

（一）课堂教学评价

课堂教学评价表见表 2-4。

表 2-4　课堂教学评价表

	一级目标	二级目标	评价结果		
			A	B	C
基本要求	1. 教学目标	（1）科学性			
		（2）适切性			
	2. 教学过程	（3）张弛有度			
		（4）学生参与			
		（5）有效有序			
		（6）关注差异			
	3. 教学氛围	（7）师生关系			
		（8）课堂气氛			
	4. 教学效果	（9）知识技能达要求			
		（10）探究问题积极性			
		（11）解决问题有效性			
教学特色（发展性）：					

（二）学生评价方法

（1）课堂导学案法：了解学生上课学习时的基本情况。

（2）课后作业：了解学生对知识的掌握程度。

（3）测验：检测学生对知识的运用能力。

【点评】

这是 2018 年师范院校学生教学技能竞赛的作品，这时已经提出了核心素养。

优点：

（1）整体：板块内容完整，有教学总体设计（含课标分析、教材内容分析、文献综述）、学生情况分析（知识基础、能力基础、心理特征）、教学目标及重难点、课前准备、教学流程图、教学过程、板书设计、教学评价及附教材截图和导学案（只有参加比赛的教学设计才需要这么全面。如果是平常教学，可以要点式写：课标要求、教材分析、学生情况、教学重点（突出方法）、教学难点（突破方法）、教学过程、教学评价；上完课后写几点教学反思（或教学后记，即教学过程的收获、缺陷及改进办法）。

（2）教材分析比较到位，指出了前面教材相关知识、本节内容及为后面什么知识作什么铺垫。学生情况分析中的知识基础、能力基础、心理特征符合实际。

（3）知识基础、能力基础、心理基础中的优势、欠缺分析准确，对策合理。

（4）三维目标定位，重点、难点设定准确，教学流程图规范。

（5）教学过程的情境创设来源于生活，符合认知心理学原理，对激发学生兴趣和引入新课内容有利。

（6）有演示实验、学生上台进行实验，明显现象利于宏观辨识；同时辅助电离动画，突破了难点。

（7）有课堂练习和课外拓展练习，有课堂教学评价和学生评价方法，导学案简洁实用。

缺点：

（1）没有设定突出重点、突破难点的方法。

（2）在教学过程（四）“回顾提升，总结归纳”中：“换句话说就是在水溶液或熔融状态下能发生电离的化合物叫电解质。而在水溶液或熔融状态下不能发生电离的化合物叫非电解质。”后一个“或”应该是“和”，即应该是“在水溶液和熔融状态下不能发生电离的化合物叫非电解质”，板书中也错了！这是一个概念性错误！

（3）学生评价方法不具体。导学案并不完全是为了了解学生上课学习时的基本情况，还承担着引导和培养学生自主学习能力的任务。

（三）教学设计3：第二章　化学物质及其变化（第三节　氧化还原反应）

第三节　氧化还原反应（第一课时）

2011届广东省师范生教学技能大赛　蚁××

教学课题	氧化还原反应	课时	1课时
所用教材	普通高中课程标准实验教科书《高中化学必修1》第二章第三节（第一课时）人民教育出版社。		
内容分析	本节教材在初中化学对氧化反应和还原反应的认识基础上，使学生掌握氧化还原反应的概念和特征，并学会用化合价的变化和电子转移的观点判断、分析氧化还原反应。		

续表

<table>
<tr><td>教学目标</td><td colspan="3">A. 知识与技能：
掌握氧化还原反应的概念，学会从三种不同角度去理解氧化还原反应。
B. 过程与方法：
从氧化还原反应得氧失氧的原始特征，到化合价升降的表面现象，再到电子转移的本质原因，认识这是一个层层推进、逐步深入的发展过程，培养逻辑思维能力。
C. 情感态度与价值观：
通过“氧化”与“还原”这一典型矛盾，培养“对立与统一”的唯物辩证主义思想观，树立用正确的观点和方法学习化学知识。</td></tr>
<tr><td>教学重点</td><td colspan="3">掌握氧化还原反应的概念和特征。</td></tr>
<tr><td>教学难点</td><td colspan="3">理解氧化还原反应的本质及其中对立统一的关系。</td></tr>
<tr><td>教学方法</td><td colspan="3">复习引导法，创设情景问题法，实验探究法。</td></tr>
<tr><td>教学环节</td><td>教师活动预设</td><td>学生活动预设</td><td>设计意图</td></tr>
<tr><td>导入新课</td><td>【多媒体展示】生活中氧化还原反应的相关图片：如切开的苹果放置一段时间后会发黄，绿茶久置会变黄，金属会生锈等。
【提问】产生上述现象的原因是什么？
【讲述】以上三个现象都涉及今天要学习研究的内容——氧化还原反应。
【板书】氧化还原反应。</td><td>能回答出是发生了氧化反应。</td><td>以生活实例激起学生兴趣，巧妙设问引发新的认知需求。引导学生的知识在原生长点上继续迁移，由生活走进化学，由化学走向社会。</td></tr>
<tr><td>从得氧、失氧的角度定义氧化还原反应</td><td>【动画演示】初中学过氢气和氧化铜生成铜和水的实验。
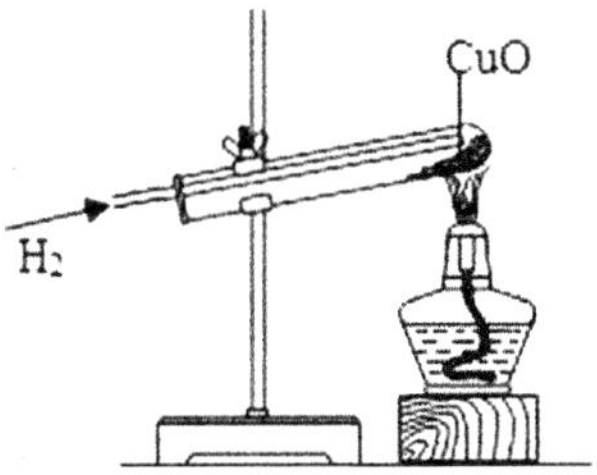

请一位同学上黑板写出反应方程式。</td><td>观察演示实验，回忆起初中所学知识。

上黑板书写：
H_2+CuO ══
$Cu+H_2O$</td><td>运用多媒体进行模拟动画演示，增加了趣味性的同时，也帮助学生回忆起初中的氧化反应和还原反应，以此为铺垫展开学习。</td></tr>
</table>

续表

教学环节	教师活动预设	学生活动预设	设计意图
从得氧、失氧的角度定义氧化还原反应	【提问】通过初中的学习，我们知道 $H_2+CuO = Cu+H_2O$ 是一个还原反应，那让我们大胆假设一下，它有没有可能是一个氧化反应呢？ 【讲述】根据我们初中的知识可以发现，在这个反应中氧化铜失去氧变成了单质铜，发生了还原反应。氢气得到了氧生成了水，发生了氧化反应，也就是说氧化反应和还原反应是同时发生的，这正是我们今天要学习的氧化还原反应。 【板书】一、定义：氧化反应和还原反应同时发生的反应。	积极和老师互动，跟着老师的思路走。 做课堂笔记。	以初中学过的最熟悉的氧化还原反应“氢气还原氧化铜”为例，既引出自然，降低了学生对新知识的恐惧的负干扰，也较好地达到了自主学习、探究学习的目的。 鼓励学生做笔记并思考，分析归纳总结，让学生参与“学中练，练中学”。
氧化还原反应的特征	【提问】展示两个氧化还原反应方程式。 $CuO+H_2 \xlongequal{} Cu+H_2O$ $C+H_2O \xlongequal{高温} CO+H_2$ 让学生分小组讨论，分析反应中各个元素的化合价在反应前后有无变化，讨论氧化还原反应与化合价的升降有什么关系？ 【活动】巡视并指导学生标出元素的化合价。 【讲述】对方程式进行详细的分析，引导学生发现某些元素的化合价在反应前后发生了变化：有元素化合价升高的反应是氧化反应，有元素化合价降低的反应是还原反应。 【提问】根据以上分析，请一位学生尝试分析第三个化学反应式中 $Zn+H_2SO_4 \xlongequal{} ZnSO_4+H_2$ 在这个反应中元素的化合价有发生变化吗？ 【讲述】虽然没有发生得氧、失氧的情况，但是物质中元素的化合价发生了升降，这个反应也是氧化还原反应，也就是说并非只有得氧、失氧的反应才是氧化还原反应。所以判断一个反应是不是氧化还原反应应该从化合价有没有发生升降来判断，而不要再用得氧、失氧来判断。 【板书】二、特征：化合价的升降（判断依据）。	动手标出化合价，思考并热烈讨论。 锌化合价升高发生氧化反应，氢的化合价降低发生还原反应。 认真聆听。 做笔记。	问题过渡，激发学生求知欲。 高中化学需要学生自主学习。教会学生如何提问、如何联想、如何归纳、如何总结、如何寻求规律，并且通过小组讨论加强彼此间的学习交流与互助，逐步培养思维的敏捷性和严密性。 经教师引导，学生归纳得出结论，完成知识的意义建构。

续表

教学环节	教师活动预设	学生活动预设	设计意图
从电子转移的角度发现氧化还原反应的实质	【提问】在氧化还原反应中，为什么元素的化合价会发生变化呢？ 【探究实验】分成两个小组。 第一组：将锌片和碳棒中间连接一个电流计，插入稀盐酸溶液中，观察实验现象。 第二组：将铁片和碳棒中间连接一个电流计，插入硫酸铜溶液中，观察实验现象。 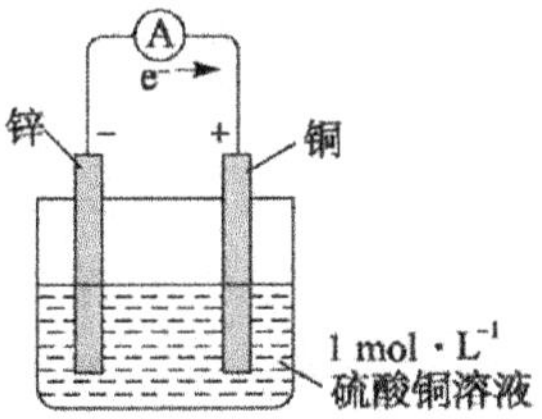 实验完毕后，每组汇报实验现象。 【提问】这两个实验中所发生的反应都是氧化还原反应，通过实验现象我们能发现它们都有一个什么共同点？说明什么问题？ 【设疑】那么电子的定向移动和反应中的化合价升降有什么关系呢？这个问题就留给同学们课后结合书本知识好好去思考。	学生分组实验： 1. 锌与稀盐酸。 2. 铁与硫酸铜溶液。 学生记录实验现象。 学生汇报实验现象： 1. 溶液中有气泡产生，电流计指针偏转。 2. 溶液颜色变浅，电流计指针偏转。 电流计发生偏转；有电流产生； 电子的定向移动。	通过实验探究，学生能透过现象看本质，激发学生的学习兴趣。 在汇报实验现象中，共享信息，并提供相互学习的机会，增强学生实验探究的成就感。 让学生初步感受到氧化还原反应的实质是因为有电子的转移。 激发学生的求知欲，促使学生在课后更加积极地思考并为下节课做好充分的预习。
板书设计	第三节　氧化还原反应 1. 概念：一种物质被氧化，另一种物质被还原的反应。 2. 特征：化合价的变化（判断依据）。 3. 实质：电子的转移。		
教学反思	针对本节课内容，我设计了两种不同的教学思路，一种思路是从初中熟悉的方程式引入，循序渐进地从得失氧、化合价升降、电子得失方面不断地认识氧化还原反应。设计好后，总觉得细节太多，思维不够流畅。第二种教学设计是从实验入手，诱导学生分析实验原理，认识电子得失引起化合价的升降，让学生学会透过现象看本质。两种方法，各有特长，第一种设计适合基础薄弱一些的学生，第二种设计对学生思维层次要求较高，适合基础较好的学生。在教学中，如果发现学生对化合价的知识掌握得不好，应利用晚自习时间督促学生完成对化合价的复习和应用。 在课堂教学中，经常进行学生与学生之间、学生与教师之间的讨论、交流活动，有利于改变学生的学习方式，变被动学习为主动学习，使学生学会合作学习，学会探究和创新，全面地体现“知识与技能、过程与方法以及情感态度、价值观”三维课程目标，促进学生全面发展。		

【点评】

这是2014年第二届广东省师范生教学能力大赛蚁××同学的作品，当时还没有提出核心素养，主要讲素质教育的深化和落实。

优点：

(1) 包含了教案的大部分内容，教学重点、难点、教学方法都比较准确，导入新课的方法自然、符合学生认知规律。

(2) 在分析了锌与稀硫酸反应的化合价变化后，再分析铜锌原电池的反应中化合价变化比较有新意。

(3) 安排有学生讨论、分组实验、学生发言，调动了学生的积极性，体现了学生的自主性。同时安排了学生课后预习下一节内容。

缺点：

(1) 名称：该同学撰写此稿时已经进入新课程阶段，仍沿用旧课程的叫法叫“教案”，新课程已经将“教案”改名叫作“教学设计”了（说明：“教案”是新课程实施前的叫法；是教师为顺利而有效地开展教学活动，根据课程标准、教学大纲和教科书要求及学生的实际情况，以课时或课题为单位，对教学内容、教学步骤、教学方法等进行的具体设计和安排的一种实用性教学文书；教案包括教材简析和学生分析、教学目的、重难点、教学准备、教学过程及练习设计等；具有科学性、创新性、差异性、可操作性。新课程修改为“教学设计”，是根据课程标准的要求和教学对象的特点，将教学诸多要素有序安排，确定合适的教学方案的设想和计划；也是把教学原理转化为教学材料和教学活动的计划；同时也是实现教学目标的计划和决策性活动的书面表达。特点是以系统方法为指导；是提高学习者获得知识、技能的效率和兴趣的技术过程。教学设计：包括教材内容、地位分析、学情分析、教学目标、教学重难点、教学策略方法、教学流程、教学步骤与时间分配、教学反思等部分），说明该同学对新课程变化不了解。

(2) 板块缺项：由于观念停留在旧课程，所以这个作品自然就缺学情分析（学生已有的知识和能力、欠缺的知识和能力）、教学用品、教学流程图，教案中还缺课堂知识反馈（即课堂及课外练习）；教学环节没有时间安排；还缺导学案。

(3) 内容缺陷：

①内容分析只有本内容前初中学过的知识（初中现在已经没有“得氧失氧是氧化还原反应”这个概念），前面教材有什么内容铺垫、这个内容要讲什么，没对后面教材内容起什么作用的分析。

②教学目标中，知识与技能应该具体到“让学生理解由化合价变化、分析电子转移，从而判断一个反应是否为氧化还原反应，并掌握电子转移数目”。

③没有突出重点、突破难点的方法。

④“提问”和“黑板上书写”的方程式：$H_2+CuO = Cu+H_20$ 水分子中的氧

的符号应该是英文字母“O”，而不是数字“0”。

⑤“板书设计”过分简单，应该有至少3个方程式的化合价分析、电子转移表达式。

⑥氢气还原氧化铜的实验装置图模糊，不清楚。

（四）教学设计4：第三章　金属及其化合物（第二节　几种重要的金属化合物）

氢氧化铝的化学性质——基于证据推理与模型认知视角

第七届广东省师范生教学技能大赛　彭××

一、教学总体设计

本节课基于目标导向教学理论，通过“教材分析”“课标分析”和“学情分析”制定教学设计的核心——教学目标（第一个同心圆），以教学目标作为基础，从而确定合适的教学内容（第二个同心圆）。为了有效地完成教学内容、达到教学目标，使用“教学评价”、“教学策略”和“教学实施”（第三个同心圆）将教学内容具体化，从而使看不见、摸不着的教学目标变得有形有色，如图2-19所示。

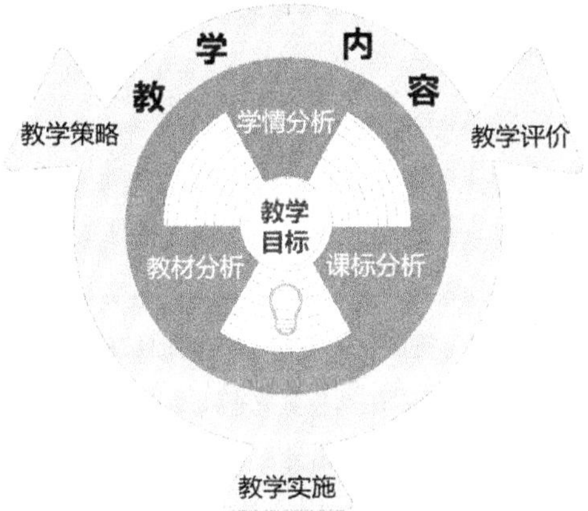

图2-19　教学总体设计

三个同心圆围绕着同一个圆心，即教学目标为出发点，也就是教学归宿。

本课程重点是培养学生“证据推理和模型认知”、“科学精神与社会责任”和“科学探究与创新意识”三个核心素养，引导学生思考和分析，从而掌握氢氧化铝的实验室制法和它的化学性质。

本节课建立在实验驱动模式下，从情境引入吸引学生的学习兴趣，通过展示胃舒平药品让学生认知含铝化学，留下悬念。随学习的进展让学生发现问题、解决问题。用实验提高学习兴趣，从而激发学生学习的主动性。因此，学生在实验驱动下展开学习，并在实验过程中观察实验室制备氢氧化铝过程现象，从而让学生探究实验并思考问题。在课堂结束之前又回到课原点：为什么胃舒平能用来治疗胃病？同时总结本节课重难点，然后将学习到的知识加以应用，一方面可以巩固知识，另一方面可以加强学生学习的成就感，保持学生的学习兴趣。最后通过习题讲解查漏补缺，提高学习质量。

二、教学内容分析

（一）课程标准

《高中化学新课程标准》的要求：

（1）对于金属铝性质的教学以化学性质为主，通过化学实验为主体的多种探究活动，激发学生学习化学的兴趣，强化科学探究的意识，促进学习方式的转变，培养学生的创新精神和实践能力。

（2）根据生产、生活中的应用实例或通过实验探究，了解铝及其重要化合物的主要性质，能列举其在生活中的重要应用。

（二）教材分析

氢氧化铝在教材中的地位和作用如图 2-20 所示。

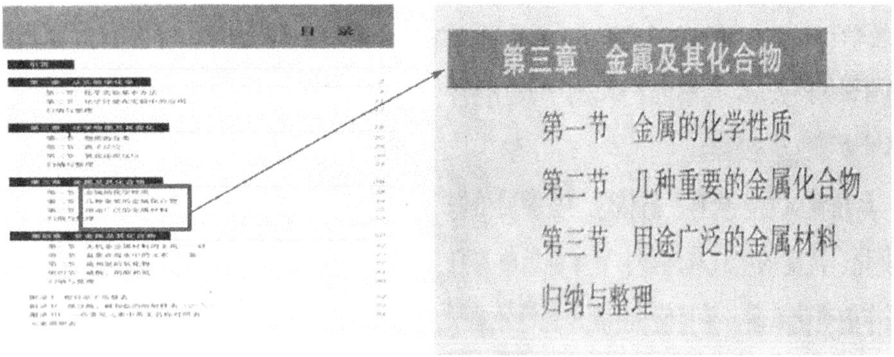

图 2-20 氢氧化铝在教材中的地位和作用

本节内容选自新课标人教版《高中化学必修 1》第三章“金属及其化合物”第二节“几种重要的金属化合物”中的第二部分——铝的重要化合物。本节内容属于元素与化合物的知识范畴，是第一章“化学是以实验为基础的学科”理念的生动体现，也是第二章物质分类、离子反应、氧化还原反应等知识的具体应用，同时为化学必修 2 中物质的结构、元素周期表等理论打下坚实的基础，在整个教材中具有承上启下的过渡作用，如图 2-21 所示。

氢氧化铝在生活中应用广泛，常常被作为主要成分制作并生产胃舒平药品用来治理胃病。氢氧化铝这节课的实验可以为前面的实验和氧化还原反应补充感性认识的材料，同时帮助学生掌握学习金属元素的一些基本方法。通过本节课的学习不仅能让学生掌握氢氧化铝的化学性质，也能让学生体会化学物质和化学反应的多样性。同时通过对氢氧化铝的制备实验和两性实验的探究和学习，总结出制备氢氧化铝的最佳方案和氢氧化铝的性质，联系生活，使学生认识到化学在改善人类生活条件等方面所起的

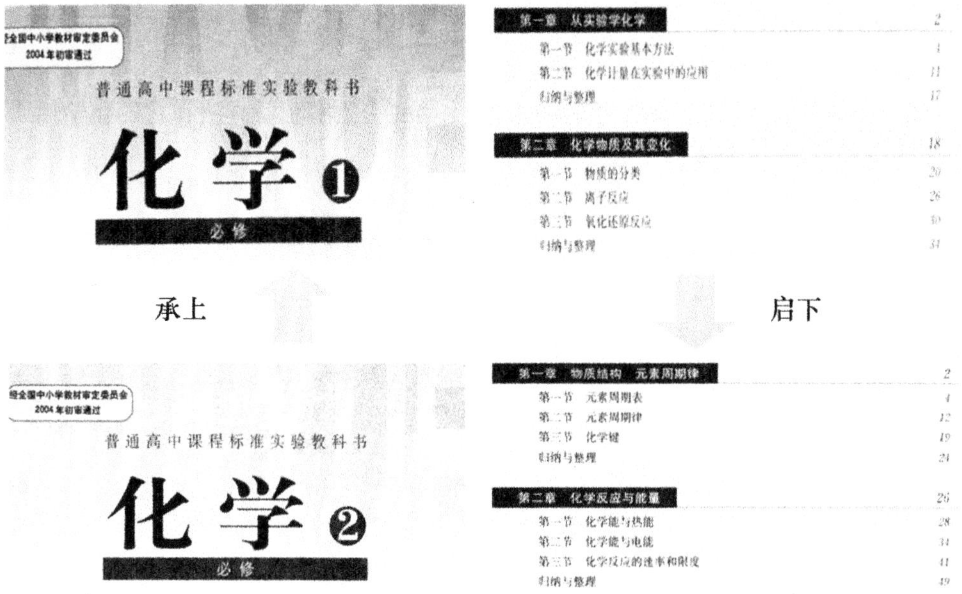

图 2-21　"几种重要的金属化合物"承上启下的作用

作用，激发学生学习化学的激情。

（三）文献分析

本节课设计时，在中国知网和中国期刊网等文献网站中，共查阅氢氧化铝的化学性质的文献 15 篇，在查看文献的基础上，经过大量的实验后，得到了最佳的实验用量和检验方法，保证实验成功进行，增加对学生的吸引力，优化教学效果。

三、学情分析

（一）学生已有的水平

1. 已有的知识基础

学习了铝和氧化铝的相关性质，对铝的重要化合物有了一定的认识；初中时就学过酸性氧化物和碱性氧化物的定义，研究两性比较容易；对电解质有一定认识，了解离子反应能揭示化学反应的本质。

2. 已有的能力基础

掌握一些化学实验的基本操作。

（二）学生的局限和不足

学生存在实验分析能力较弱、注意力难以集中的问题。

接下来根据课程标准的要求和学生的学习情况制定了以下的三维教学目标。

四、教学目标及教学重点

（一）教学目标

1. 知识技能

（1）掌握两性氢氧化物的概念，知道氢氧化铝是两性氢氧化物。

（2）理解氢氧化铝的弱酸性和弱碱性，能写出氢氧化铝与酸和碱发生反应的化学方程式，培养学生宏观辨识与微观探析核心素养。

（3）了解氢氧化铝的用途，并掌握氢氧化铝的实验室制备方法和它的化学性质。

2. 过程方法

（1）通过实验探究，认识氢氧化铝的性质和制备方法。

（2）通过自主探究学习、分组合作交流，合作意识得到培养。

（3）培养学生的观察能力，了解科学的实验探究方法，能够用化学语言准确描述实验现象，提高分析问题的逻辑思维能力和语言表达能力，培养学生科学探究与创新意识的核心素养。

3. 情感态度与价值观

（1）培养学生通过实验得出结论，实事求是的科学态度。

（2）通过创设问题情境等途径，树立氢氧化铝与人类的生活是密切相关的价值观。

（3）培养学生科学精神与社会责任的核心素养。

（二）教学重难点

1. 教学重点

氢氧化铝的两性性质，以及氢氧化铝的制备。

突出重点方法：本节课重点放在认识氢氧化铝的实验室制法的环节上，全程引导学生思考，自主设计实验并操作，观察实验现象并进行总结归纳。

2. 教学难点

氢氧化铝具有两性性质的原因。

突破难点的方法：学生通过实验操作氢氧化铝分别和碱、酸的反应，并通过写出氢氧化铝分别与酸、碱反应的化学方程式及离子方程式，揭示化学反应的本质。

五、教学策略和手段

教学策略：直观演示法、实验探究法、问题启示法、讨论对比法和类比推理法。

教学手段：结合生活实际学习化学、实验教学、多媒体辅助教学。

六、课前准备

多媒体用具：PPT、PPT 翻页笔、白板笔（红黑蓝）、白板擦、磁贴、U 盘、导学案。

仪器：试管架（3 个）、试管（9 支）。

药品：0.5mol/L $Al_2(SO_4)_3$ 溶液、稀氨水、2mol/L NaOH 溶液、稀盐酸。

七、教学流程

教学流程如图 2-22 所示。

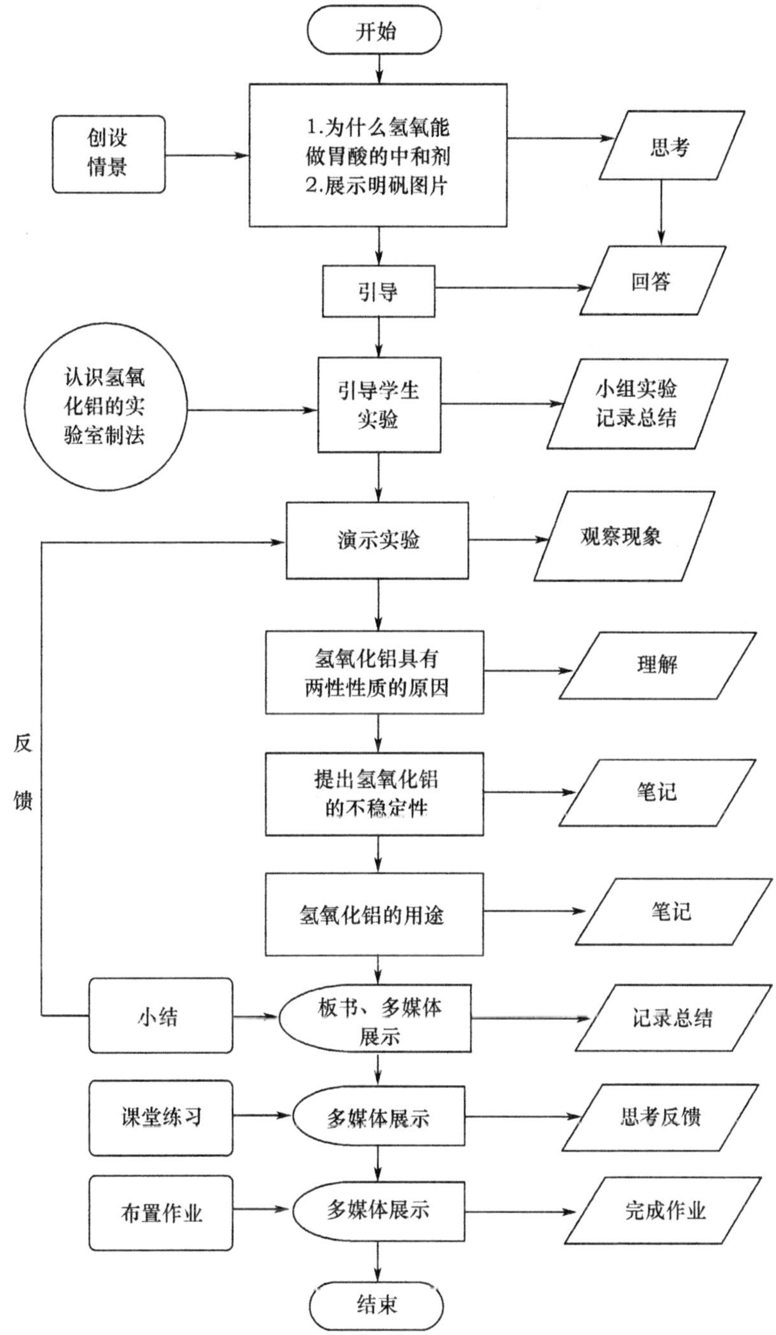
开始
创设
情景
1.为什么氢氧能
做胃酸的中和剂
2.展示明矾图片
思考
引导
回答
认识氢氧
化铝的实
验室制法
引导学生
实验
小组实验
记录总结
演示实验
观察现象
氢氧化铝具有
两性性质的原因
理解
反
馈
提出氢氧化铝
的不稳定性
笔记
氢氧化铝的用途
笔记
小结
板书、多媒体
展示
记录总结
课堂练习
多媒体展示
思考反馈
布置作业
多媒体展示
完成作业
结束

图 2-22　教学流程

八、教学设计过程

（一）教学过程创设情境，导入新课（用时 1min）			
时间分配	教师活动	学生活动	设计意图
情景导入（1min）	【导入 1】通过生活中常见的可治疗胃酸过多的胃药—复方氢氧化铝片，展示说明书，提问为什么氢氧化铝能做胃酸的中和剂。	听讲，根据资料联系生活，思考与回答问题。	用生活引入，创设情境，激发学生兴趣与学习热情，启动探究，密切联系化学与生活，培养学生的科学态度与化学责任，发展化学价值的认知水平。
	【导入 2】展示明矾的图片，引导学生思考明矾的净水原理，引导学生猜想氢氧化铝的有关性质与用途。	观看图片，听讲，与生活联想，思考与回答问题。	
（二）认识氢氧化铝的实验室制备方法（用时 8min）			
实验探究（5min）	［引导］大家回忆一下我们初中学过的酸碱盐的知识，思考可以用什么物质制备氢氧化铝。	回答，碱和铝盐溶液反应。讨论其反应原理。	引发学生思考制备方法，为后面的化学性质学习做铺垫。
	［提问］现在药品有 1mol/L $Al_2(SO_4)_3$ 溶液、稀氨水、2mol/L NaOH 溶液，请同学们自己选择药品设计实验方案来制备氢氧化铝。	讨论，分小组汇报方案。［汇报 1］用 $Al_2(SO_4)_3$ 溶液和氨水来制备。［汇报 2］用 $Al_2(SO_4)_3$ 溶液和 NaOH 溶液制备。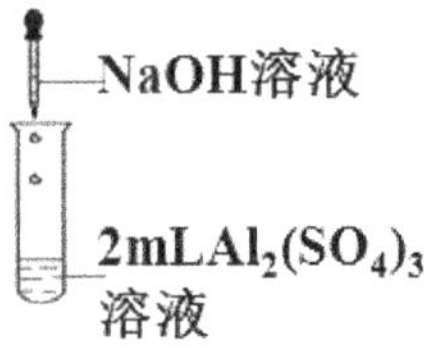	培养学生自主学习、运用知识的能力。

续表

时间分配	教师活动	学生活动	设计意图
实验探究(5min)	[讲述] 大家认为究竟是哪种方案合适呢？我们请小组代表自己用实验来证明自己的想法。	学生自主进行实验操作。	培养学生的自主实验科学探究与创新意识。
	[引导] 引导学生认真观察实验，总结现象。 [总结] 制备过程中的现象。 [过渡] 刚才我们发现可以用氨水制得氢氧化铝，氢氧化钠却不可以。它们的区别在哪里呢？	[汇报 1] 一开始有白色沉淀，随着氨水过量，沉淀不溶解。 [汇报 2] 一开始有白色沉淀，随着 NaOH 溶液滴加过量，沉淀消失。证明 $Al(OH)_3$ 能溶于 NaOH 溶液。 学生观察现象，分析，归纳出结论。	引发矛盾，突出氢氧化铝的性质。 通过观察实验现象及结果作为实验证据，学生通过证据得出氢氧化铝的相关性质，培养学生的证据意识。
	[演示实验] 将上面沉淀分成两份，一份加入稀盐酸，另一份加入氢氧化钠溶液。	学生观察实验现象。	提高对比分析能力，通过分析的方法研究对象的本质，培养科学严谨的态度。
	[板书] 写出 $Al(OH)_3$ 与稀盐酸和氢氧化钠溶液反应的化学方程式。 (请一名学生上讲台板书，其他同学做练习，老师指导学生完成学案练习)	学生把化学方程式改写为离子方程式。	练习、强化
形成两性氢氧化铝的概念(30s)	[引导] $Al(OH)_3$ 和酸反应中突出什么性质？那么，和碱反应呢？ [归纳] 氢氧化铝是两性氢氧化物。	重点思考该问题，回答问题。同时识记氢氧化铝的两性性质。	重点强调氢氧化铝的两性，建立两性氢氧化物的认知模型。发展对物质及其转化的认知水平。

续表

时间分配	教师活动	学生活动	设计意图
制备氢氧化铝最佳方案 (30s)	[提问] 为什么最开始两个方案的现象不同？应该用什么试剂来制备 $Al(OH)_3$ 呢？	思考回答。	培养学生信息归纳、总结的能力，得出氢氧化铝的制备方法。
	[小结] 很好，通过大家的观察和思考，我们知道应该用氨水与铝盐溶液反应可以制得氢氧化铝沉淀。 [板书] 写出 $Al_2(SO_4)_3$ 溶液和氨水反应的化学方程式。	学生认真听讲。	
知识运用 (30s)	[设问] 现在大家知道为什么 $Al(OH)_3$ 可以做胃酸中和剂了吗？ $Al(OH)_3+3HCl=\!=\!=AlCl_3+3H_2O$	回忆胃舒平广告词，思考问题，同时回答问题。	总结知识，解决最开始的问题，发展知识应用和解决问题的能力。
认识氢氧化铝的不稳定性 (1min)	[提问] 氢氧化铝还有其他化学性质吗？让学生阅读课本第 59 页。 [介绍] $Al(OH)_3$ 的不稳定性和用途。 [板书] 受热分解：不稳定性。 $2Al(OH)_3 \overset{\triangle}{=\!=\!=} Al_2O_3+3H_2O$	思考问题。 书写氧化铝受热分解的化学方程式。	利用类比推理的方法得出结果，培养学生的类比思维。
归纳 (30s)	[板书]归纳出 $Al(OH)_3$ 的化学性质。		总结，强化。
（三）认识氢氧化铝的用途（1min）			
认识用途 (1min)	$Al(OH)_3$ 有弱碱性，能中和胃酸，它还有其他用途吗？ 【投影】海南台风造成水质污染的图片  让学生阅读课本第 59 页的资料卡片并回答明矾净水的原理。 【用途介绍】	阅读资料卡片，分析笔记。	加强生活性，将氢氧化铝的净水用途与生活紧密联系，通过氢氧化铝在生产生活的应用，让学生认识到化学知识在生活中的价值，提高学生学习化学的兴趣，并体会到化学与生活之间的紧密联系。

续表

<table>
<tr><td colspan="4">（四）小结归纳，练习反馈（2min）</td></tr>
<tr><td>小结
（30s）</td><td>［归纳总结］氢氧化铝的性质与用途，与生活相联系。自己要细心观察，生活中处处有化学。</td><td>回顾本节所学知识。</td><td>梳理知识脉络，建构知识网络体系。</td></tr>
<tr><td>课堂练习
（30s）</td><td>【迁移应用】
向下列溶液中滴加稀硫酸，一开始生成白色沉淀，继续滴加稀硫酸，沉淀又溶解的是（　　）。
A. $AlCl_3$ 溶液　　B. $NaAlO_2$ 溶液
C. $MgCl_2$ 溶液　　D. $BaCl_2$ 溶液</td><td>巩固，强化，运用。</td><td rowspan="2">1. 帮助学生消化相关知识。
2. 进行教学评价，便于优化。
3. 鼓励学生善于思考。
4. 让学生学会学习，勤于反思。</td></tr>
<tr><td>布置作业
（1min）</td><td>课后作业</td><td>课后完成作业</td></tr>
</table>

【课后作业】

（1）课后练习：铝、氧化铝、氢氧化铝均会与酸和碱发生反应，这三种物质之间组成了铝三角。铝三角中每一种物质都可以互相转换，请学生课后查阅资料，将如何发生转换的方程式写出来，下节课共同来探究学习。

（2）反思总结：通过本节课的学习，你学会了什么，谈谈你的收获，并进行评价和总结，大家共同学习，查漏补缺。

（3）完成习题：课后练习题第 4、5 题为必做题，第 8 题为选做题。

九、板书设计

氢氧化铝的化学性质

一、$Al(OH)_3$ 的化学性质

1. 两性氢氧化物

（1）与强碱反应：$Al(OH)_3+NaOH = NaAlO_2+2H_2O$

（2）与酸反应：$Al(OH)_3+3HCl = AlCl_3+3H_2O$

2. 不稳定性

$$2Al(OH)_3 \xlongequal{\triangle} Al_2O_3+3H_2O$$

二、$Al(OH)_3$ 的制备

$Al_2(SO_4)_3+6NH_3\cdot H_2O = 2Al(OH)_3\downarrow+3(NH_4)_2SO_4$

三、$Al(OH)_3$ 的用途

胃酸中和剂、净水剂

十、教学反思

本节课以实验探究和学生活动为主，突破的难点是引导学生正确地理解氢氧化铝具有两性的原因。整个教学过程贯彻着“学生自学为主，教师引导为辅”的教学理念，在教学设计过程中，教师一步步地引导学生学习。通过结合实际生活情况，以胃舒平药品引出本节课所要学习的内容，最后回到课堂原点，一起与学生解读在生活中为什么能够用胃舒平来治理胃病，让学生明白化学与生活息息相关，生活与化学有着密切的联系以增强学生学习化学知识的兴趣。

教学过程以活动探究和问题探究的形式贯穿整节课，实验与问题的设计循序渐进，在合作探究过程中逐步深入，游刃而解，不断激发学生的学习兴趣与探究欲望，学生在动手探究的过程中，认识了氢氧化铝的两性，并真正理解与掌握了氢氧化铝的制备方法。整节课教师只进行引导、解析和归纳，课堂上将大部分时间留给学生，实验操作及化学方程式的书写都由学生完成，存在的问题也在学生交流讨论中解决，并设计当堂练习以巩固所学知识。课堂的学习氛围非常活跃，他们积极交流、踊跃回答，学生的合作探究能力和自主学习能力也在学习中得到提高。

十一、教学评价

教学评价表见表 2-5。

表 2-5 教学评价表

	一级目标	二级目标	评价结果		
			A	B	C
基本要求	1. 教学目标	(1) 科学性			
		(2) 适切性			
	2. 教学过程	(3) 张弛有度			
		(4) 学生参与			
		(5) 有效有序			
		(6) 关注差异			
	3. 教学氛围	(7) 师生关系			
		(8) 课堂气氛			
	4. 教学效果	(9) 知识技能达到要求			
		(10) 探究问题积极			
		(11) 问题解决有效			
教学特色（发展性）：					
教学不足（改进性）：					

附录：导学案

《氢氧化铝的化学性质》导学案

班级______________ 姓名______________

【教学目标】

(1) 掌握两性氢氧化物的概念，知道氢氧化铝是两性氢氧化物。

(2) 理解氢氧化铝的弱酸性和弱碱性，能写出氢氧化铝与酸和碱发生反应的化学方程式。

(3) 了解氢氧化铝的用途，并掌握氢氧化铝的实验室制备方法和它的化学性质。

【重点、难点】

(1) 教学重点：氢氧化铝的两性性质，以及氢氧化铝的制备。

(2) 教学难点：氢氧化铝具有两性性质的原因。

【教学过程】

【引入】胃舒平的主要成分是什么？

氢氧化铝是胃酸中和剂，能缓解因胃酸过多而出现的胃痛，大家知道这是为什么吗？

【动手实践　自主探究】一、氢氧化铝的实验室制备

实验室没有现成的氢氧化铝，请同学们利用课桌上已有的试剂，设计方案制备少量氢氧化铝。

实验步骤	实验现象	化学方程式
实验 1：向 2～3mL 硫酸铝溶液中滴加氨水至过量，边滴边振荡。		
实验 2：向 2～3mL 硫酸铝溶液中滴加氢氧化钠溶液至过量，边滴边振荡。		
结论		

【写一写】写出实验 1、实验 2 的化学方程式（写在表格中）。

【证明】氢氧化铝是否能与酸、碱与反应？

[演示实验] 将上面沉淀分成两份，一份加入稀盐酸，另一份加入氢氧化钠溶液。

写出 $Al(OH)_3$ 与稀盐酸和氢氧化钠溶液反应的化学方程式。

____

____

【讨论氢氧化铝的制备问题】

你觉得实验室如何制备氢氧化铝？哪种方法好？为什么？

____

____

【氢氧化铝的用途】现在大家知道为什么 $Al(OH)_3$ 可以做胃酸中和剂了吗？

净水：阅读教材 P_{59}【资料卡片】，了解明矾 [$KAl(SO_4)_2 \cdot 12H_2O$] 净水的原理，思考 $Al(OH)_3$ 的性质。

明矾（$KAl(SO_4)_2 \cdot 12H_2O$）——复盐

电离方程式：________________________________

净水原理：$Al^{3+} + 3H_2O = Al(OH)_3$(胶体)$+3H^+$

注:胶体具有很强的________性,可以凝聚水中的悬浮杂质而达到净化水的目的,由于铝在体内累积对人体健康有害,目前含铝净水剂正逐步被含铁净水剂所取代。

课后查阅资料，$Al(OH)_3$ 还有什么用途?

【总结归纳】

1. 氢氧化铝的化学性质

(1) 两性

既能与________反应，也能与________反应，是典型的________氢氧化物。

注：不溶于________和________等。

(2) 受热易分解

化学方程式：

氢氧化铝的制备____

氢氧化铝的用途____

【课堂练习】

1. 要使 $AlCl_3$ 溶液中的 Al^{3+} 完全转化为 $Al(OH)_3$ 沉淀，应选用的试剂是（　　）。

A. NaOH 溶液　　B. 稀盐酸　　C. 氨水　　D. $AgNO_3$ 溶液

2. 向下列溶液中滴加稀硫酸，一开始生成白色沉淀，继续滴加稀硫酸，沉淀又溶解的是（　　）。

A. $AlCl_3$ 溶液　　B. $NaAlO_2$ 溶液

C. $MgCl_2$ 溶液　　D. $BaCl_2$ 溶液

【课后练习】

1. 实验室制备 $Al(OH)_3$ 沉淀，最适宜的方法是（　　）。

A. $Al_2(SO_4)_3$ 溶液中加入 NaOH 溶液　　B. $Al_2(SO_4)_3$ 溶液中加入足量氨水

C. $NaAlO_2$ 溶液中加入浓盐酸　　D. Al_2O_3 溶于足量热水中

2. 下列物质中既能与稀硫酸反应，又能与氢氧化钠溶液反应的是（　　）。

(1) $NaHCO_3$　(2) $(NH_4)_2CO_3$　(3) Al_2O_3　(4) Al　(5) $Al(OH)_3$

A. (3) (4)　　B. (3) (4) (5)

C. (1) (3) (4) (5)　　D. 全部

3. 仅用本组内试剂无法鉴别的是（　　）。

A. $AlCl_3$、NaOH　　B. $NaAlO_2$、HNO_3

C. $AgNO_3$、NaCl　　D. HCl、Na_2CO_3

【点评】

优点：

(1) 教学设计体现了新课程思想和核心素养，图文并茂。

(2) 课标要求和教材地位分析正确，三维目标和教学重难点准确，说出了突出重点和突破难点的方法。

(3) 教学流程图规范，教学过程表达也规范（除教师和学生活动外，还有设计意图和一个环节的耗时间）。

(4) 情境创设来自生活，最后又用学过的知识解释生产生活中的问题，前后遥相呼应。

(5) 课堂设计了学生分组实验的小组派代表汇报，调动了学生的动手动脑的积极性。

(6) 安排了导学案、课堂练习和学生课后作业，利于学生预习和知识巩固。

缺点：

(1) 学生自主探究应写出可能出现的问题及应对措施。

(2) 没有用方程式表达出铝的两性原因。

(3) 台风造成水污染图片不是太贴切，没有体现出水污染。

(4) 联系生活应指出人体过多摄入铝元素可能造成的危害。

（五）教学设计5：第三章　金属及其化合物（第二节　几种重要的金属化合物）

铁盐与亚铁盐的相互转化——基于宏观—微观—符号三重表征

第七届广东省师范生教学技能大赛　刘×

一、教学总体设计

本节课选自人教版《高中化学必修1》第三章第二节第三课时“铁盐与亚铁盐的相互转化”，授课对象是高一年级学生，根据《普通高中化学课程标准》（实验）指出：“通过以化学实验为主体的多种探究活动，使学生体验科学研究的过程，强化科学探究的意识，促进学习方式的转变，培养学生的创新精神和实践能力。”因此，为了在教学中强化实验的功能，改变以往的实验只是起演示和辅助的作用，本次教学遵循“教师引导，学生自主探究”的教学理念，充分突出学生的主体地位。

本节课以生活中亚硝酸盐中毒事件为导入，在引入课堂内容知识的同时，让学生关注与化学有关的生活问题，提出问题后由学生作出假设，设计实验方案，利用改进后的微型装置进行自主探究后得出结论，培养学生的合作精神和探究意识，同时也让学生感受到探究式学习的一般思路和方法；学生通过宏观实验现象进行理解，进而教师利用flash动画进行微观探析，最后引导学生利用符号—离子方程式表达 Fe^{3+} 与 Fe^{2+} 相互转化的微观本质，从宏观—微观—符号三重表征让学生掌握铁离子与亚铁离子相互转化的关系，如图 2-23 所示。最后将所学知识回归生活，建立起化学学科与社会、生活之间的联系。

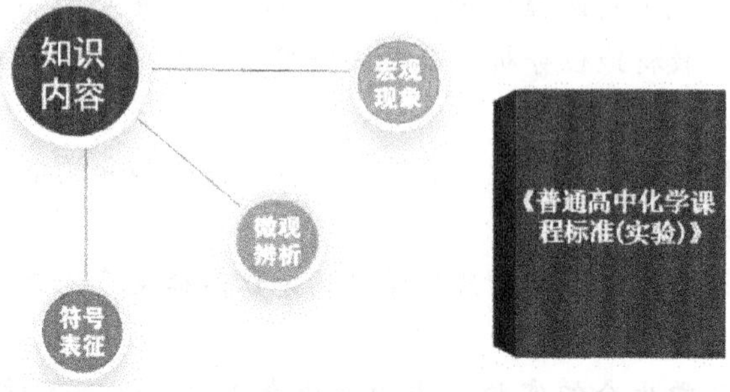

图 2-23　知识内容的三重表征

本节课在探究过程中改进实验装置，使实验更加绿色环保，且现象明显，可以提高课堂效率。本节课重点培养学生的“宏观辨识，微观探析”和“实验探究和创新意识”，旨在加深学生对知识的理解。

二、教学内容分析

（一）课程标准

课程标准见表 2-6。

表 2-6　课程标准

《普通高中化学课程标准（实验）》		
必修课程内容	内容要求	教学目标要求
主题 3　常见无机物及其应用	根据实验事实了解氧化还原反应的本质是电子转移，举例说明生产生活中常见的氧化还原反应。	（1）设计实验探究。 （2）深入理解氧化还原反应。 （3）联系生产生活实际。

（二）教材分析

1. 教材的编排

从教材编写情况看，本节课的内容是位于高中《化学 1》第二章离子反应、氧化还原反应等内容之后，与“铁盐和亚铁盐相互转化”这部分学习内容最为相关的是，学生已经认识了铁离子与亚铁离子的几种检验方法，并体验了相关的科学探究活动，特别是认识了铁是变价金属，从而为“铁盐和亚铁盐”的学习打下了基础。

2. 延伸与拓展作用

本节课既是对于已学习的第三章第一节“金属的化学性质”的延伸与拓展，也是对已学习的离子反应及氧化还原反应知识的应用，有利于学生构建完整的知识体系，如图 2-24 所示。

3. 教材的作用和地位

本节课的内容注重与“离子反应”和“氧化还原反应”的联系与衔接，从而进一步拓展学生对相关知识结构的认知，引导学生主动运用已有知识分析和解决新的问

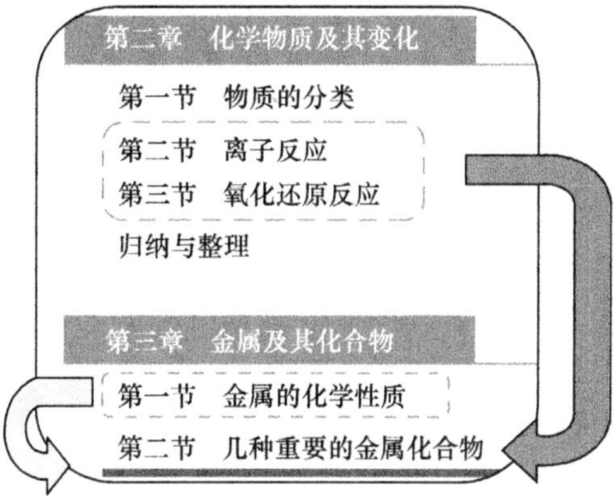

图 2-24　知识体系

题，并且通过对铁离子与亚铁离子相互转化的实验探究培养学生科学精神和创新意识的核心素养，综合运用氧化还原反应原理解决生活中的实际问题，逐步形成较为系统的知识网络。

4. 教学改进

教学过程中的不妥及改进之处如图 2-25 所示。

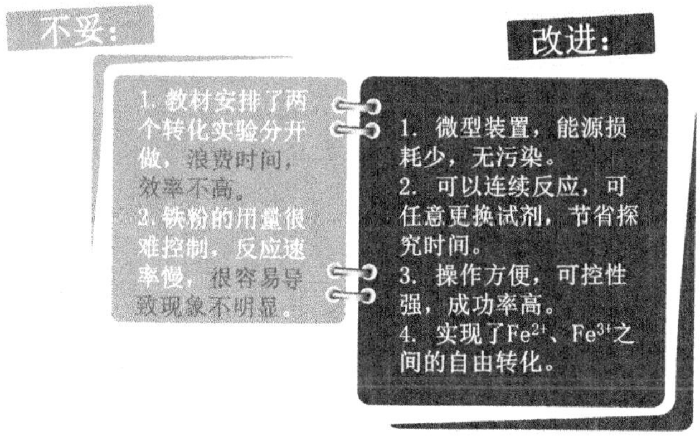

图 2-25　教学改进

（三）文献分析

本节课设计时，在中国知网和中国期刊网等文献网站中，共查阅铁盐和亚铁盐的转化的文献 8 篇，其中大多数都是以魔术或者是补铁剂导入，都属于探究课堂。本节课在查看文献的基础上，选取生活常识“亚硝酸盐中毒事件”作为课堂导入，引起学生的关注；经过大量的实验后，改进了实验装置，节省学生的实验探究时间，以及现象明显，能够使学生更好地观察实验现象，同时优化教学效果。

三、学情分析

（一）知识储备

已有：知道 KSCN 是检验 Fe^{3+} 最灵敏的试剂；掌握了 Fe^{3+} 与 Fe^{2+} 的基本物理化学性质；会书写简单的离子方程式。

欠缺：对于科学探究的方法还不太熟悉；对于氧化还原反应的原理还不能深入地理解；对化学与生活之间的联系了解甚少。

对策：改进微型装置，由学生自主探究，最后由学生总结，得出结论，充分体验探究过程；采用情境创设策略和联系生活策略加强学生“化学来源于生活”的意识。

（二）能力基础

已有：学生初步具备观察、描述以及分析等解决化学问题的科学探究能力；具备根据实验现象推理反应产物的能力。

欠缺：运用知识处理实际问题的能力不足，思维的严密性、完整性、逻辑性存在欠缺，对微观行为理解比较困难。

对策：采用微观动画解说电子得失过程，并用离子方程式进行微观表征。

（三）心理特征

已有：好奇心强，尤其对化学现象感到新奇，有较强的求知欲，这为本节课的探究实验提供情感保障。

欠缺：自信心不足，不敢轻易尝试，对科学探究敬畏，太过依赖于现有结果，照本宣科，缺少质疑精神。

对策：通过学生自主设计方案，教师引导，鼓励学生敢于发现问题、提出问题并解决问题。

四、教学目标及重难点

（一）教学目标

1. 知识与技能

（1）知道 KSCN 试剂是鉴别铁离子最灵敏的试剂。

（2）掌握相关 Fe^{3+} 与 Fe^{2+} 相互转化的离子方程式。

（3）能利用 Fe^{3+} 与 Fe^{2+} 相互转化的关系解释生活中的相关问题。

2. 过程与方法

（1）形成探究性学习的一般思路。

（2）通过微观—宏观—符号三重表现的方法让学生理解 Fe^{3+} 与 Fe^{2+} 相互转化的关系，培养学生形成宏观辨识与微观探析的核心素养。

3. 情感态度与价值观

（1）小组合作探究，培养学生的合作精神。

（2）通过实验探究，培养学生科学精神和创新意识的核心素养。

（3）增强学生将化学与生活紧密联系的意识，培养学生的科学精神和社会责任感。

（二）教学重难点

1. 教学重点

（1）Fe^{2+}、Fe^{3+} 的性质及其相互转化的关系。

（2）离子反应方程式的书写。

（3）其氧化还原反应原理在生活中的作用。

突破方法：情景创设策略、科学探究策略、联系生活策略。

2. 教学难点

让学生充分理解 Fe^{2+} 与 Fe^{3+} 相互转化的关系。

突破方法：科学探究策略，宏观—微观—符号三重表征。

五、教学用具

教学用具见表 2-7。

表 2-7　教学用具

类别	名称	数量
教学用品	PPT 翻页笔	1
	白板笔（红黑蓝）	3
	白板擦	1
	磁贴、铁钉	10
	U 盘	1
	针筒	16
实验仪器	U 形管	4
	固定架	4
实验试剂	$FeCl_3$ 溶液	8
	维生素 C 溶液	4
	过氧化氢溶液	4
	新制氯水	4
	KSCN 溶液	4
实验装置图		

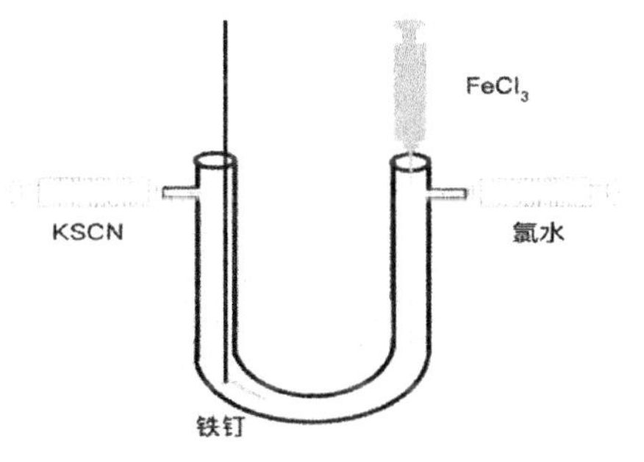

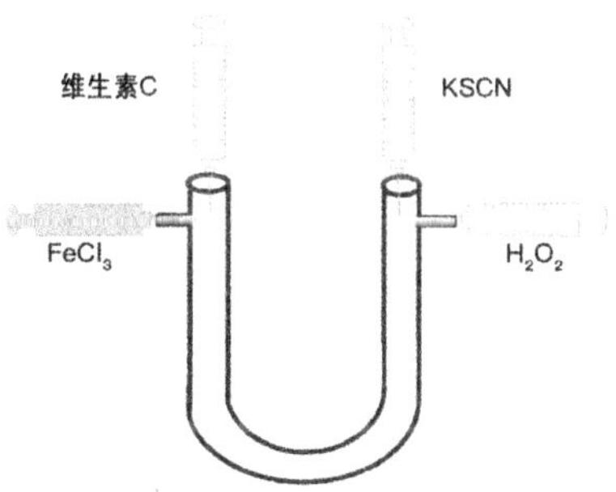

六、教学流程

教学流程如图 2-26 所示。

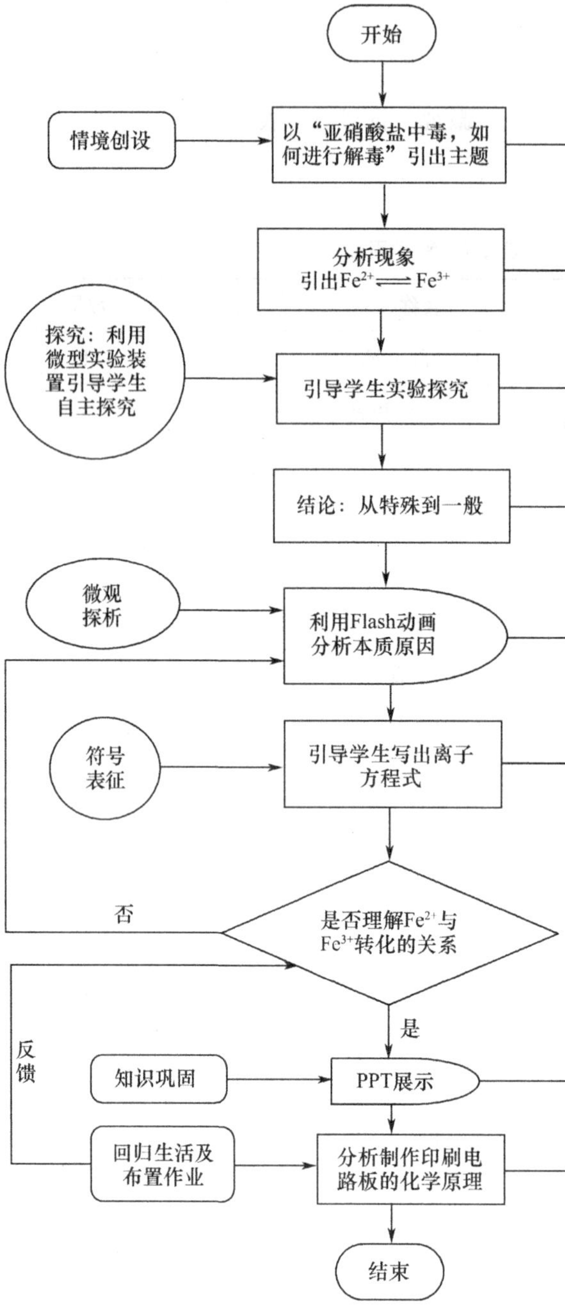

图 2-26　教学流程

七、教学设计过程

环节一：创设情境，导入新课（1min）			
时间	教师活动	学生活动	设计意图
1min	【情景创设】展示图片，以生活中亚硝酸盐中毒引起学生关注化学物质对人体的影响，从而引出本节课的内容。  	融入情景，主动思考。	以日常生活的实例入手，激发学生的认知冲突，强调亚硝酸盐对人体的危害，培养学生的社会责任感。
	【分析】提出问题，理论分析后进入本节课的教学内容：$Fe^{2+} \rightleftharpoons Fe^{3+}$。 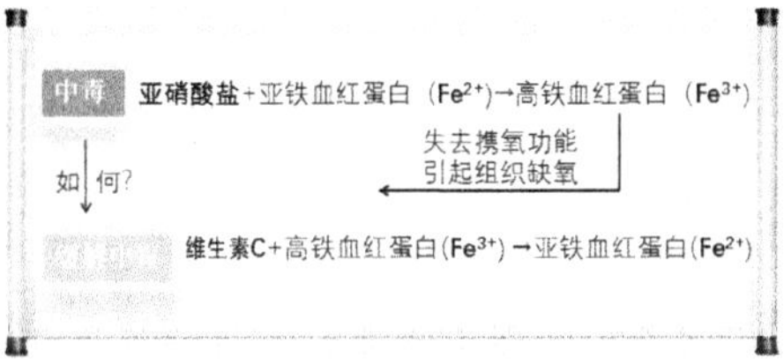 【提问】请学生以小组为单位，设计实验方案，实现 $Fe^{2+} \rightleftharpoons Fe^{3+}$。	思考、讨论。	通过问题驱动策略，促使学生思考讨论，培养学生分析问题的能力。
环节二：小组合作，实验探究（7min）			
1min	【实验探究】提前为每组学生准备两个不同的微型实验装置。 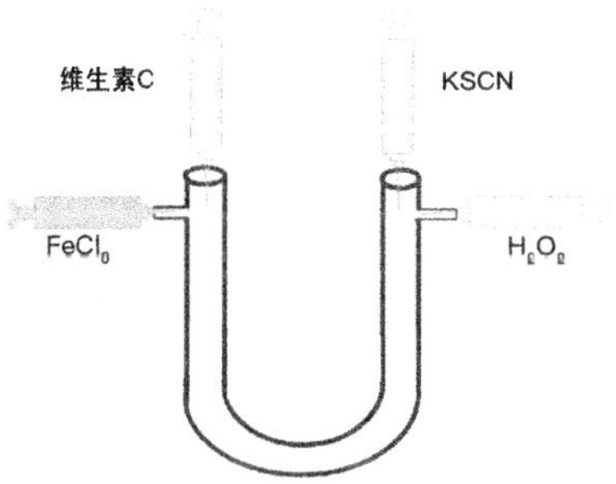 	观察、思考。	利用改进微型装置，实现 $Fe^{2+} \rightleftharpoons Fe^{3+}$ 的自由转换，缩减课堂时间，现象明显，增强学生对宏观现象的辨识。

续表

<table>
<tr><th>时间</th><th>教师活动</th><th>学生活动</th><th>设计意图</th></tr>
<tr><td>4min</td><td>【提问】在进行实验探究前首先要检验铁离子是否存在，我们该如何检验？
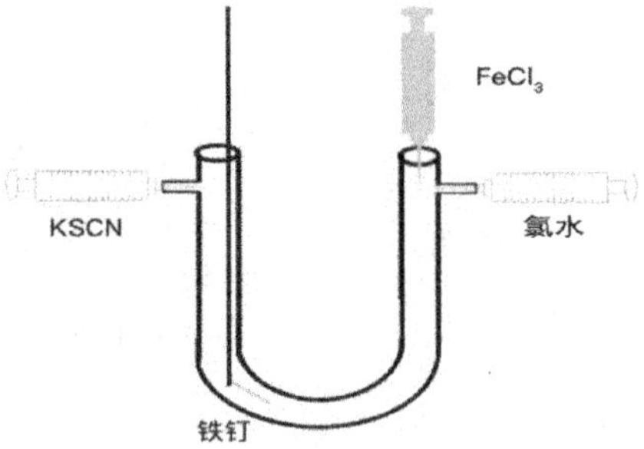
</td><td>【回答】KSCN溶液。

小组讨论，设计实验方案，认真进行实验操作。</td><td>引导学生学习实验探究的具体思路，小组合作探究，设计方案，井然有序地进行探究，培养学生的科学精神。
学生由自主探究实验代替教师的演示实验，发挥学生的主体性。</td></tr>
<tr><td>2min</td><td>【讲述】请小组代表说说自己的实验设计过程以及实验现象。
【PPT 展示】
<table><tr><th>加入试剂</th><th>实验现象</th></tr><tr><td>$FeCl_3$ 溶液＋KSCN＋维生素 C＋H_2O_2</td><td rowspan="2">黄棕色→血红色→血红色褪去（呈浅绿色）→ 黄棕色</td></tr><tr><td>$FeCl_3$ 溶液＋KSCN＋Fe＋稀 HNO_3</td></tr></table></td><td>说出实验步骤以及实验现象。从特殊到一般，初步推测出如下结果：

</td><td>整个实验过程由学生小组合作探究，由宏观现象入手，通过多次探究，初步得出结论，学生在逻辑上更容易接受，记忆会更牢固。同时也充分体现“教师引导，学生自主探究”的教学理念。</td></tr>
<tr><td colspan="4">环节三：微观解析，本质分析（2min）</td></tr>
<tr><td>教学时长</td><td>教师活动</td><td>学生活动</td><td>设计意图</td></tr>
<tr><td>2min</td><td>【回顾】
结合已经学习过的氧化还原反应知识，
$$\underset{（还原剂）}{Fe^{2+}} \underset{还原剂}{\overset{氧化剂}{\rightleftharpoons}} \underset{（氧化性）}{Fe^{3+}}$$
【flash 动画解释】
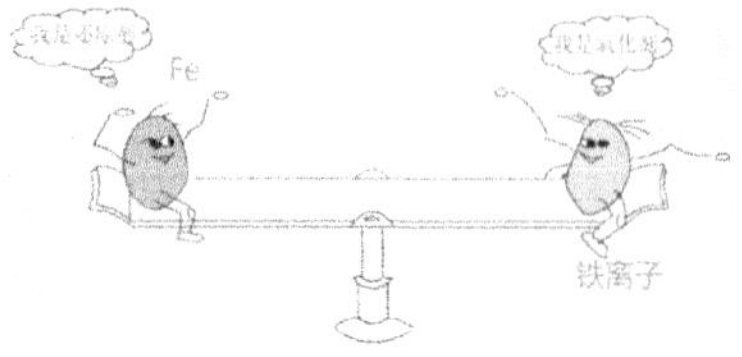
</td><td>回顾氧化还原反应的知识，思考。</td><td>借助于 Flash 动画进行微观探析，有利于学生顺利完成从宏观到微观的跨度。</td></tr>
</table>

续表

教学时长	教师活动	学生活动	设计意图
2min	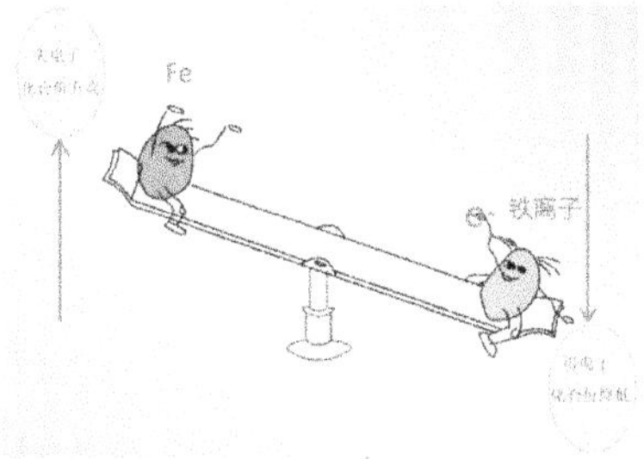 【讲述】请同学们在导学案上书写相关离子方程式。 【PPT 显示】 $Fe^{3+} \rightarrow Fe^{2+}$　$2Fe^{3+} + Fe = 3Fe^{2+}$ $Fe^{2+} \rightarrow Fe^{3+}$　$2Fe^{2+} + 2H^{+} + 2H_2O_2 = 2Fe^{3+} + 3H_2O$ $2Fe^{2+} + Cl_2 = 2Fe^{3+} + 2Cl^{-}$	学生认真观察动画，明白 $Fe^{3+} \rightarrow Fe^{2+}$ 的本质是：氧化剂化合价降低，需要从还原剂中得到电子，而 $Fe^{2+} \rightarrow Fe^{3}$：还原剂化合价升高，失去电子，氧化剂将从中得到电子。 在导学案上书写相关离子方程式	动图有利于锻炼学生的观察能力和思考能力，加深学生对 $Fe^{2+} \rightleftharpoons Fe^{3+}$ 的理解，突破本节课的重难点。 引导学生利用符号—离子方程式表达 Fe^{3+} 与 Fe^{2+} 相互转化的微观本质，从宏观—微观—符号三重表征加深学生对实验原理的理解。
环节四：总结归纳，知识巩固（1min）			
教学时长	教师活动	学生活动	设计意图
1min	【总结】整理本节课的知识线索，构建知识框架。 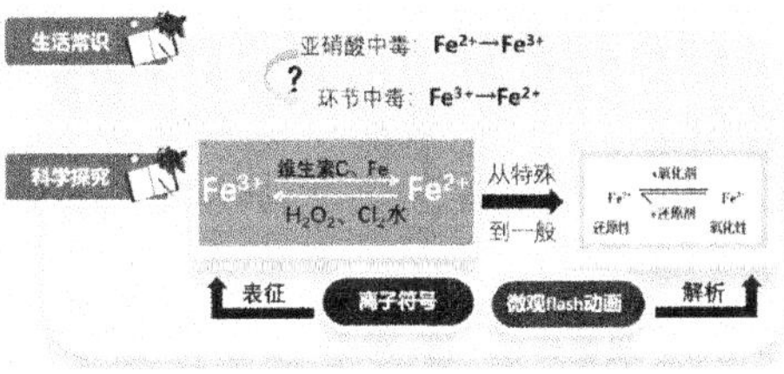 	回忆本节课内容。	利用知识结构化策略，有助于学生梳理本节课知识点，加深对本节课内容的理解和掌握。

续表

环节五：学以致用，扩展延伸（1min）			
教学时长	教师活动	学生活动	设计意图
1min	【知识巩固】PPT 显示习题，学生回答错误需解释。 【布置作业】 1. 查阅资料，分析制作印刷电路板的化学原理。 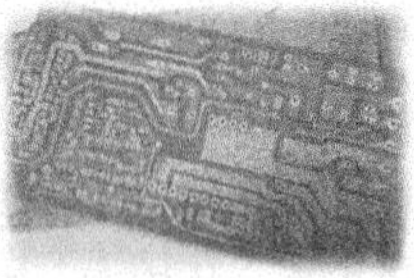 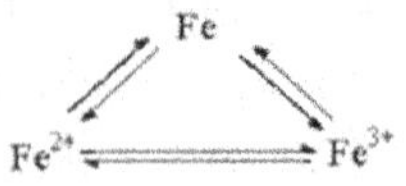 2. 如何保存 $FeCl_2$ 溶液？ 3. 完成导学案练习及课后习题。 【构建铁三角知识脉络】 请学生课后查找还有那些物质可以使铁离子与亚铁离子相互转化，并思考如何构建铁三角知识框架。	认真审题，给予答案。 记录本节课的作业。 寻找总结出“铁三角”之间的转化条件和方法。	课堂习题能检验学生所学的情况，起到及时反馈教学效果的作用。 课后作业学以致用，体现作业的巩固性原则和发展性原则。	

八、板书设计

铁盐与亚铁盐的相互转化

特 殊　$Fe^{3+} \underset{H_2O_2、Cl_2\text{水}}{\overset{\text{维生素C、Fe}}{\rightleftharpoons}} Fe^{2+}$

⬇

一般　$\underset{(\text{氧化性})}{Fe^{3+}} \underset{\text{氧化剂}}{\overset{\text{还原剂}}{\rightleftharpoons}} \underset{(\text{还原性})}{Fe^{2+}}$

九、教学评价与反思

（一）评价内容

(1) 知道 KSCN 是检验 Fe^{3+} 最灵敏的试剂。

(2) 掌握铁离子与亚铁离子的化学性质、会书写相关离子方程式。

(3) 学会实验探究的一般思路和方法，通过特殊结果推测出一般结论。

(4) 搭建起化学知识与生活的桥梁，学以致用。

（二）评价方法

课堂教学评价指标和评价标准见表 2-8。

表 2-8　课堂教学评价指标和评价标准

	一级目标	二级目标	评价结果		
			A	B	C
基本要求	1. 教学目标	(1) 科学性			
		(2) 适切性			
	2. 教学过程	(3) 张弛有度			
		(4) 学生参与			
		(5) 有效有序			
		(6) 关注差异			
	3. 教学氛围	(7) 师生关系			
		(8) 课堂气氛			
	4. 教学效果	(9) 知识技能达到要求			
		(10) 探究问题积极			
		(11) 问题解决有效			
教学特色（发展性）：					
教学不足（改进性）：					

（三）教学反思

根据高中化学新课程标准的理念，本节课的教学设计突出实验探究以及自主学习为基础的合作学习。为了使课堂教学高效进行，本节课采用了问题驱动、实验探究、谈话讨论，基于宏观一微观一符号三重表征的教学方法。为了增强每位学生的学习任务感并提高学习的积极性和主动性，本节课坚持“教师引导，学生为主体”的教学理念，采取了“导学案导学”的教学策略，在课程内容上，紧密联系生产生活，使学生感受化学的应用价值。

附录：导学案

课题 3.2　铁盐与亚铁盐的相互转化

班级____________　学号____________　姓名____________

【目标认定】

1. 通过自主实验探究实现铁离子与亚铁离子的相互转化。
2. 利用微观解析，从特殊结论得出一般结果。
3. 能正确书写铁离子与亚铁离子相互转化的离子方程式。

【情境创设】

资料卡片：

1. 亚硝酸盐会使人体中低铁血红蛋白转化为高铁血红蛋白，而高铁血红蛋白无携氧功能，会引起组织缺氧。

2. 服用维生素 C 可缓解亚硝酸盐的中毒，将高铁血红蛋白重新转化为低铁血红蛋白。

3. 美蓝（主要成分是亚甲蓝），可用做亚硝酸盐中毒的解毒剂。

●目标一：自主实验探究实现铁离子与亚铁离子的相互转化。

【实验探究】

装置图（见右图）。

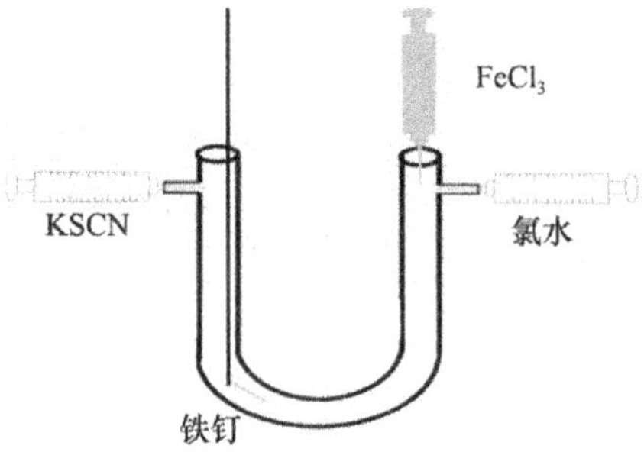

●目标二：微观解析，从特殊结论得出一般结论。

实验步骤：____________________；

实验现象：____________________。

【实验探究，得出特殊结论，微观探析，得出一般结论】

特殊结论	一般结论
$Fe^{3+} \underset{H_2O_2}{\overset{维生素C}{\rightleftharpoons}} Fe^{2+}$	$Fe^{3+} \underset{氧化剂}{\overset{还原剂}{\rightleftharpoons}} Fe^{2+}$

$Fe^{3+} \rightarrow Fe^{2+}$	$Fe^{2+} \rightarrow Fe^{3+}$
1.	1.
2.	2.

【课后练习】

1. 要证明某溶液中不含 Fe^{3+} 而可能含 Fe^{2+}，进行如下实验操作时，最佳顺序是（　　）。

①加足量氯水　②加足量 $KMnO_4$ 溶液　③加少量 KSCN 溶液

A. ①②　　B. ③②　　C. ③①　　D. ①②③

2. 将 KSCN 溶液加入下列指定溶液中，溶液不呈红色的是（　　）

A. 向 $Fe_2(SO_4)_3$ 溶液中加入足量铁粉后所得溶液

B. 铁丝在足量氯气中燃烧后所得产物的水溶液

C. 铁在氧气中充分燃烧后加入足量稀盐酸所形成的溶液

D. 铁锈加入足量盐酸所形成的溶液

3. 下列反应结束后，向其中滴加 KSCN 溶液，溶液变成血红色的是（　　）

A. 铁锈与过量稀盐酸　　B. $FeCl_3$ 溶液与过量铜片

C. $FeCl_3$ 溶液与过量铁粉　　D. $FeCl_2$ 溶液与过量 Zn 粉

【点评】

这个教学设计是参加决赛选拔时的作品。最后决赛时的 PPT 是在这个教学设计基础上又做了一些修改。

优点：

（1）教学设计的各个板块齐全、规范（如教学流程图、课堂和课后练习、导学案和教学评价）。

（2）图文并茂，表现形式生动活泼；知识由浅入深，层次明显。

（3）教学环节层层递进：由生活中的亚硝酸盐中毒事件引入；两种铁离子相互转化学生实验，得出特殊结论，导出一般性结论；解释亚硝酸盐中毒的化学机理，印刷电路板制作和铁三角课后作业，内容丰富多彩。

（4）实验装置有对称美感，微型化实验体现了绿色化学思想，且操作简便。

（5）设计意图中指出了教学内容对应的核心素养和三重表征；整个内容逻辑性强，过渡流畅。

缺点：

（1）教学难点应该是 Fe^{3+} 与 Fe^{2+} 转化的离子方程式书写，特别是 Fe^{2+} 在空气中氧化的离子方程式的书写。

（2）氯水氧化 Fe^{2+} 的实验在 12 min 的课中因超时后来删去。

（3）没有指出双氧水和氯水氧化含有 SCN^- 的 Fe^{2+} 溶液后，为什么只出现黄色而不是红色（有还原性被氧化）的解释或学生可能提问的处理方法。

（六）教学设计 6：第四章　非金属及其化合物（第二节　富集在海水中的元素）

氯（第一课时）　氯气的漂白性及氧化性

第五届广东省师范生教学技能大赛　杨××

一、教学总体设计

本节课选自人教版《高中化学必修 1》第四章“非金属及其化合物”第二节“富集在海水中的元素”，授课对象为高一学生，在此之前，学生已学习过氯气与金属反应和相关的实验，并且也已学过氧化还原反应和三价铁的显色反应。在此基础上将氯气的性质与生活联系在一起，加深认识，更好的理解本节内容的知识。

把知识线、方法线、生活线有机融合，以知识线体现学科本位观来促进学生对重要学科术语和概念的理解，以方法线体现以人为本的教育观来促进学生对科学原理和方法的内化，以生活线体现社会本位观来促进学生理解科学与生活之间的联系，如图 2-27 所示。从整体和部分将 STES（科学、技术、社会和环境，如图 2-28 所示）教育渗透于课堂教学之中，让学生掌握化学的基本术语与概念、科学过程与原理及化学与社会的联系的基础上，促进学生科学素养的发展，使化学教学真正深入学生的骨髓。

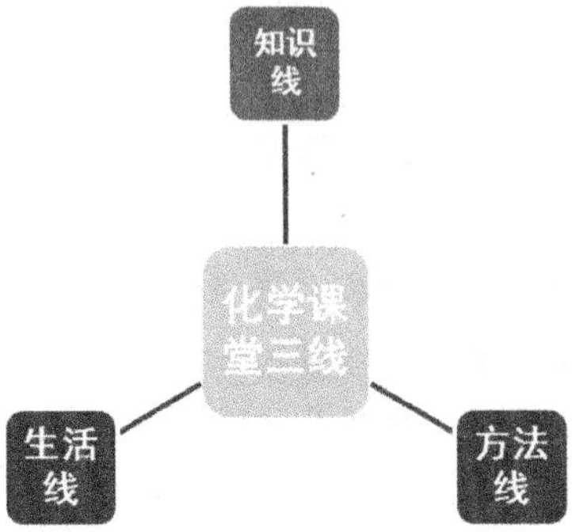

图 2-27 化学课堂三线

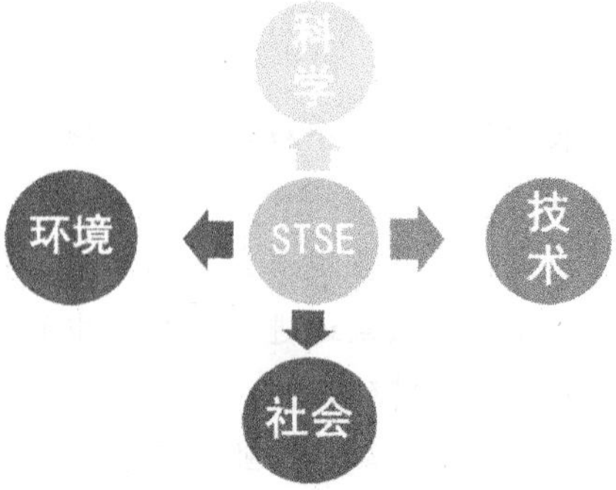

图 2-28 STES 示意图

本节课以讲授法与实验法结合，通过新闻事件的导入，提出“消毒液和洁厕灵混合”为何会氯气中毒为主线，由此引申出氯气的氧化性、漂白性和酸性。整节课贯穿 STSE 理念，以氯气的氧化性、漂白性、酸性的性质作为知识线。以化学实验作为方法线。家庭使用的消毒液的正确使用作为生活线，让学生理解生活中的化学事件，从而更好地掌握化学知识，如图 2-29 所示。

图 2-29 生活线教学设计

二、教学内容分析

（一）课程标准

（1）通过实验了解氯、氮、硫、硅等非金属及其重要化合物的主要性质（氯气主要的漂白性和氧化性）。

（2）认识其在生产中的应用和对生态环境的影响。

（二）教材分析

从教材体系来看，本章是前一章碱金属学习的延伸，又是以后学习元素周期律的基础，所以本章起到承上启下的作用，如图 2-30 所示。

氯是卤素中最有代表性的元素，本节的学习是下一节研究卤素性质相似性和递变性的需要。因此，本节内容是本章的重点。

教材中的实验分成几次进行，这样一来容易产生氯气泄漏，而且不够快速。因此本节课采用了塑料透明滴定板进行实验，便于使用不同颜色背景的衬底进行观察、对

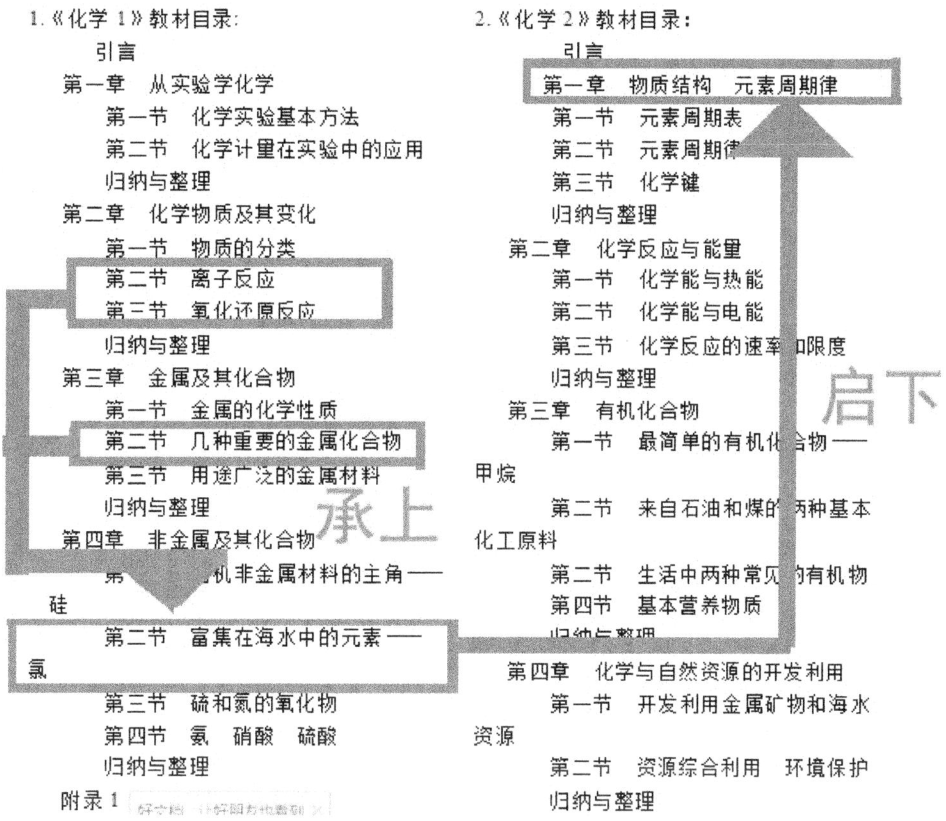

图 2-30　教材体系

比各孔的实验现象。采用滤纸作为载体，将溶液滴在滤纸上，扩大了接触面积，使得生成少量 Cl_2 便能观察到明显的现象。以上装置改进均符合化学实验绿色化和微型化的要求，操作简单，易掌握。

（三）文献综述

本节课设计时，查阅了中国知网、中国期刊网、《化学教育（中英文）》期刊、《中学化学生活化教学研究》等有关氯气文献 20 篇，其中改进实验的有 17 篇。

本次教学在查看文献基础上，利用客观世界—提出问题—演示实验—解决问题—总结提升的科学探究过程。

三、学生情况分析

（一）知识储备

优势：学生已经学过氧化还原反应及方程式书写，三价铁与 KSCN 的显色反应。

劣势：初中只接触过 HCl，没接触过氯气这种新的气体。

对策：结合 STSE 教育与化学课堂教学 3 条主线有机融合。

（二）能力储备

优势：学生在初中已经进行过实验操作，能够对实验进行观察、描述。

劣势：对实验现象的分析能力还有所欠缺。

对策：采用客观世界—提出问题—演示实验—解决问题—总结提升，引导学生逐步进行分析和推理。

（三）心理特点

优势：各种心理品质正逐步走向相对稳定与成熟。思维品质正处于由经验型向理论型过渡的特点。

劣势：观察时容易出现情绪转移的现象以及观察程序较弱，不够全面，概括水平不高，过早下结论等。

对策：指导和培养学生良好的感知能力，利用他们对新知识的好奇培养其思考能力。

四、教学目标及重难点

（一）教学目标

1. 知识与技能

（1）学生了解氯气的物理性质和实验室制取氯气的基本原理和方法。

（2）学生掌握氯气的化学性质及用途。

2. 过程与方法

（1）通过实验进一步训练学生的操作技能，体会实验对研究物质性质的重要作用，培养学生求实、创新的良好品质。

（2）学生进一步掌握物质及其化学性质的一般方法，提高自主学习能力。

3. 情感态度与价值观

通过实验现象与实验结论之间的关系，学生能进行辩证唯物主义教育，激发学生学习化学的兴趣。

（二）教学重难点

1. 教学重点

（1）氯气氧化性和漂白性、酸性。

（2）氯气相关氧化还原方程式。

2. 教学难点

氯气漂白性。

五、课前准备

道具：多媒体课件、多媒体课件翻页笔。

仪器：塑料透明点滴板1个，注射器1个，滤纸2张，红色纸张2张，pH试纸。

试剂：淀粉碘化钾1mL，NaClO 1mL，HCl 1mL，蒸馏水2mL，NaBr溶液0.5mL，$FeSO_4$ 0.5mL，KSCN 0.5mL。

六、教学流程及策略

本节课以客观世界—提出问题—演示实验—解决问题—总结提升为主线，加入STSE教育与化学课堂教学三线——知识线、方法线、生活线有机融合，如图2-31所示。

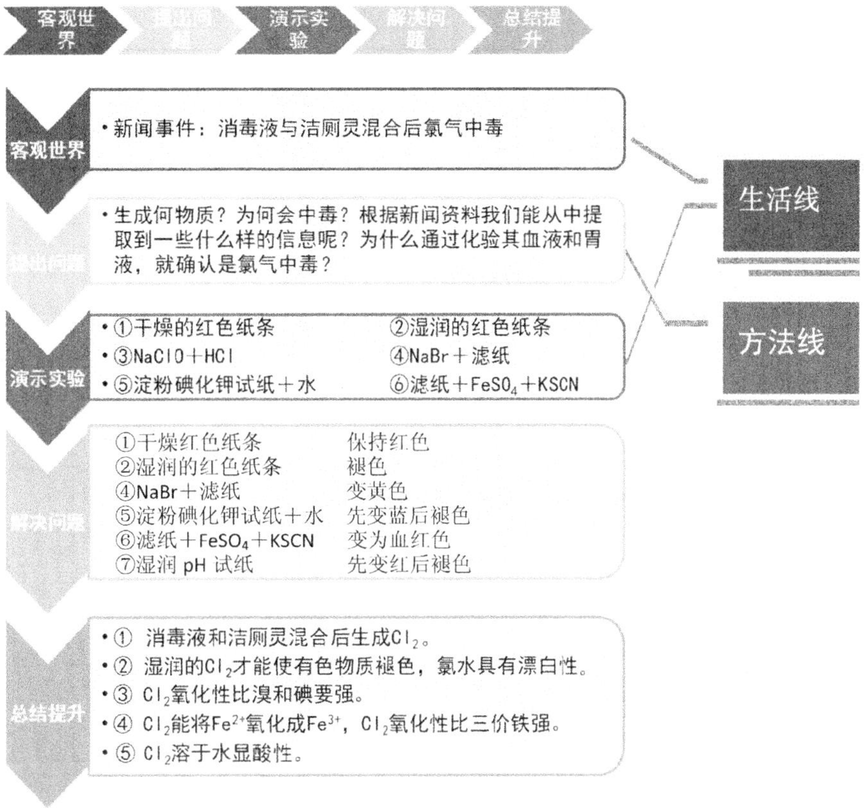

图 2-31　教学流程及策略

七、教学设计过程

创设情境，导入新课（用时）			
用时	教师活动	学生活动	设计意图
	【引入】2001 年 5 月 29 日，广州市一家庭主妇在家中打扫卫生时突然晕倒，家人发现后送她去医院抢救，半小时后这名主妇停止呼吸。法官化验其血液和胃液，确认是氯气中毒。分析原因，这名主妇为了获得更强的去污能力，把家用消毒液和洁厕灵混合使用，致使发生化学反应产生氯气，由于氯气密度比空气大，最后沉积于浴室下部，导致悲剧发生。	引起学生的注意力和兴趣。	小结知识点
	【历史事件】二战时氯气曾被用作化学武器，导致五千人伤亡，两万多人留下呼吸系统后遗症，导致谈“氯”色变。 【提问】1. 生成何物质？ 2. 为何使人中毒？	提出一连串问题，引起学生的思考。	

续表

<table>
<tr><th>用时</th><th>教师活动</th><th>学生活动</th><th>设计意图</th></tr>
<tr><td></td><td>
根据消毒液和洁厕灵反应产生的氯气来探究其性质，从而解决上述的问题。
【实验改进】将原来分开做的实验结合成一个点滴板实验完成，这样既快速又节省时间，避免多次实验使氯气泄漏。
点滴板的准备。取 1 片 6 孔点滴板，置于有方格和数字的卡纸上，由于塑料点滴板为透明塑料制品，借此可以对每个孔进行编号。用镊子夹取 1 片干燥红色纸条放入①孔中。
取红色纸条，用水湿润放入②孔中。
中间孔，向③孔滴加 6—8 滴 NaClO 溶液。
取 1 片滤纸放入④孔中，并滴加 1 滴 NaBr 溶液润湿滤纸。
取一片淀粉碘化钾试纸放入⑤孔中，并滴加 1 滴水湿润试纸。
<table>
<tr><td>①干燥的红色纸条</td><td>③NaClO+HCl</td><td>⑤淀粉碘化钾试纸+水</td></tr>
<tr><td>②湿润的红色纸条</td><td>④NaBr+滤纸</td><td>⑥滤纸+$FeSO_4$+KSCN</td></tr>
</table>
将此点滴板放入自封袋内，将盛有稀盐酸的微型塑料滴管伸入自封袋，向③孔滴加 6—8 滴盐酸，迅速将自封袋封口。稍微晃动自封袋，使 NaClO 溶液与盐酸混合，观察实验现象。试验结束后，往袋子中放湿润的 NaOH 棉花。
<table>
<tr><th>编号</th><th>所加试剂</th><th>现象</th></tr>
<tr><td>①</td><td>干燥红色纸条</td><td>保持红色</td></tr>
<tr><td>②</td><td>湿润的红色纸条</td><td>褪色</td></tr>
<tr><td>④</td><td>NaBr+滤纸</td><td>变黄色</td></tr>
<tr><td>⑤</td><td>淀粉碘化钾试纸+水</td><td>先变蓝色后褪色</td></tr>
<tr><td>⑥</td><td>滤纸+$FeSO_4$+KSCN</td><td>变为血红色</td></tr>
<tr><td>⑦</td><td>湿润 pH 试纸</td><td>先变红色后褪色</td></tr>
</table>
【分析】①和②说明湿润的氯气才能使有色物质褪色，氯水具有漂白性。
④和⑤说明氯气能置换出 Br 和 I，说明氯气的氧化性比溴和碘要强。⑤中置换出的碘与淀粉试纸作用呈蓝色，后因次氯酸使蓝色褪去。
$Cl_2+2NaBr=2NaCl+Br_2$　　$Cl_2+2KI=2KCl+I_2$
⑥说明氯气能将二价铁氧化成三价铁，氯气氧化性比三价铁强。$2FeCl_2+Cl_2=2FeCl_3$
</td><td></td><td></td></tr>
</table>

续表

用时	教师活动	学生活动	设计意图
	⑦pH 试纸显红色说明氯气溶于水显酸性，因此实验结束后，要往袋子中放入一团湿润的 NaOH 棉花，防止氯气泄漏，污染环境。 ③综合上述实验的现象，说明消毒液和洁厕灵混合后会产生 Cl_2。 回顾刚才根据新闻提出的问题： 【提问】为什么通过化验其血液和胃液，就确认是氯气中毒? 【分析】氯气是一种有毒气体，它主要通过呼吸道侵入人体并溶解在黏膜所含的水分里，生成次氯酸和盐酸，对上呼吸道黏膜造成损伤：次氯酸使组织受到强烈的氧化；盐酸刺激黏膜发生炎性肿胀，造成呼吸困难。 因此，使用含氯消毒液时不要与其他酸性消毒剂混用，否则易有生命危险。 【分析】氯气与水反应生成的次氯酸具有漂白作用。 【提问】那消毒液和洁厕灵混在一起之后为什么会产生氯气呢? 引导学生分析溶液中存在的离子，从氧化还原角度分析化合价变化。 【分析】加酸后，+1 价的氯氧化了－1 价的氯得到 0 价的氯，其反应方程式为：$ClO^- + Cl^- + 2H^+ = Cl_2 + H_2O$ 课堂小结：$ClO^- + Cl^- + 2H^+ = Cl_2 + H_2O$ 1. 氯气的氧化性 $Cl_2 + 2NaBr = 2NaCl + Br_2$ $Cl_2 + 2KI = 2KCl + I_2$ $2FeCl_2 + Cl_2 = 2FeCl_3$ 2. 氯气的漂白性 $Cl_2 + H_2O = HCl + HClO$ 3. 氯气的酸性 $Cl_2 + H_2O = HCl + HClO$ 可逆反应 回顾本节课学习的内容及实验现象。 【课后作业】请同学们完成课后练习。		
	【分析】氯气使人中毒。 【分析】消毒液的主要成分是次氯酸钠。 资料卡：洁厕灵主要成分是各种无机酸（主要是盐酸）和有机酸等。 【猜想】消毒液和洁厕灵发生了氧化还原反应，产生 Cl_2。		

续表

用时	教师活动	学生活动	设计意图
	【提问】消毒液和洁厕灵混在一起之后为什么会产生氯气呢？ （引导学生分析溶液中存在的离子，从氧化还原角度分析化合价变化。）		
	【提问】根据新闻资料，我们能从中提取到一些什么样的信息呢？ 【分析】氯气中毒说明氯气有毒性，会损伤人体呼吸道。 【提问】为什么通过化验其血液和胃液，就确认是氯气中毒？		

八、板书设计

氯气的漂白性及氧化性

1. 氯气的氧化性

$Cl_2+2NaBr═══2NaCl+Br_2$　（黄色）

$Cl_2+2KI═══2KCl+I_2$　（遇淀粉显蓝色后褪色）

$2Fe^{2+}+Cl_2═══2Fe^{3+}+2Cl^-$　（与 KSCN 显血红色）

$Cl_2>Br_2>I_2$　　$Cl_2>Fe^{3+}$

2. 氯气的漂白性：$Cl_2+H_2O═══HCl+HClO$

3. 氯气的酸性：$Cl_2+H_2O═══HCl+HClO$

附录：导学案

编号	所加试剂	现象
①	干燥红色纸条	
②	湿润的红色纸条	
④	NaBr＋滤纸	
⑤	淀粉碘化钾试纸＋水	
⑥	滤纸＋$FeSO_4$＋KSCN	
⑦	湿润 pH 试纸	

离子方程式：

实验②：________________　实验③：________________

实验④：________________　实验⑤：________________

实验⑥：________________

【点评】

优点：

（1）教材地位、课程标准要求、学情分析、三维目标及教学方法分析到位。

(2) 从生活中两种消毒液混合产生有毒气体引入，在学习了氯气有关性质后回头再解释这个生活中的现象，前后遥相呼应；体现了核心素养的“社会责任”，同时也利于激发学生兴趣。

(3) 利用点滴板做实验体现了绿色化学思想。

(4) 课堂多次以设问形式引出问题，体现了启发式教学原则。

缺点：

(1) 没有写出突出重点和突破难点的方法。

(2) 没有教学流程图。

(3) 教学难点是氯气漂白性的原理、氧化还原方程式的电子得失情况。

(4) 设计意图留了空位，没有写出。

(5) 在知识线、方法线和生活线中再加一个“情智线”更好。

(七) 教学设计7：第四章　非金属及其化合物（第三节　硫和氮的氧化物）

二氧化硫的水溶性与漂白性——从生活中感悟化学

第六届广东省师范生教学技能大赛初赛　陈××

一、教学总体设计

本节课选自人教版《高中化学必修1》第四章“非金属及其化合物”第三节“硫和氮的氧化物”，授课对象为高一年级学生，在此之前，学生已经学习过钠、铝、铁、硅、氯及其化合物基础上，继续学习硫及其氧化物的相关知识。

根据适应性教学设计理念（adaptive learning theories），通过学情分析，对学习、认知、环境进行分析，开展建立在学生现有的学习需要基础上的教学，使学生达到最优的学习效果，使学习环境与学生已有的知识相匹配。

基于目标导向教学理论（the target-lead teaching theories），通过课标分析、教材分析和学情分析制定本教学设计的核心——教学目标，并以教学目标为基础，确定合适的教学内容，达到教学目标，分别从教学策略、教学实施和教学评价三方面入手，将教学内容具体化、程序化、分步化，使其条理清晰并且环环相扣，如图2-32所示。

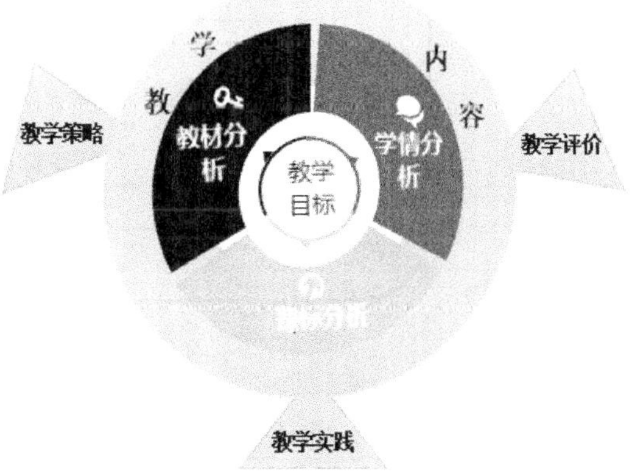

图2-32　教学总体设计

本节课以如众所周知的“酸雨”问题作为导入创设情境，视觉冲击深深触动学生的心灵，接着课堂创设“模拟酸雨”的情境，引发学生的探究欲，并由此引出相关问题，设计展开两个探究活动：①二氧化硫的水溶性。②探究二氧化硫的漂白性。这些场景的创设，有效地激发了学生的学习热情；将知识问题化，通过化学实验、分析化学原理、类比迁移等化学方法使问题得以解决；遵循学生的认知规律，由浅入深，由现象到本质，使教学目标得以达成。

二、教材内容分析

（一）课程标准

《高中化学新课程标准》对本节课做了立体性要求："结合真实情境的实例和实验探究了解硫及其重要化合物的主要性质，认识其在生产中的应用和对生态环境的影响。关注人类面临的化学相关的社会问题，培养学生的社会责任感、参与意识和决策能力。"指出了本节教学的价值，给教学留出了灵活的空间。

因此，教学中重视学生的主体性，引导学生主动提出猜想，亲历实验过程验证假设，帮助学生深刻认识知识本质，让探究式教学不再是"口头说说而已"。课程设计以学生的发展为本，关注学生科学探究的过程和方法，以及伴随这一过程产生的积极情感体验和正确的价值观。

（二）教材分析

本节内容选自人教版《高中化学必修 1》第四章"非金属及其化合物"第三节"硫和氮的氧化物"中二氧化硫的性质探究。在本节内容之前，教材已经编排了硅与氮两种非金属作为开篇，而二氧化硫作为一种典型的非金属氧化物，基于其众多的化学性质，在生产生活中有较多的应用并且与当代环境问题密切相关，在高中教材中占有重要地位。本节重点探究二氧化硫溶于水呈酸性以及其漂白性，通过实验证明二氧化硫的性质，从漂白性迁移到生活中的应用，以及一分为二地看待二氧化硫在人类生产生活中扮演的角色，为第四节硫酸的学习埋下伏笔。本节承上启下的作用如图 2-33 所示。

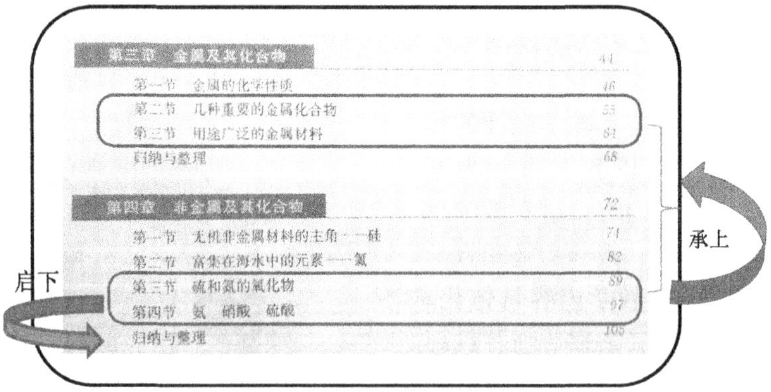

图 2-33 教材分析

（三）文献分析

本节课设计时，在中国知网和中国期刊网等文献网站中，共查阅了二氧化硫的水溶性及漂白性的文献 15 篇，在查看文献的基础上，经过大量的实验后，得到了最佳的实验用量和检验方法，保证实验成功进行，增加对学生的吸引力，优化教学效果。

三、学生情况分析

（一）知识基础

已有：学生在初三已初步拥有了元素化合物的知识，如酸性氧化物。初步了解有关二氧化硫与酸雨危害的知识，有一定的化学理论知识。

欠缺：初中所学知识属于宏观范畴，学生较难理解其反应的实质。

对策：利用酸雨问题引发学生对 SO_2 性质的探究热情，验证推测的过程中认识二氧化硫具有溶于水及漂白性的性质。

（二）能力基础

已有：高一的学生具备了一定的实验操作能力和观察分析能力。

欠缺：对于实验试剂的选择及漂白过程的分析能力还有待提高。

对策：通过观察分析→推测性质→实验验证→得出结论→问题解决模式，提高学生问题解决能力。

（三）心理特点

心理特点：求知欲强，渴望自主探究，展现自我。

对策：适当设计模拟实验环节和自主实验环节，激发学生兴趣。

（四）客观环境

已有：日常生活中酸雨给人类带来的危害，食品水果类熏硫事件。可以接触到二氧化硫具有可溶于水和漂白性的特点。

欠缺：没有思考过二氧化硫溶于水和漂白性的实质、过程。

对策：利用众所周知的酸雨问题和与人生存关系最为密切的食品安全及加工这一社会热点问题入手，将二氧化硫的性质联系起来，引导学生思考。

四、教学目标及重难点

（一）教学目标

1. 知识与技能

（1）理解并掌握二氧化硫的主要性质。

（2）培养学生用新概念重新理解旧知识的能力。

2. 过程与方法

（1）初步学会从实验推导化学性质的学习方法。

（2）通过实验提高学生观察、分析、推测反应原理的能力。

3. 情感态度与价值观

（1）领略实验学习乐趣，培养实事求是的科学态度，培养互动协作意识和合作能力。

（2）增强环境保护意识和健康意识。

（二）教学重点、难点

教学重点：二氧化硫的性质及其应用；教学难点：二氧化硫的漂白性。

五、教学流程与策略

教学流程与策略如图 2-34 所示。

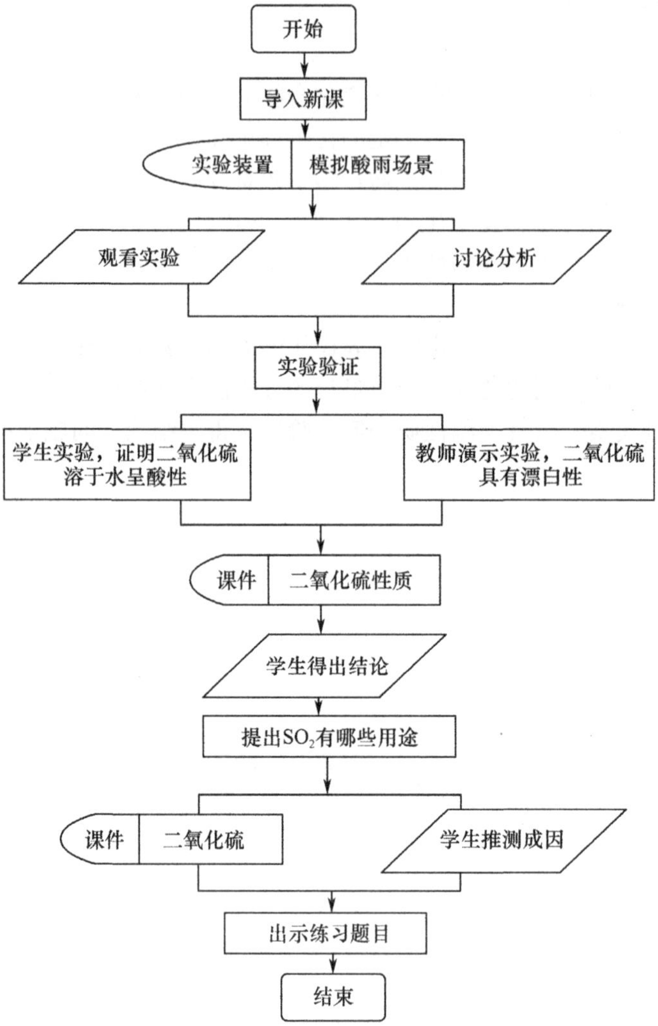

图 2-34　教学流程与策略

六、教学过程

（一）创设情境，提出假设（用时 3min）			
时间	教师活动	学生活动	设计意图
3min	【引入】 根据生活图片作对比，造成酸雨的罪魁祸首是二氧化硫，并现场模拟酸雨场景 	融入情境 主动思考	

续表

时间	教师活动	学生活动	设计意图
3min	【分析】 根据蓝色石蕊纸花变红，红色鲜花褪色，推测二氧化硫溶于水具有酸性和漂白性。 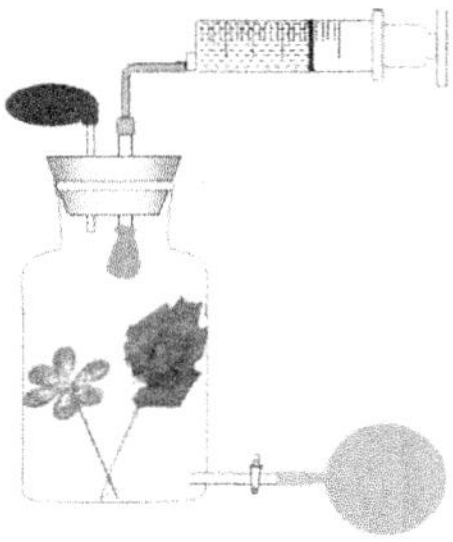 模拟实验装置图  实际实验装置图	  实验前、实验后 实验前后对比，思考并推测二氧化硫具有漂白性。	多媒体演绎法与提问相结合，以现实生活中的事件来激发学生学习欲望，自然地把学生注意力引向新课。
（二）探究二氧化硫与水反应（3min）			
3min	【实验二】 1. 展示药品仪器。 2. 引导学生自主设计实验方案验证猜想，二氧化硫可溶于水且其水溶液成酸性。 【分析】二氧化硫可溶于水以及其水溶液呈酸性。 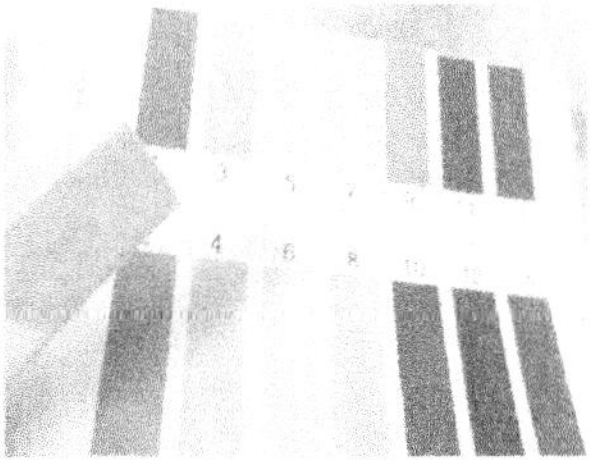 【现象分析】 1. 溶液显酸性。 说明 SO_2 和水反应生成 H_2SO_3。	1. 思考、合作讨论并设计实验方案。 2. 展示实验方案。 3. 进行实验操作。 4. 观察实验现象，思考二氧化硫与水反应的实质。  现象：矿泉水瓶变瘪 【学生板书】 二氧化硫溶于水实质： $SO_2+H_2O=H_2SO_3$	引导学生自主“发现问题”→“分析问题”→“解决问题”，培养学生运用已学知识去解释未知的能力。

续表

<table>
<tr><td colspan="4">（三）探究二氧化硫的漂白性（5min）</td></tr>
<tr><td>时间</td><td>教师活动</td><td>学生活动</td><td>设计意图</td></tr>
<tr><td>5min</td><td>【提问】二氧化硫除了上述化学性质外，通过前面模拟酸雨实验，鲜花变黄，推测还具有哪些化学性质。
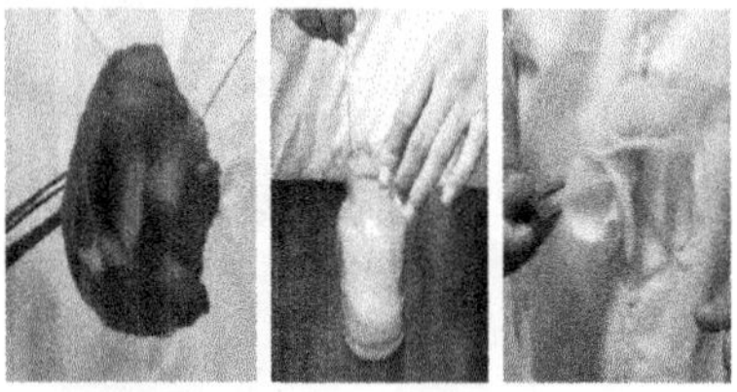
【探究实验二】
演示实验 1. 将二氧化硫气体通入盛有品红溶液的试管中，观察溶液颜色的变化，再将试管加热。
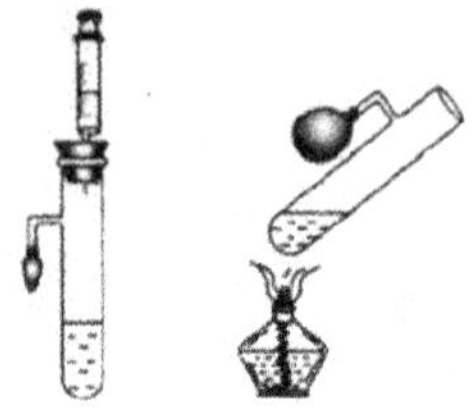
【点拨归纳】这些现象说明 SO_2 的漂白性是不稳定的。一经加热又恢复原来的颜色。品红溶液常用来鉴别二氧化硫。
原理：
$$\text{某些有机色素} \underset{\triangle}{\overset{\text{二氧化硫}}{\rightleftharpoons}} \text{无色的物质}$$
【教师提问】
回忆本节课的实验，SO_2 不能漂白哪些物质呢？
【教师讲解】二氧化硫不能使酸碱指示剂褪色。氯水的漂白与二氧化硫的漂白有何不同呢？
【资料支持】
二氧化硫的漂白原理：
SO_2溶解于水成亚硫酸，亚硫酸跟有色的有机物质直接结合而成无色化合物。品红的结构里有一个发色团，该发色团遇到亚硫酸后，生成不稳定的无色化合物，改变了发色团的结构。这种无色化合物不稳定，遇热时，又分解为发色团。
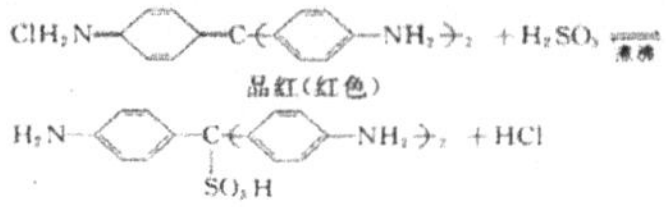
</td><td>1. 观察鲜花颜色的变化。
2. 思考，分析，发现二氧化硫具有漂白性。

观察现象。
分析，思考，在教师引导下得出结论。
讨论归纳：
二氧化硫具有漂白作用，能使品红溶液褪色。
【学生交流讨论】
<table><tr><td>漂白剂</td><td>SO_2</td><td>氯水</td></tr><tr><td>原理</td><td>化合漂白</td><td>氧化漂白</td></tr><tr><td>效果</td><td>暂时性，长时间或加热可恢复</td><td>永久性漂白</td></tr><tr><td>范围</td><td>漂白某些有色物质，不能使酸碱指示剂褪色</td><td>漂白大多数有色物质，能使酸碱指示剂褪色</td></tr></table></td><td>教学生从实验中发现问题，进而解决问题最后得出结论的模式。
将理论知识与实际联系加深对知识的理解。</td></tr>
</table>

续表

<table>
<tr><th>时间</th><th>教师活动</th><th>学生活动</th><th>设计意图</th></tr>
<tr><td rowspan="2">5min</td><td>【教师讲述】观看 SO_2 用于漂白报纸、草帽、鲜花、银耳的图片。二氧化硫作为食品添加剂历史悠久，主要有两个用途：一是用于干果、果脯等的漂白，令其外观更好看；二是具有防腐、抗氧化等作用，能延长食品保质期。</td><td></td><td rowspan="2"></td></tr>
<tr><td>【提问】我们生活中经常见到的课本、报纸、草帽、织物等，崭新的时候非常白净，为什么过几年就会变黄？你预测可能是用哪种漂白剂？
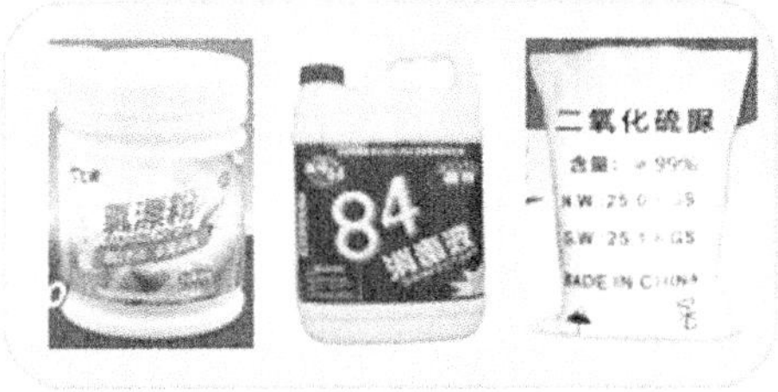
</td><td>根据二氧化硫漂白的特性是不稳定性，推测漂白剂是二氧化硫。
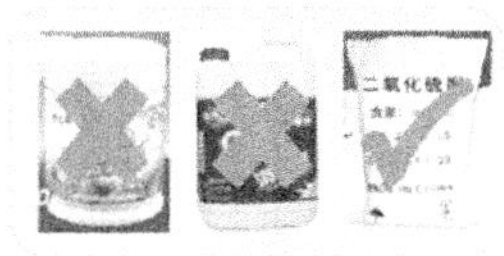</td></tr>
<tr><td colspan="4">（四）总结提升、练习反馈（1min）</td></tr>
<tr><td rowspan="2">1min</td><td>【课堂小结】
二氧化硫：
危害：形成酸雨；造成大气污染；危害人体健康。
用途：制造硫酸；漂白纸浆、草帽等。
不合理利用化学物质会危害人类，合理利用化学物质可以造福人类，任何事物都具有两面性，看问题应一分为二。</td><td>回忆本节课内容。</td><td>整理本节课知识点，建立知识网络。</td></tr>
<tr><td>【布置作业】
酸雨让花容失色，枝叶凋零，我们可以为之做什么呢？
1. 到图书馆查资料或通过上网查找：①空气中 SO_2 的来源；②目前酸雨的污染现状；③防治酸雨的办法，结合自己的想法写一篇与酸雨有关的小论文。
2. 上网查阅资料，对 SO_2 的性质做进一步探究，除了我们上述讨论的性质外，SO_2 还可能具有什么性质？</td><td>及时记录。</td><td>1. 引导学生将化学理论性知识转化为技能性知识。
2. 督促学生及时消化相关知识。
3. 进行教学评价，方便自身改进优化。</td></tr>
</table>

七、板书

二氧化硫

一、与水的反应

$SO_2+H_2O \rightleftharpoons H_2SO_3$

二、二氧化硫的漂白性（不稳定性）

某些有机色质（含水）$\xrightarrow{SO_2}$褪色$\xrightarrow{\triangle}$复原

八、教学评价

（一）课堂教学评价表

课堂教学评价表见表2-9。

表2-9 课堂教学评价表

	一级目标	二级目标	评价结果		
			A	B	C
基本要求	1. 教学目标	（1）科学性			
		（2）适切性			
	2. 教学过程	（3）张弛有度			
		（4）学生参与			
		（5）有效有序			
		（6）关注差异			
	3. 教学氛围	（7）师生关系			
		（8）课堂气氛			
	4. 教学效果	（9）知识技能达到要求			
		（10）探究问题积极			
		（11）问题解决有效			
教学特色（发展性）：					
教学不足（改进性）：					

（二）课后学习练习

例题1：下列物质不能用于鉴别SO_2和CO_2气体的是（　　）。

A. 石蕊试液　　　　B. 酸性$KMnO_4$溶液

C. 品红溶液　　　　D. 酸化的$Ba(NO_3)_2$溶液

例题2：一种白色晶体A极易溶于水，将A配成溶液进行如下框图所示的实验，实验现象及转化关系如下列框图所示。

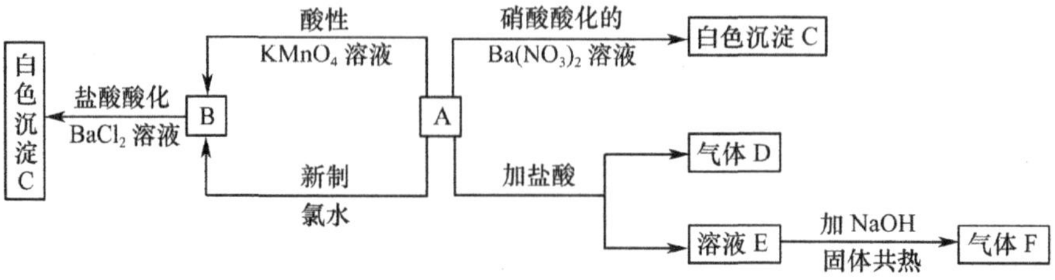

其中 A 为正盐，气体 D 能使品红溶液褪色，气体 F 能使湿润的红色石蕊试纸变蓝。试回答下列问题：

（1）写出下列物质化学式：

A：____________________；C：____________________；

（2）写出下列反应的离子方程式：

①A 和酸性 $KMnO_4$ 溶液：____________________。

②A 和新制氯水：____________________。

附录：导学案

第四章　非金属及其化合物

第三节　硫和氮的氧化物

第一课时　二氧化硫的性质

1. 探究 SO_2 与水的反应

探究实验 1：从化学式来看，二氧化硫与我们学过的哪一种气体非常相似？CO_2 是酸性氧化物，这类氧化物能发生什么反应？请同学们根据实验完成下表。

实验过程	实验现象	结论

2. 探究 SO_2 的漂白性

探究实验 2：完成下面表格。

实验过程	实验现象	结论

【总结 2】

请同学们回忆氯水的漂白性，对比 SO_2 和氯水的漂白性有什么差别并填写在表格中。

	氯水	二氧化硫
原理		
效果		
实质		
范围		

【拓展提高】

(1) SO_2 通入滴有酚酞的氢氧化钠溶液中以后红色褪去，到底是因为 SO_2 为酸性氧化物还是因为它的漂白性？如何用实验验证？

(2) 请同学收集当地雨水样品，并测定其 pH 值。如果是酸雨，请走访环保部门，了解其产生的原因及有关的防治措施。

【点评】

优点：

(1) 各功能板块相对比较齐全，其中导学利于学预习和听课时抓住重点。

(2) 从酸雨危害引入课题，符合由生活进入化学的新课程思想。

(3) 实验有创新性，不逸出有害气体，注意了环保，符合绿色化学思想。

(4) 对 Cl_2 与 SO_2 漂白效果和原理进行了对比，利于新旧知识的联系。

(5) 课后作业有利于知识巩固，拓展练习利于学生课后知识的延伸。

缺点：

(1) 没有说出突出重点、突破难点的方法。

(2) 教学流程图中没有体现教学反馈。

(3) 学习 SO_2 性质后，没有回到用学过的性质来解释酸为什么会造成危害这个话题，从而进一步引出如何防治酸雨。

(4) 没有课堂作业进行知识反馈。

(八) 教学设计 8：第四章　非金属及其化合物（第四节　探究氨气的性质）

探究氨气的性质 ——基于核心素养下的“证据推理”视角

第七届广东省师范生教学技能大赛　林××

一、教学总体设计

本节课节选自人教版《高中化学必修 1》第四章第四节，授课对象为高一年级学生。学生在初中已经学习过化肥的简介和不同化肥对植物生长的作用，高中在此基础上深入探究化肥制备原料氨气的性质。

根据建构主义学习理论，通过学情分析，将学生原有的知识经验作为新知识的生长点，引导学生从原有的知识经验中，主动建构新的知识经验。通过有意义的情境创设，激发学生的学习兴趣，让学生主动地投入到学习活动中来。以问题质疑为驱动，实验探究为手段，培养核心素养为目标，通过创设情境、问题引导、讨论交流、实验探究、得出结论、迁移应用等方式，引导学生主动思考、积极探究，体验知识的发生、发展过程，自觉内化建构所学知识，有意识地渗透化学核心素养的培养。

基于目标导向教学理论，通过课标分析、教材分析和学情分析制订本次教学设计的核心——教学目标。并以教学目标为基础，确定合适的教学内容。为了高效地完成教学内容，达到教学目标，又分别从教学策略、教学实施和教学评价三方面入手，将教学内容程序化、分步化，使其条理清晰并且环环相扣，如图 2-35 所示。

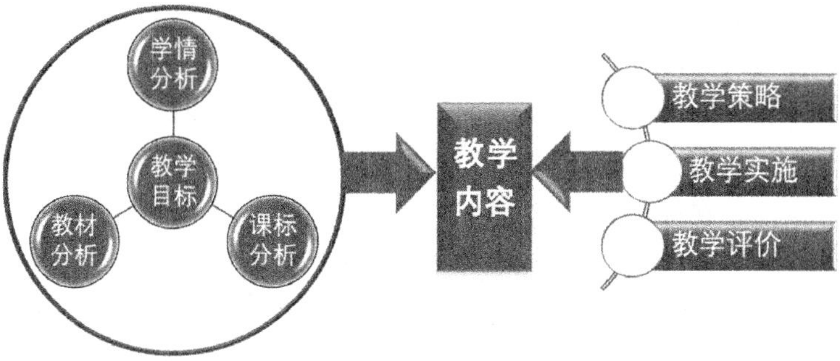

图 2-35　教学总体设计

本节课基于以学生为中心的教学设计观，以“发现氨气的科学史实”的情境引起学生对氨相关知识的求知欲，以探究氨气的性质为线索，用一条线串联整节课的内容，重点探究氨气与水的反应、氨气与盐酸的反应，以及深入理解实验现象产生的实质。通过学生动手实验，使学生积极主动地参与课堂，形成自主探究的能力。并通过符号分析，带领学生进行深入学习，符合建构主义的教学设计思想。

本节课实验在设计时改进了教材中原有的装置，使实验更易操作和绿色化，并采用两重表征教学模式（宏观—符号），旨在加深学生理解与记忆。

二、教学内容分析

（一）课标分析

学习氨对学生认识化学对社会发展的重要作用，认识化学与技术的关系；从氮的循环认识人与自然的关系，在知识上重点介绍了氨的水溶性、氨水的碱性，以及氨与酸的反应。本节要求了解氮的重要化合物的主要性质及广泛用途，体会化学的创造性与实用性。通过实验进一步训练学生的操作技能，体会实验对认识和研究物质性质的重要作用，培养学生求实、创新的良好品质，了解氮循环对生态平衡的重要作用。了解某些污染物的来源、性质和危害，体会化学对环境保护的重要意义，培养学生关注社会的意识和责任感。

通过化学实验探究活动，培养学生的创新精神和实践能力。

学生实施实验和老师演示实验相结合，充分利用实验手段，引发学生思考，启迪思维，落实知识。

了解氨的化学性质。从科学史实出发，以探究氨的性质为线索，通过氨与水、与盐酸反应的实验，结合符号表征，使学生理解氨的相关性质。

（二）教材分析

1. 教材实验分析

本节内容选自人教版《高中化学必修 1》第四章第四节“氨、硝酸、硫酸”的第一课时，本课题在三种版本的高中化学教材中的呈现方式不同，具体见表 2-10。可知，氨气的喷泉实验是非常经典的，不过仪器装置过于繁杂，且装置容易漏气造成实验失败，不利于课堂上的操作。对于氨气与氯化氢的反应，三种版本均有各自的实验方案，人教版的实验“双玻璃棒实验”存在的问题是：气体在空气中挥发，造成污染；苏教版和鲁科版在此基础上改进，把实验集中在烧杯和集气瓶中，有效地防止了气体扩散。但是在苏教版的实验中，在棉花放进烧杯中，即刻反应，无法有效观察两气体在未接触前的状态，鲁科版的实验在抽出玻璃瓶和实验结束后清洗集气瓶都会造成气体泄漏。因此，在保证实验现象明显和绿色化的前提下，对实验进行了创新。

表 2-10 教材实验分析

教材版本	所属章节	氨与水的实验	氨气与氯化氢的实验
苏教版 必修一	专题四 第二单元 生产生活中 的含氮化合物	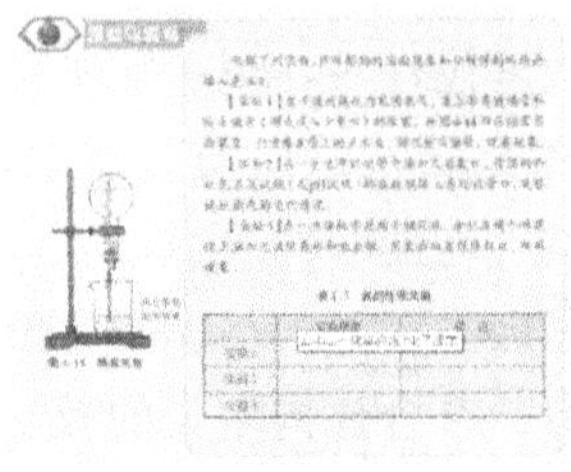	
鲁科版 必修一	第三章 第二节 氮的循环		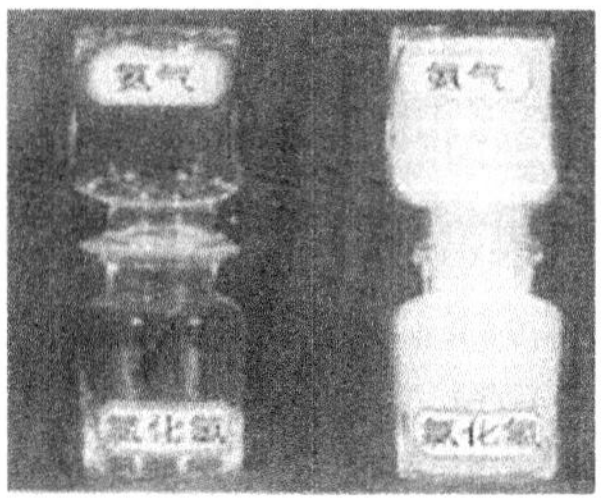
人教版 必修一	第四章 第四节 氨　硝酸　硫酸	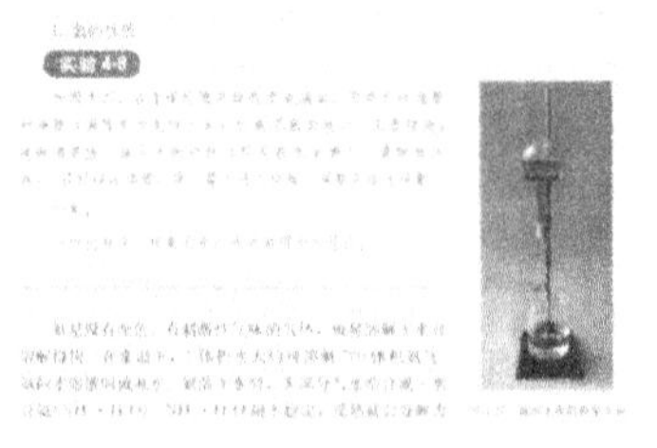	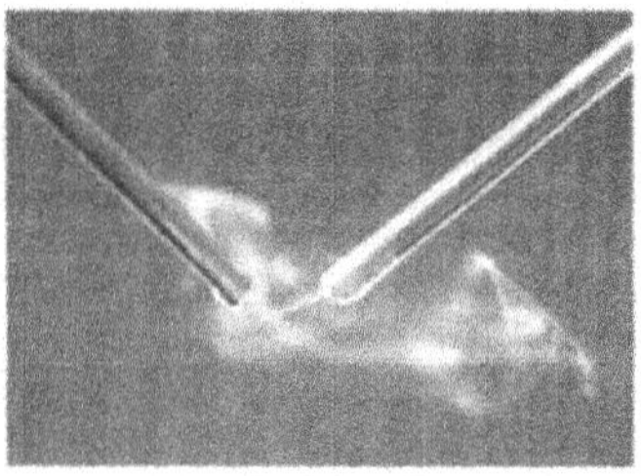

（1）“喷泉实验”简化成“试管实验”，见表 2-11。

表 2-11 “喷泉实验”简化成“试管实验”

实验名称	“喷泉实验”	优化的“试管实验”
实验装置	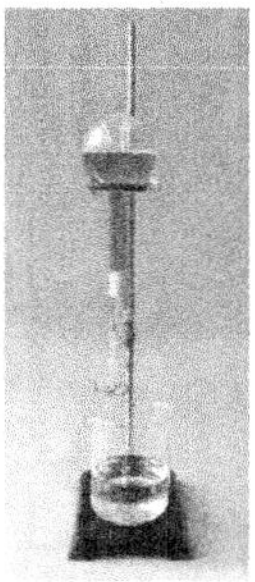	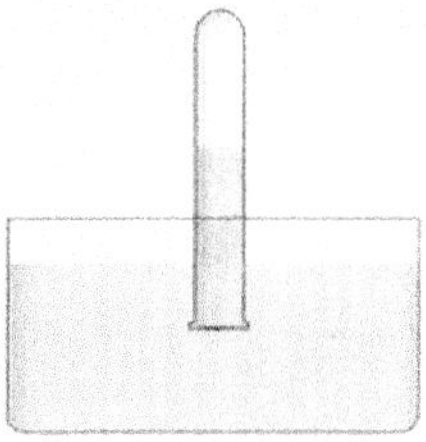
所需实验仪器	铁架台、夹子、圆底烧瓶、玻璃管、橡胶管、大烧杯、胶头滴管、橡胶塞	水槽、试管、橡胶塞
实验操作	挤压胶头滴管	拔开橡胶塞
实验现象	红色喷泉	水充满试管，滴加酚酞，呈红色

（2）试管实验的具体操作。

提前收集一试管氨气，用橡胶塞塞住试管口。课上演示时：倒立试管，移到水槽里，拔开橡胶塞，水迅速充满试管，再按住试管口，正立试管，往试管内滴加酚酞指示剂。

（3）优化实验后的优势。

①大大减少了实验所需的仪器，解决了仪器装置过于繁杂的问题，更有利于在课堂上操作。

②比起“喷泉实验”，所用的橡胶塞是不带孔的，更不易漏气。

③“玻璃棒实验”简化成“空瓶成烟实验”，具体见表 2-12。

表 2-12 “玻璃棒实验”简化成“空瓶成烟实验”

实验名称	“玻璃棒实验”	优化的“空瓶成烟实验”
实验装置	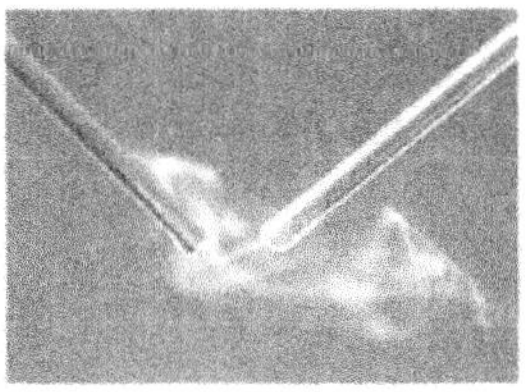	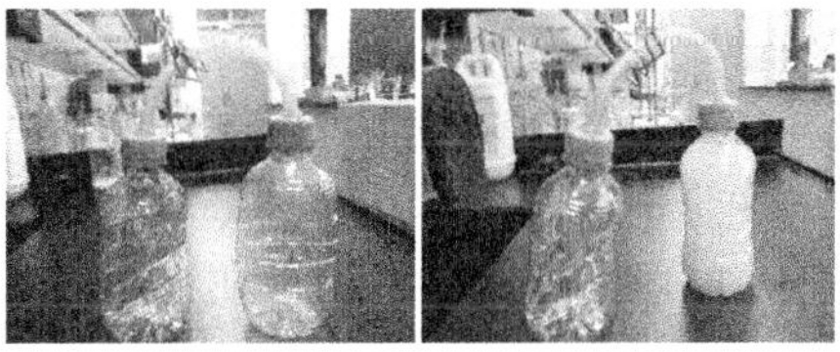
实验操作	靠近分别蘸有浓盐酸和浓氨水的玻璃棒。	打开夹子，挤压装有氨气的瓶子，使气体进入装有氯化氢气体的瓶中。
实验现象	玻璃棒周围有白烟。	瓶子迅速充满白烟。
优化原因	不足：气体在空气中挥发，造成污染。	优点：现象明显；实验过程中无污染物排出，符合科学性和绿色化学理念。

2. 承前启后

（1）承前：通过对前面一、二、三章以及本章非金属硅、氯的学习，一方面可以形成完整的金属、非金属及其化合物知识体系，另一方面具有巩固离子反应、氧化还原反应等基础知识的作用。在第三章的基础上，进一步介绍化合物知识和研究方法，为元素族概念的形成、元素性质的递变规律、元素周期表的形成积累了感性认识的材料，如图 2-36 所示。

（2）启后：氨的学习将对后面的铵盐、硝酸、硫酸的学习起到铺垫作用。

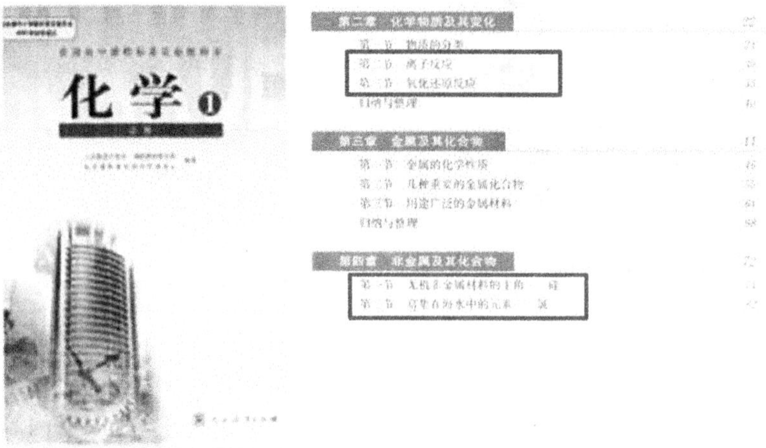

图 2-36　本节承前启后的作用

（三）文献综述

本节课设计时，在中国知网和中国期刊网等文献网站中，共查阅氨气教学的文献 13 篇，在查看文献的基础上，经过大量的实验后，得到了最佳的实验用量和检验方法，保证实验成功进行，增加对学生的吸引力，优化教学效果。

本次教学在查看文献的基础上，尝试大量的实验方案后选择了最佳的实验用量和效果最好的实验方法。

三、学生情况分析

（一）知识基础

已有：

（1）学生在初中学习了部分非金属单质及其化合物的知识，在高中必修一第一章中进一步学习了化学实验的基本方法和基本操作。

（2）学生在初中时对氮肥已经有了一定的了解，比如受热易分解，遇碱性物质放出氨气。

（3）学生已学习了氧化还原反应、离子反应的原理和质量守恒定律等模型。

欠缺：学生的知识比较零散，对于氨气的性质缺乏系统性掌握，未构建起完整的知识框架，对离子反应的理解较浅。

对策：从宏观、微观、符号三个维度全面剖析氨气与水反应产物来构建知识。

（二）学科能力基础

已有：

（1）学生初步具备观察、描述以及分析等解决化学问题的科学探究能力。

（2）已经能从不同的方向收集证据，能依据证据从不同视角分析问题。

（3）具备根据实验现象推理反应产物的能力。

欠缺：

（1）学生运用不同形式模型去推理反应产物的迁移能力有待提高。

（2）在如何使用证据上可能存在困难，不能从复杂的化学情境中提取关键要素，建构相应模型。

对策：

（1）通过课前趣味情境导入和“试管吸水实验”吸引学生注意力，利用创新实验使学生注意力保持集中。

（2）通过建构模型的方法学习“氨气的性质”的知识点，加深对“证据推理”核心素养的认识。

（3）设置创新实验，培养学生的创新意识。

（三）思维与兴趣特点

已有：

（1）高一学生比较活泼，好奇心强，求知欲强，乐于探究，思维活跃，容易被新奇特别的现象或内容吸引。

（2）学生在之前的课程中已经对学科五大核心素养有了一定的认识。

欠缺：

（1）高一学生注意力难以长时间集中。

（2）对核心素养的认识比较浅薄。

（3）缺乏较强的创新意识。

对策：

（1）用“预测—观察—解释”策略，提高学生迁移和问题解决能力。

（2）运用“实验探究”教学策略，教师引导学生收集实验证据，引导学生建构模型，并让学生自主完善模型。

（3）用“创设科学史实情境”教学策略，让学生了解化学史实，并培养学生敢于质疑，明白实践是检验真理的唯一标准的科学探究素养。

四、教学目标及重难点

（一）教学目标

1. 知识与技能

（1）了解氨的物理性质，掌握氨的化学性质。

（2）了解“喷泉实验”原理。

（3）能写出氨与水、与酸反应的化学反应方程式，并能描述反应的现象。

2. 过程与方法

（1）运用对比的方法，归纳与总结氨气的有关性质，从而培养学生的学习能力。

（2）通过对实验的观察和分析，培养学生的观察能力、思维能力以及运用化学实验发现新知识的能力。

3. 情感态度和价值观

(1) 明确化学对人类文明做出的巨大贡献，从而培养学生用科学的态度看待化学的功与过。

(2) 通过有趣实验现象原因探索，激发学生对化学的学习兴趣，培养学生严谨科学的学习态度与方法。

(二) 教学重难点

氮元素的重要化合物是近年来高考的命题热点，而氨气是氮元素重要化合物之一，近年来高考命题涉及氨的性质、制备、用途。性质决定用途，氨气的重要用途在于制氮肥和硝酸，这些用途都是基于氨的化学性质。

教学重点：氨的化学性质。突出重点的方法为：充分利用实验，让学生动手动脑。

教学难点："喷泉实验"的反应原理。突破点的方法为：分析差强差。

五、教学流程

教学流程如图 2-37 所示。

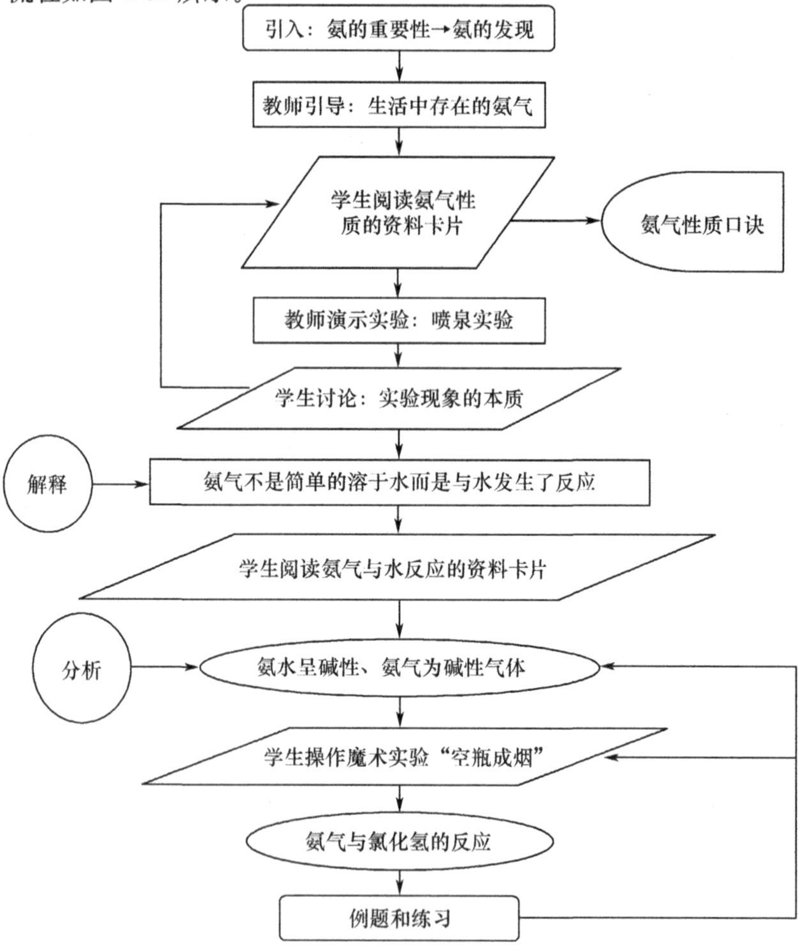

图 2-37 教学流程

六、课前准备

课上所需物品见表 2-13。

表 2-13　课上所需物品

类别	名称	数量
教学用品	多媒体课件翻页笔	2 支（1 支备用）
	PPT	1 份
	导学案	若干
	备用实验视频	1 个
实验仪器	收集氨气的试管	2 支（1 支备用）
	装有水的水槽	1 个
	烧杯	1 个
	“空瓶成烟”实验装置	3 个
实验试剂	酚酞指示剂	1 瓶

七、教学过程

（一）创设情境，导入新课（用时 2min）			
时间	教师活动	学生活动	设计意图
2min	【引入】 展示图片：农民伯伯给农作物施化肥；美丽的稻田里生长着绿油油的秧苗。引出化肥的重要原料：氨。 	1. 融入情境，了解化肥制备原料氨的重要性，产生对氨性质的好奇心。	1. 创设情境，激发学生的学习兴趣和求知欲，通过化肥引入课堂，将化学与生活紧密联系，培养科学态度与社会责任素养。
	【科学史实】 勒夏特列制备氨气发生爆炸，预言实验的危险；能斯特通过计算，合成氨是不可能发生的；最终，哈伯在 1984 年合成氨。	2. 主动思考，知道氨的合成是可以实现的，对哈伯的敢于质疑精神感到敬佩，感慨科学需要在不断修正中进步。	2. 化学可以转化为现实生产力，体现社会观。

续表

（二）演示实验，原因分析（用时 4min）

时间	教师活动	学生活动	设计意图
4min	【提出问题】 生活中哪里存在氨气？ 氨气有什么性质？ 【实验验证】 氨极易溶于水—— “试管实验” 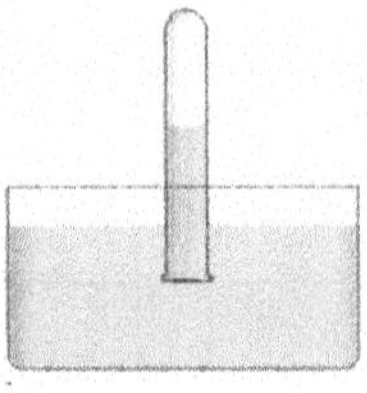 【提出问题】 ①为什么试管会被水充满？ ②滴加酚酞呈红色，说明什么？ 【实验结论】 ①氨极易溶于水。 ②氨水显碱性。 【板书】 氨与水的反应方程式 $NH_3+H_2O \rightleftharpoons NH_3 \cdot H_2O \rightleftharpoons NH_4^+ +OH^-$ 【讨论】 氨水的成分。并提出问题： ①什么微粒使酚酞变红？ ②什么微粒使氨水有刺激性气味？	【阅读资料卡片】 氨气的性质。 【回答】 【观察和记录实验现象】 【回答】 【阅读资料卡片】 氨与水的反应。 思考符号、宏观以及微观可以得出的模型证据；联系情景与微观实质；建立宏观与微观的联系。	1. 以有趣的问题激发学生的学习兴趣，使开头具有吸引力和启发性。 2. 引导学生科学地观察记录实验现象。 3. 将问题进行分解，引导学生进行逻辑推理，提高学生化学思维能力。 4. 总结归纳。 5 回顾物质的分类；通过符号表征，学生建构知识网络；通过逻辑推理，发现实验现象的本质，运用逻辑分析方法获取科学知识，体现了本质观。

（三）学生实验，原因分析（用时 5min）

时间	教师活动	学生活动	设计意图
3min	【魔术实验】 “空瓶成烟”。 【解释现象】 氨气和氯化氢反应生成氯化铵固体小颗粒。 【板书】 氨气与氯化氢的反应方程式 $NH_3+HCl = NH_4Cl\downarrow$（固体小颗粒）	【学生实验】 魔术实验“空瓶成烟”。 	1. 通过实验魔术，引起学生兴趣。创新实验，培养学生的创新意识；通过动手实施实验，学生获取宏观证据并解释结论。 2. 通过提问，引导学生思考，学生对实验现象本质理解更加清楚。

续表

时间	教师活动	学生活动	设计意图
1min 1min	2.【提出扩展问题】 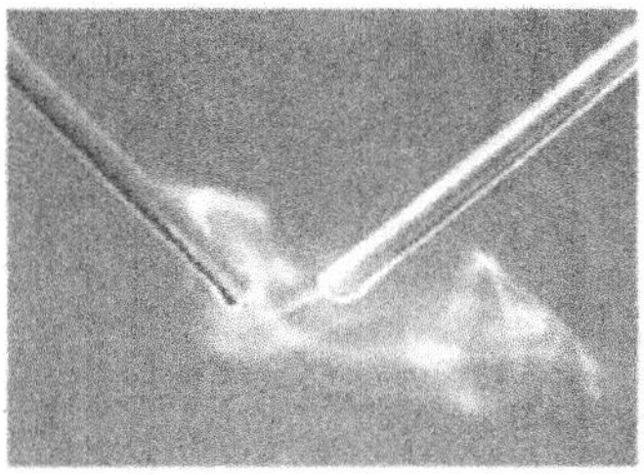 ①是否所有的酸与 NH_3 反应都有白烟? ②能否用浓 H_2SO_4 干燥 NH_3? 【扩展课后思考】玻璃管中: 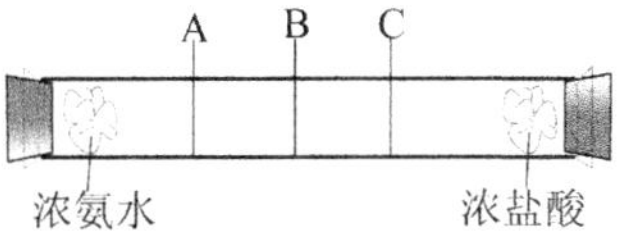 课后思考:产生的氯化铵白环会在哪个位置,为什么? 【氨气的用途】 制化肥、制硝酸、制制冷剂	 【思考回答】根据老师的问题积极思考,讨论。 【记录问题,课后思考】 【认真听讲】	3. 通过课后思考,让学生的学习延伸到课后,引导学生主动思考、讨论,寻找答案。 4. 化学在工农业生产和生活中应用十分广泛,体现核心素养的社会责任。

(四)课堂小结,内化运用(用时 1min)

时间	教师活动	学生活动	设计意图
40s	【随堂检测】 下列关于氨性质的叙述中正确的是(　　)。 A. 氨气可用排水法收集 B. 氨水呈碱性 C. 氨气和酸相遇能产生白烟 D. 在反应 $NH_3+H^+ = NH_4^+$ 中,氨失去电子被氧化	【回答】	建立学生的知识网络,对课程知识进行梳理和贯穿。
20s	【小结】 【课后作业】 必做:完成课后练习题。 选做:查找资料,了解自然界中氮元素的循环过程。	回顾本节课学习内容。 结合课本知识思考。	1. 帮助学生形成知识结构。 2. 为下节课的学习做铺垫。

八、板书设计

氨的性质

一、氨气

1. 物理性质：

无色气体味刺激，易溶易液密度小。

极易溶于水（1∶700），易液化。

2. 化学性质：

（1）氨与水的反应：$NH_3+H_2O \rightleftharpoons NH_3 \cdot H_2O \rightleftharpoons NH_4^+ + OH^-$

（2）氨与酸的反应：$NH_3+HCl = NH_4Cl$

3. 化学性质：制化肥、制硝酸、制制冷剂

九、教学反思

（一）突显知识生长点，强化类比推理方法

通常新知识建立在已有的知识基础之上，在教学时必须挖掘知识的生长点并加以夯实，这样有利于新知识的掌握。学生已具备化肥的分类和作用，但对化肥的制备原料氨气尚未深入了解。通过一系列实验创设课堂教学情境，引导学生用宏观辨析和微观探析相结合，且在居于证据推理的视角下探究氨气的性质，可以起到事半功倍的作用。

（二）设计对比实验，了解实验设计的思路和方法

实验是探究物质性质的重要手段，通过探究学习和证据推理，学生能较好地领悟相关的知识。

（三）围绕“氨气的性质”，激发学生学习热情

在教学过程中必须紧紧围绕“氨气的性质”的思想，有效地完成教学目标和要求，激发学生通过学习新知识、探究新事物的热情，形成自主学习的习惯。

十、教学评价

评价方法为量规的设计、作业和测验法，评价内容见表 2-14。

表 2-14　课堂教学评价指标和评价标准

	一级目标	二级目标	评价结果		
			A	B	C
基本要求	1. 教学目标	（1）科学性			
		（2）适切性			
	2. 教学过程	（3）张弛有度			
		（4）学生参与			
		（5）有效有序			
		（6）关注差异			
	3. 教学氛围	（7）师生关系			
		（8）课堂气氛			
	4. 教学效果	（9）知识技能达到要求			
		（10）探究问题积极			
		（11）问题解决有效			
教学特色（发展性）：					

附录：导学案

探究氨气的性质

——基于核心素养下的“证据推理”视角

（人教版《高中化学必修一》P97）

资料卡片：氨是没有颜色、有刺激性气味的气体，极易溶解于水且溶解得很快。在常温下，1 体积水大约可溶解 700 体积氨气。氨的水溶液叫作氨气。氨溶于水时，大部分与水结合成一水合氨（$NH_3 \cdot H_2O$）。$NH_3 \cdot H_2O$ 很不稳定，受热就会分解为氨和水。

1. NH_3 的物理性质：NH_3 是________色、________气味的气体，密度比空气________，________溶于水，溶解比例是________。

2. 验证氨气极易溶于水：

实验操作：

①收集一试管的氨气，用橡胶塞塞住，倒立试管，移到水槽里，拔开橡胶塞。

实验现象：____________________。

②接着塞住试管口，正立试管，往试管内滴加酚酞指示剂。

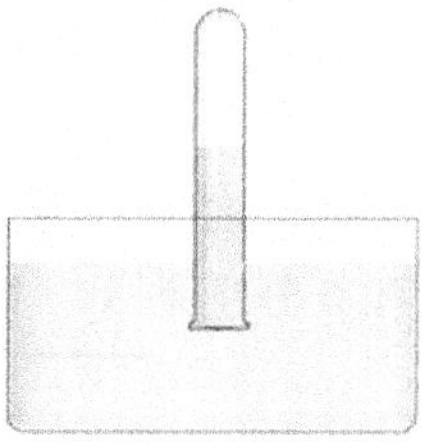

实验现象：____________________。

思考：

（1）什么试管会被水充满？

回答：____。

（2）滴加酚酞呈红色，说明什么？

回答：____。

（3）NH_3 分子没有 OH^-；中性的水也没有 OH^-；而酚酞遇 OH^- 才显红色；那为什么氨气溶于水后就能使酚酞变红呢？哪来的 OH^- 呢？（先写出化学反应方程式，再解释。）

回答：化学反应方程式____________________。

解释：__________________________________。

3. 完成下表。

	液氨	氨水	一水合氨
物质分类			
成分			

4. “空瓶成烟”魔术现象：__________；原理（化学反应方程式）：__________。

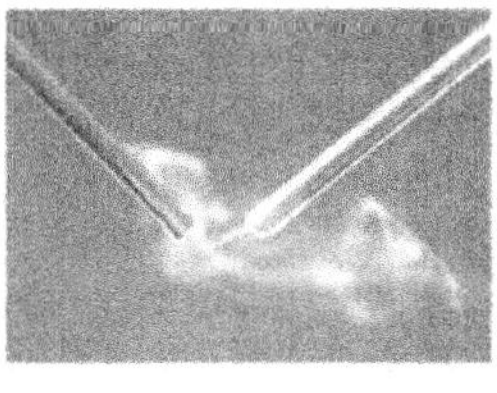

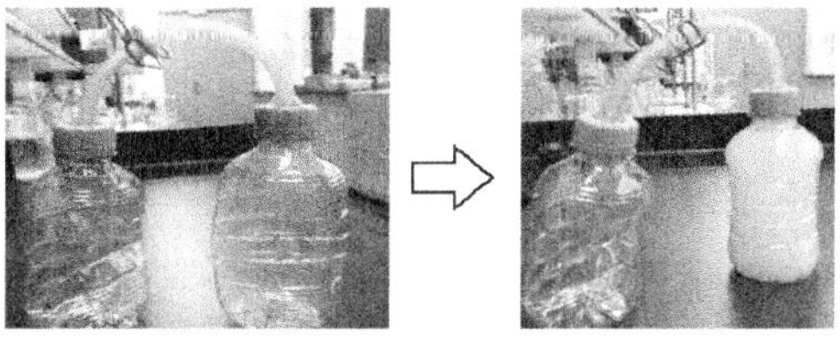

思考：为什么两支玻璃棒仅仅是靠近而已，周围就有白烟生成呢？

回答：____。

应用：什么样的酸才能与氨气反应生成白烟呢？________________。

课后思考题：产生的白环会在________（A/B/C）附近，为什么？

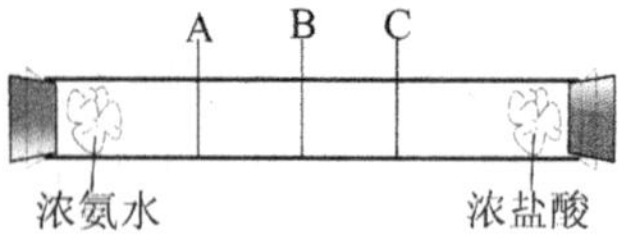

5. 氨的用途：

氨的用途有哪些？________________________________。

【随堂检测】

1. 下列关于氨性质的叙述中正确的是（　　）。

A. 氨气可用排水法收集

B. 氨水呈碱性

C. 氨气和酸相遇都能产生白烟

D. 在反应 $NH_3+H^+ = NH_4^+$ 中，氨失去电子被氧化

【练习】

在下图装置中，烧瓶中充满干燥气体 a，将滴管中的液体 b 挤入烧瓶内，轻轻振荡烧瓶，然后打开弹簧夹 p，烧杯中的液体 b 呈喷泉状喷出，最终几乎充满烧瓶，则 a 和 b 分别是（　　）。

	a（干燥气体）	b（液体）
A	N_2	水
B	O_2	饱和 NaCl 溶液
C	H_2	稀盐酸
D	CO_2	NaOH 溶液

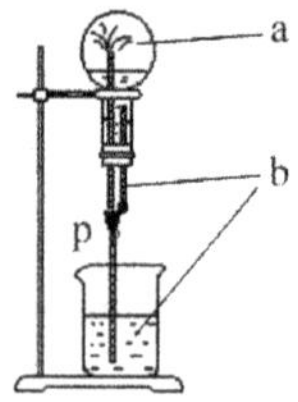

【点评】

这是 2019 年 8 月第七届广东省师范生教学技能大赛的教学设计，获广东省决赛二等奖。上交教学设计后，最后决赛的 PPT 在此教学设计基础上又有一些修改。

优点：

（1）各个板块齐全，流程图规范、图形清晰、分析全面，并还做了各个版本教材的对比。

（2）实验改进具有创新性、直观且现象明显，利用废矿泉水瓶、封闭体系，符合绿色化学思想。

（3）设问和实验层层递进，既有氨溶于水的演示实验，又有氨与挥发性酸的演示实验，还有一定难度的课后思考（要用相对分子质量小的运动速率大、相对分子质量大的运动速率小来解释）。

（4）内容逻辑性强，设计严谨。

（5）有课堂作业反馈和课后思考练习，既利于新知识的巩固，也利于课后延伸。

缺点：

（1）这个教学设计中，试管中氨气溶于水实验不算创新，在决赛的改进实验（两个矿泉水瓶一个收集氨气，另一个装水，用弹簧夹夹住的橡胶管相连。实验时取下弹簧夹，挤压装水的瓶，在另一矿泉水瓶中形成喷泉）才算创新。

（2）“在思维与兴趣特点”的“欠缺”中说学生“对核心素养认识比较浅薄”不妥！因为核心素养只要求教师领会，在教学中去培养学生的核心素养，并不是要求学生的。

（九）教学设计9：第四章　非金属及其化合物（第四节　氨　硝酸　硫酸）

第四节　氨　硝酸　硫酸（第三课时）

广东省第二届师范生教学技能大赛　侯××

一、教材分析

（一）教材内容

“氨　硝酸　硫酸”是新课标人教版《高中化学必修1》的第四章第四节的内容，其中第三节所学的硝酸是在学生已学过氮氧化物的基础上，主要对硝酸的物理性质及化学性质的学习，了解其对国防工业的重要性，在生产和科学领域的应用以及硝酸的运输和储存方法。

（二）教材地位与作用

硝酸是氮元素的最高价氧化物的水化物，是重要的含氧酸。硝酸既有酸的一些通性，又有其自己的特性。硝酸的学习，不仅是对之前酸性物质及氮氧化物学习的巩固与复习，也让学生在学习过硫酸氧化性的基础上进一步学习强氧化酸，为学生全面认识物质的共性与特殊性的关系打下基础。

（三）教学目标

1. 知识与技能

（1）了解硝酸的物理性质及保存方法。

（2）掌握硝酸的不稳定性、强氧化性和制取硝酸的原理。

（3）通过硝酸与铜的反应，了解不同浓度对硝酸性质的影响，了解物质的共性及特性。

2. 过程与方法

（1）学会全面观察、分析、设计实验，提高观察、实验、探索、思维和自学能力。

（2）通过探究硝酸的性质，培养学生的动手、动脑和运用知识的能力以及观察能力。

3. 情感态度和价值观

（1）通过掌握浓、稀硝酸性质的差异，使学生进一步理解量变引起质变的规律，帮助学生树立辩证唯物主义的世界观。

(2) 了解工业制硝酸中尾气的危害及处理方法，增强学生的环保意识。

(3) 通过介绍化学家的故事，使学生树立热爱科学、尊重科学的品质，激发学生学习的兴趣。

(四) 教学重难点

(1) 教学重点：硝酸的不稳定性和强氧化性。

(2) 教学难点：硝酸的强氧化性。

(3) 重难点突破：利用实验探究的方法，让学生主观感受实验现象，在学生自己总结实验现象，摸索出反应方程式的基础上再由教师引导学生对其总结的知识点不正确的地方进行改正，同时利用与盐酸等的对比实验，进一步加深学生对硝酸性质的记忆。

二、教法分析

教学设计中，在学生之前学习的知识的基础上，突出硝酸与硫酸、盐酸等酸的相似点与不同点，通过对比加深学生对硝酸性质的理解。教学活动是教与学的双边活动，必须充分发挥学生的主体作用和教师的主导作用，使之相互促进，协调发展，根据这一原理和我校学生的实际情况，设计了如下教学方法：

1. 实验法

通过演示实验（如硝酸与金属铁的反应实验等），增加几个探究实验（如硝酸酸性实验等）的一些现象激发同学们的学习兴趣，再通过设计问题的情景，展示获取知识的过程，按实验→疑问→思考→引导→探究→得出结论→应用的模式进行教学，从而调动学生的内在动力，促使学生主动地去探索知识。

2. 情境激学法

创设问题的情境（硝酸的资料收集、储存方法、运输方式等），激发学习兴趣，调动学生内在的学习动力，促使学生在情境中主动探究科学的奥妙。

3. 多媒体辅助法

通过学生观察不同浓度硝酸与 Cu 的反应等视频资料，让学生针对现象总结相关知识。

4. 自学、讨论法

通过学生结合生活经验、阅读课本、收集资料，讨论交流，自主归纳、总结硝酸的用途。

三、学情分析

学生在之前已经学过稀硫酸、稀盐酸的化学性质，了解并初步学习了含氧酸如硫酸的强氧化性。同时学生已经学习了氧化还原反应，本节通过对之前所学知识的回顾及实验演示等方法，培养学生动手操作能力及归纳总结能力，点出本节重难点。

四、学法指导

根据新课标教学理念，在教学过程中应该以学生为主体，老师为主导，重视对学生学习方法的指导。这节课在指导学生的学习方法和培养学生学习能力方面主要采取以下方法：

（1）布置课前预习题目，培养学生自学能力。

（2）通过比较→实验探究→推理分析的方法培养学生观察分析能力，归纳总结能力。

（3）课堂分组讨论，培养合作学习能力。

五、教学过程

（一）导入新课

（用多媒体展示故事内容——玻尔巧藏诺贝尔金奖章）丹麦有位叫玻尔的科学家，37岁时，他获得了1922年的诺贝尔奖。第二次世界大战期间，玻尔被迫离开即将被德军占领的祖国，为了表示他一定要返回祖国的决心，他决定将诺贝尔奖章留在实验室。玻尔把金奖章溶解在盛有王水的试剂瓶里。后来，纳粹分子窜入玻尔实验室，那个试剂瓶就在他们的眼皮底下，他们却一无所知。战争结束后，玻尔从王水中把金还原出来，并重新铸成奖章。玻尔配制王水的主要组成之一是硝酸。

师：本节课我们就要共同学习另外一种重要的强酸——硝酸。硝酸是我们中学常见的三大强酸之一，那么它具有酸的通性应在情理之中，除此以外，硝酸会不会也像硫酸一样有自身某些特性呢？通过今天的学习，我们会对硝酸有一个更全面的认识。

（二）硝酸的物理性质

[展示] 打开一瓶浓 HNO_3，观察白雾，倒入试管少许观察颜色、状态、扇闻气味。

教师提问：通过观察，发现浓硝酸有哪些物理性质？

学生总结：无色、易挥发、有刺激性气味。

教师提问：那么除以上性质外，硝酸还有哪些物理性质呢？

学生根据课前预习回答：纯硝酸是无色、易挥发、有刺激性气味的液体，密度为 $1.5027\ g\cdot cm^{-3}$，沸点83 ℃，98%以上的浓硝酸在空气中由于挥发出 HNO_3 而产生“发烟”现象，通常叫发烟硝酸，常用浓硝酸的质量分数大约为69%。

（三）硝酸的强氧化性

教师提问：浓 HNO_3 和稀 HNO_3 遇石蕊试液分别有什么现象呢？

[探究1. 学生分组实验]

取两支试管，分别加入浓硝酸的稀硝酸并标注。

向两支试管里均滴加2滴紫色石蕊试液，振荡并观察。

将上述两支试管均加热，再次观察溶液颜色。

教师提问：加入紫色石蕊试液后溶液变红是为什么？

学生总结：硝酸具有酸性。

教师再次提问：为什么加热后装有浓硝酸的试管中溶液最后变为无色？

引导学生回忆：氯水中加入紫色石蕊试液后是什么现象，为什么？

学生回忆：氯水中加入紫色石蕊试液后先变红后褪色。因为氯水具有强氧化性。

教师提出：硝酸同硫酸、氯水一样都具有强氧化性，并且硝酸的氧化性会随着其浓度的不同，反应温度不同而不同。那么结合硫酸的知识，浓、稀硝酸与活泼金属反应是否有 H_2 产生呢？如果没有，又产生什么？

[探究 2. 教师演示实验]

取两支试管分别加入浓硝酸与稀硝酸，并标注。

向两支试管加入细铁丝，观察实验现象。

（生：前者无明显变化，后者有无色气体产生，接触空气后变红气体。）

教师提问：为什么浓硝酸与铁常温下反应无明显现象，稀硝酸与铁的反应产生了什么？可结合硫酸的一些性质作出回答。

（生：浓硝酸与铁发生钝化反应，稀硝酸与铁反应产生了 NO。）

教师提问：浓硝酸的运输和贮存可用何种材料制的容器？

（生：铁质容器或铝质容器。）

教师总结：除金、铂等少数金属外，硝酸几乎能与所有金属反应；当浓硝酸与浓盐酸按体积比为 1∶3 混合时，就配制成玻尔的王水溶液，王水的氧化性比浓硝酸强，可以溶解金、铂等不溶于硝酸的金属。

[探究 3. 学生分组实验]

浓硝酸、稀硝酸分别与 Cu 反应，并填写表 2-15。

表 2-15 实验记录表

	反应现象	产物
浓硝酸＋Cu	1. Cu 片：有大量气泡产生。 2. 溶液颜色：无色变为绿色。 3. 气体颜色：红棕色。 4. 反应剧烈程度：剧烈。 5. 触摸容器外壁：很热。	$Cu(NO_3)_2$、NO_2 和 H_2O
稀硝酸＋Cu	1. Cu 片：有气泡产生。 2. 溶液颜色：无色变为蓝色。 3. 气体颜色：无色，打开止水夹后，无色变为红棕色。 4. 反应剧烈程度：缓慢。 5. 触摸容器外壁：温热。	$Cu(NO_3)_2$、NO 和 H_2O

（教师引导学生讨论反应的化学方程式，并板书）

$Cu+4HNO_3$（浓）$=\!=\!= Cu(NO_3)_2+2NO_2\uparrow+2H_2O$

$3Cu+8HNO_3$（稀）$\overset{\triangle}{=\!=\!=} 3Cu(NO_3)_2+2NO\uparrow+4H_2O$

[探究 4. 视频材料]

浓硝酸与非金属 C、S 反应。

根据实验现象，学生尝试写出反应方程式。

[学生练习]

$C+4HNO_3$（浓）$=CO_2\uparrow+4NO_2\uparrow+2H_2O$

$S+6HNO_3$（浓）$=H_2SO_4+6NO_2\uparrow+2H_2O$

教师提问：从刚才硝酸与金属及非金属的反应及产物情况，你能够得到的结论是什么呢？硝酸浓度与还原产物有什么关系呢？

（教师引领学生总结硝酸的反应规律）

[多媒体展示] 归纳学生讨论的结果，硝酸的反应规律有：

（1）可被硝酸氧化的金属：除 Au、Pt 等少数金属外的所有金属。

（2）可与浓硝酸在常温下发生钝化反应的金属：Fe、Al 等。

（3）硝酸的浓度与氧化性的关系：硝酸越浓，其氧化性越强。

（如稀 HNO_3 可使石蕊试液变红，而浓 HNO_3 可使石蕊试液先变红后褪色。）

（4）硝酸的还原产物：浓 HNO_3 的还原产物为 NO_2，稀 HNO_3 的还原产物为 NO。活泼金属与极稀 HNO_3 反应时，还原产物复杂，可为 NO、N_2O、NH_4NO_3 等。

（5）硝酸与非金属单质的反应特点：非金属单质可被 HNO_3 氧化为最高价氧化物或其含氧酸。

（6）王水（浓 HNO_3 和浓盐酸按体积比 1∶3 配制）具有更强的氧化性，能溶解 Au、Pt。

教师强调：反应物或条件不同，硝酸的还原产物发生变化：NO_2、HNO_2、NO、N_2O、N_2、NH_3。

如：$4Zn+10HNO_3=4Zn(NO_3)_2+N_2O\uparrow+5H_2O$

[探究 5．实验演示]

浓 HNO_3 加热分解。

（根据现象分析生成物，引导学生写出化学方程式）

$4HNO_3 \xlongequal{\triangle\text{或光照}} 2H_2O+4NO_2\uparrow+O_2\uparrow$

教师提问：浓 HNO_3 在保存的时候能否用橡皮塞或软木塞呢？为什么？

（生：不能，这与浓 HNO_3 的强氧化性有关。）

教师小结：

浓 HNO_3 显黄色原因：分解生成的 NO_2 溶于 HNO_3。

学生阅读材料并回答硝酸的保存方法及应用：

保存方法：放于棕色瓶中，置于阴凉处，不能用橡皮塞和软木塞。

硝酸应用：硝酸是一种重要的化工原料，可用于制造炸药、染料、塑料、硝酸盐等；在实验室里，它是一种重要的化学试剂。

[课堂小结]

总结本节课的内容：

（1）了解硝酸的物理性质及保存方法。

（2）理解硝酸的强酸性。

（3）掌握硝酸的不稳定性、强氧化性和制取硝酸的原理。

［课后活动与探究］

（1）用哪些方法可以区分浓硝酸与稀硝酸？（学生分组课后讨论、归纳总结）

（2）请通过上网查询有关硝酸的资料和社会调查，了解硝酸有哪些主要用途，这些用途分别涉及硝酸的哪些物理、化学性质并互相交流。

（3）去硝酸厂参观硝酸的生产流程，了解硝酸生产的相关知识：如原料、贮存、运输、销售等知识。

六、板书设计

硝酸的物理性质：无色、易挥发、有刺激性气味。

硝酸的强氧化性

1. 硝酸的强酸性

$HNO_3 = H^+ + NO_3^-$

2. 硝酸的强氧化性

（1）与金属反应：

$Cu + 4HNO_3$（浓）$= Cu(NO_3)_2 + 2NO_2\uparrow + 2H_2O$

$3Cu + 8HNO_3$（稀）$\xlongequal{\triangle} 3Cu(NO_3)_2 + 2NO\uparrow + 4H_2O$

铁、铝与冷的浓硫酸或浓硝酸常温下发生钝化。

（2）与非金属反应：

$C + 4HNO_3$（浓）$= CO_2\uparrow + 4NO_2\uparrow + 2H_2O$

$S + 6HNO_3$（浓）$= H_2SO_4 + 6NO_2\uparrow + 2H_2O$

3. 不稳定性

$4HNO_3 \xlongequal{\text{光照}} 2H_2O + 4NO_2\uparrow + O_2\uparrow$

七、教学反思

在反思过程中，将结合在备课过程中拟定出现的问题与解决方法、授课过程中对重难点的讲解及学生吸收知识的情况等几方面进行反思。

（1）反思教学设计的落实情况，学生在教学过程中的问题，出现问题的原因是什么，解决方法与设定解决方法是否一致，若不一致，改变的原因是什么等，避免空谈出现的问题而不思考出现的原因，也不思考解决方案。

（2）对教学设计中精心设计的教学环节，尤其重难点的讲解方式的改变是否让更多学生认真参与等问题进行反思，通过设计教学反馈，实际的改进效果如何。

（3）根据授课后对学生在此方面知识点的了解程度，调整此后授课的方式，并针对遗漏知识点或掌握情况较差的知识点，在章节总复习中再次讲解，辅助以习题使学生掌握得更为牢固。

【点评】

这是2014年第二届广东省师范生教学能力大赛的作品。

优点：内容齐全，包含了教学设计的基本要素和主要环节；教学重点、难点比较准确；教学方法准确且多样化；导入新课的故事恰到好处，引导性强，且前后呼应，有助于学生掌握硝酸的性质；安排有学生讨论、总结、分组实验，学生参与度较高，调动了学生的积极性，体现了学生的自主性；本节课设计了有效问题链，在教学过程中围绕教学目标和教学重点难点问题设置了递进式问题链，有助于加强师生互动、激发和拓展学生的思维、活跃课堂气氛，促进教学目标的实现；布置了课后活动与探究任务，有助于学生巩固本节课的知识并拓宽知识点。

缺点：

(1) 通篇以文字和反应式为主，如果能用图形辅助展现教学流程，能使本设计的结构更清晰分明；教学环节没有时间安排；没有导学案，不利于促进学生高效地掌握知识和培养学生的学习能力。

(2) 教学目标不具体。以了解、掌握等字眼来表达教学目标，稍显模糊，可以更具体指出知识点。

(3) 课题小结环节文不对题。只是简单复制了教学目标中的部分内容。

(4) 课后活动与探究部分，去硝酸厂参观的可行性不大。

三、高中《化学必修 2》

(一) 教学设计 1：第二章　化学反应与能量（第二节　化学能与电能）

第二节　化学能与电能（第一课时）——认识原电池

2015 届广东省师范生教学技能大赛　梁××

科目	化学	教学对象	高一	课时	1 课时
一、教材内容分析					
课程标准分析 本节课的内容是属于人教版必修 2 的“化学能与电能”中的内容之一，是高中化学内容的重要组成部分。 通过结合学生的生活经验，设计有趣的探究实验，让学生初步了解化学能转化为电能的装置——原电池，获得能量转化的亲身体验，体会原电池的工作原理，学会关注能源问题有着重要意义。 教材内容分析 本课题属于化学原理范畴，是深入认识和理解化学反应特点的入门性知识，同时本节内容又是在社会生产、生活和科学研究中有广泛应用的知识，是对人类文明进步和现代化发展有重大价值的知识，与我们每个人息息相关。它既是氧化还原反应知识的深入应用，又为选修 4 电化学基础的学习做好铺垫。					

续表

二、教学目标

知识与技能：①理解原电池的概念及其工作原理；②初步认识电极方程式。

过程与方法：通过对化学能转化为电能的探究，体验探究的过程，学习探究方法。

情感态度与价值观：①提高学习化学的兴趣和热情，体验科学探究的艰辛与喜悦；②养成节约用电的习惯，逐步形成正确的能源观。

三、学习者特征分析

知识基础：已经接触过生活中的电源、氧化还原反应及电解质，认识能量可转化。

认知能力：易于接受感性认识，虽具有一定的理性思维能力及动手能力，但抽象思维能力较弱，缺乏对知识进行主动的探究和建构。

心理基础：好奇心重，求知欲强，渴望独立地去完成科学探究过程。

四、教学重难点

重点：理解原电池的概念及其工作原理。

难点：通过对原电池实验探究，理解原电池的工作原理。

五、教学方法

教法：情境教学法、讲授法、引导探究法。同时配合多媒体教学化抽象为直观。

学法：合作探究、小组讨论法。

六、教学思路

知识线：

感受原电池 ⟹ 探索原电池 ⟹ 认识原电池

情境线：

生活中的水果电池 ⟹ 能量的转化 ⟹ 电流的产生

七、教学过程

教学过程	教师活动	学生活动	设计意图
创设情境	【导入】家里没电，怎么给手机紧急充电？播放水果充电视频。 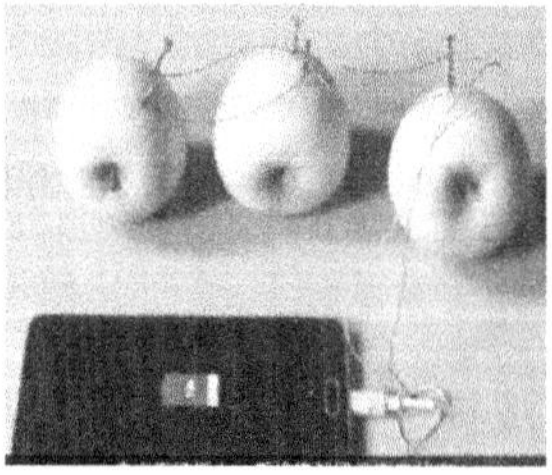 【提问】为什么水果可以充电呢？ 【提问】很好，为什么水果可以产生电流呢？别着急，我们一起回顾上节课的内容。	学生会很好奇水果竟然能充电。 【回答】因为水果产生了电流。 【思考】	通过视频吸引学生的注意力，让学生形成一种生活中处处是知识的意识，同时引出化学能可转化为电能以及氧化还原反应。

续表

教学过程	教师活动	学生活动	设计意图
巩固基础	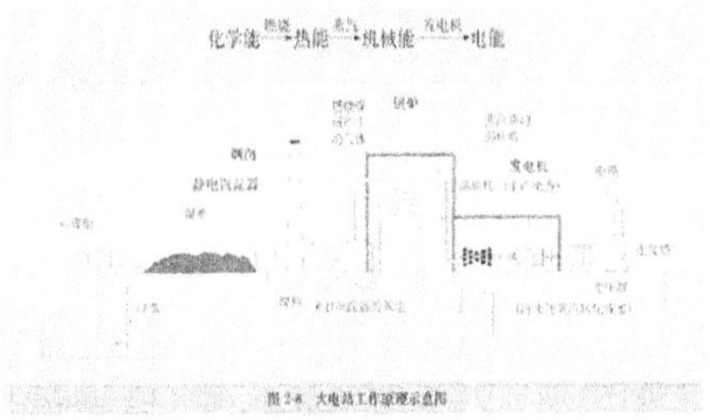 【讲解】上节课我们学习了火力发电内容，大家还记得能量之间的转化吗？ 【讲解】很好，火力发电的过程复杂，而且损耗严重，因此，我们要节约用电，养成良好的用电习惯。 【提问】老师有个问题，有没有一种装置可以让化学能直接转化为电能呢？	【回答】化学能→热能→机械能→电能。	通过对上节课知识的回顾，对本节知识有更好的补充作用，引导学生养成节约用电的习惯，有利于落实情感目标。学生喜欢动手做实验，利用探究激发学生的学习兴趣和热情，使学生明确学习目标，进入学习主题。
认识 原电池	【讲解】科学家们将这种能将化学能直接转化为电能装置称为原电池。那么原电池是怎样将化学能转化为电能的呢？我们一起来动手探究一下。	【讨论】 认真听讲，做笔记。	
动手实验	10个同学分成两组，在老师的指导下合作完成实验1、2，并在学案中记录实验现象。 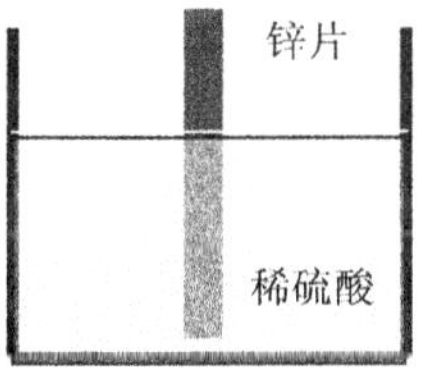 实验1：锌片插入稀硫酸中。 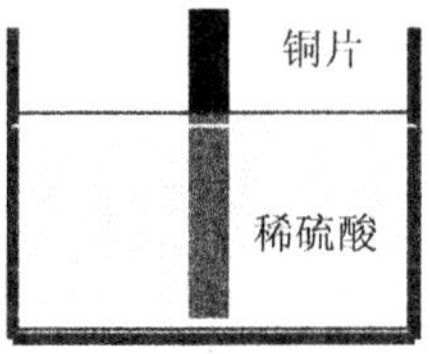 实验2：铜片插入稀硫酸中。 【提问】我们可以看到锌与稀硫酸直接反应了，大家可以想象一下化学方程式吗？	动手操作实验，并认真记录现象。 【书写化学方程式】	锌片和铜片与稀硫酸反应的对比实验，让学生感受电子的得失，小组合作实验，发挥学生的主体性。

续表

教学过程	教师活动	学生活动	设计意图
体会原理	【引导】如果我们将铜片与锌片平行插入稀硫酸中，又会发生怎样的现象呢？ 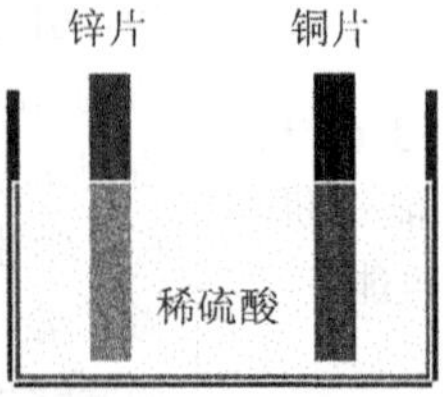 实验3：锌片和铜片用导线连接，插入稀硫酸中。	小组做实验。	借助教具，让学生们自主动手并思考问题。锻炼学生的观察能力和思考能力，加深对原电池工作原理的理解，突破本节课的重难点。 Flash动画使学生进一步了解原电池的工作原理，达到巩固知识的目的。
	【引导】我们现在接上导线和电流表，看看会有什么现象产生。 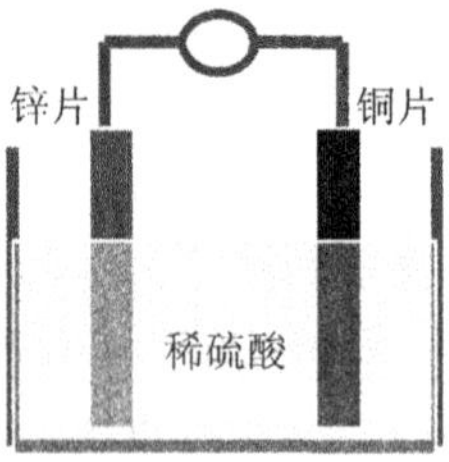 实验4：锌片和铜片导线连接插入稀硫酸中，导线间接上电流表。 【提问】为什么铜片上有气泡冒出？为什么会产生电流呢？组织小组进行讨论。 【派学生代表发表意见】	认真动手做实验并观察、记录现象。 【惊喜回答】电流表偏转，铜片上有气泡冒出！ 小组讨论。	
	【讲解】锌片失去电子，电子经导线定向移动至铜片，溶液中的氢离子则移向铜片获得电子，所以就产生气泡。溶液的硫酸根离子则移向锌片，电子及离子的定向移动使得电流产生，将化学能转化为电能。 【板书电极方程式】 【Flash动画】原电池工作原理态。		

续表

<table>
<tr><th>教学过程</th><th>教师活动</th><th>学生活动</th><th>设计意图</th></tr>
<tr><td>小结及习题</td><td colspan="2">【PPT 小结】
习题：下图是 Zn 和 Cu 形成的原电池，某实验兴趣小组做完实验后，在读书卡片上记录如下，其中正确的是（　）。
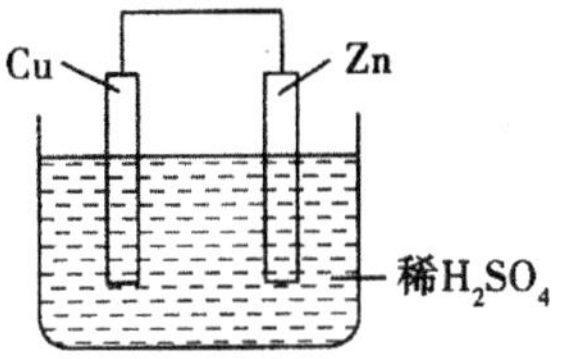

A. 电子是由 Zn 经外电路流向 Cu
B. 锌极的电极反应式为 $Zn+2e^-=Zn^{2+}$
C. 铜极的电极反应式为 $Zn-2e^-=Zn^{2+}$
D. 锌极上有 H_2 产生</td><td>小结有助于帮学生梳理知识，理顺思路。</td></tr>
<tr><td>布置作业</td><td>1. 课本第 44 页 1、2、3
2. 选做题：有条件的同学尝试制作水果原电池</td><td>同学们记下作业。</td><td>作业有基础知识在课本完成，是对学生的一种及时评价。选做题让有条件的学生在自主探究中体会学以致用的快乐。</td></tr>
<tr><td colspan="4">八、板书设计</td></tr>
<tr><td colspan="4">第二节　化学能与电能
1. 化学能转化为电能的本质：氧化还原反应。
2. 原电池：将化学能转化为电能的装置。
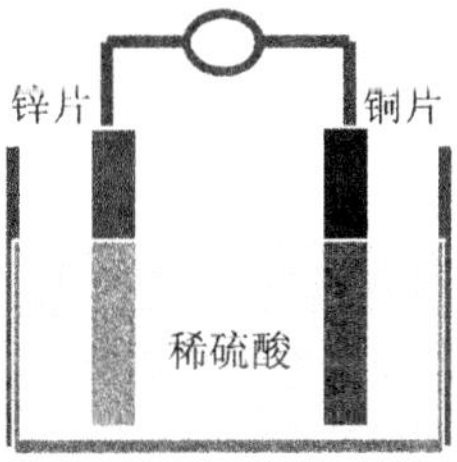

锌片：$Zn-2e^-=Zn^{2+}$（氧化反应）
铜片：$2H^++2e^-=H_2\uparrow$（还原反应）</td></tr>
</table>

附录：实验导学案

实验探究一

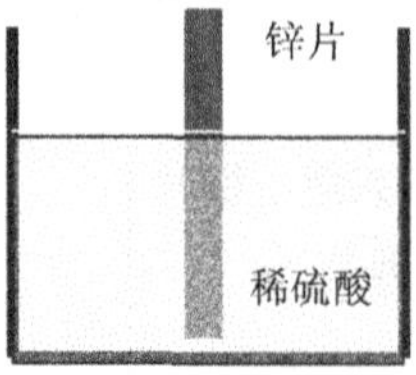

实验 1：锌片插入稀硫酸中

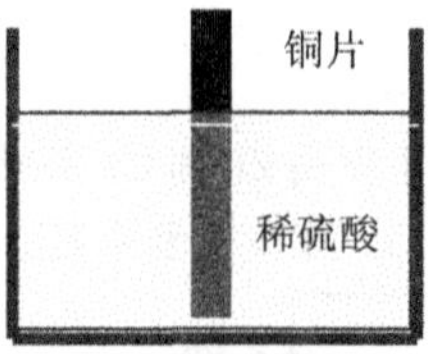

实验 2：铜片插入稀硫酸中

实验记录与报告

实验序号	实验 1	实验 2
实验步骤	锌片插入稀硫酸	铜片插入稀硫酸
实验现象		
思考问题 寻找答案	问题 1：反应中哪种物质失去电子？哪种物质得到电子？	
组内交流 列出想法		

实验探究二

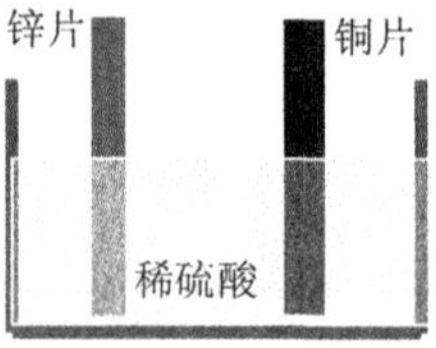

实验 3：将锌片和铜片平行插入稀硫酸中

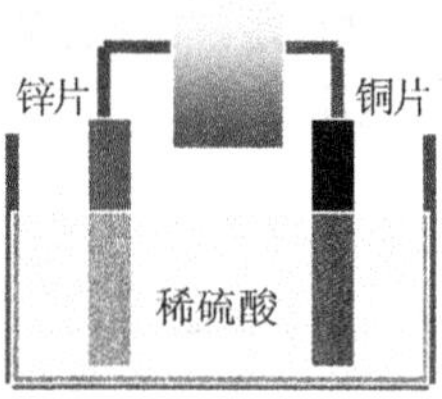

实验 4：锌片和铜片导线连接，插入稀硫酸中，导线间接上电流表

实验记录与报告

实验序号	实验 3	实验 4
实验步骤	将锌片和铜片平行插入盛有稀硫酸的烧杯中，观察现象。	将锌片和铜片用导线连接，插入盛有稀硫酸的烧杯中，在导线之间接入电流表，观察现象。
实验现象		
思考问题 寻找答案	问题 1：反应中哪种物质失去电子？哪种物质得到电子？ 问题 2：为什么铜片能产生气泡？ 问题 3：为什么会产生电流？	
组内交流 列出想法		

【点评】

优点：本教学设计内容齐全，包含了教学设计的基本要素，结构清晰分明，一目了然；对教学目标、学情分析的判断比较准确；对教学重点、难点的确认比较准确；教学方法多样化且适用性强；课堂导入的情境创设贴近生活，为学生所熟知，有利于引导学生提高注意力；学生的参与度较高，体现了学生的自主性，安排有提问、学生讨论、分组实验等环节，调动了学生的积极性，有助于加强师生互动、激发和拓展学生的思维、活跃课堂气氛，促进教学目标的实现；布置了课后作业与探究任务，有助于学生巩固本节课的知识并拓宽知识点；有导学案，有利于学生学习和掌握本节课的内容。综观整堂课的设计，教师立足教材，巧妙导入，循循善诱，细致讲解，使学生获取了很多的化学能源、电池方面的基础知识，同时，科学合理的教法和学法激发和唤醒了学生的积极性，全面提高了化学素养。

缺点：

(1) 教学环节没有时间的安排，PPT 小结部分，应写出小结的基本要点。

(2) 习题部分的书写不规范，原教学设计写成“B. 锌极的电极反应式为 $Zn+2e— \!\!=\!\!= Zn^{2+}$；C. 铜极的电极反应式为 $Zn-2e— \!\!=\!\!= Zn^{2+}$；D. 锌极上有 H_2 产生”，应改为“B. 锌极的电极反应式为 $Zn+2e^- = Zn^{2+}$；C. 铜极的电极反应式为 $Zn-2e^- = Zn^{2+}$；D. 锌极上有 H_2 产生”。鉴于中学老师在学生心目中有较强的权威，板书或 PPT 不规范，很容易使学生也养成不规范的书写习惯，因此更应规范书写。

(3) 教学反思为空白。

(4) 课堂小结如果能呼应课堂导入时创设的情境，对学生掌握本堂课的内容有强化作用。

(5) 本节课立足教材，可以适度地进一步拓展。能源问题与生产生活息息相关，建议用生活中常见的电池举例拓展，为学生打开一扇探究能源与生活的窗户，看得更深更远。

（二）教学设计 2：第三章　有机化合物（第二节　生活中常见的两种有机物）

第二节　生活中两种常见的有机物（第一课时）——乙醇

第三届广东省师范生教学技能大赛　孔××

一、教材分析

（一）教材的地位和作用

“乙醇”是新课标人教版《高中化学必修 2》第三章“有机化合物”第二节“生活中两种常见的有机物——乙醇”第一课时的内容。第一部分是乙醇的分子结构，是基础；第二部分是乙醇的化学性质，这是教材的重点；第三部分是教材结合乙醇的性质，增加了“判断司机酒后驾车的方法”的阅读材料。

乙醇是联系“烃”与“烃的衍生物”的桥梁，在有机物的相互转化中处于核心地位。通过乙醇的学习，不仅巩固了前面学习的烃的知识，又为后面其他烃的衍生物的学习打下了坚实的基础，如图 2-38 所示。同时乙醇与我们的生产生活联系非常紧密。因此，本节内容是全章的重点之一。

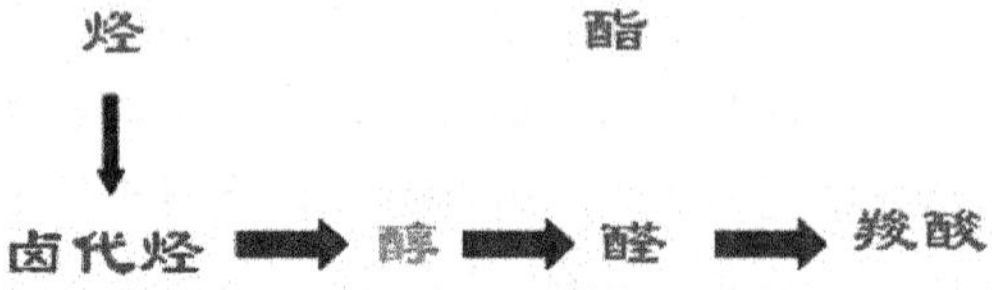

图 2-38　本章的一条重要主线

（二）教学目标

根据学生已有的知识水平、认知能力、新课标对本节的建议和教材的要求确立本节的教学目标为：

1. 知识与技能

掌握乙醇的结构、主要性质及用途，了解烃的衍生物和官能团的概念。

2. 过程与方法

通过有关乙醇的实验，学会观察、分析化学实验现象和推理、探究实验结果，并学会对有机物进行科学探究的基本思路和方法。

3. 情感、态度与价值观

培养科学的态度，学会将化学知识应用于生产生活的意识，体验化学化工为人类社会创造的美。

（三）教学重难点

重点：乙醇与金属钠的反应和乙醇的催化氧化反应。

难点：乙醇的催化氧化反应和内在的断键原理。

二、学情分析

（1）知识。初中已学习乙醇的分子组成和用途。

（2）能力。探究问题能力发展不够均衡，探究问题方法单一。

（3）特点。思维活跃，求知欲强。有一定的动手操作能力。

三、教法分析

在初中学生的基础上，突出从烃到烃的衍生物的结构变化，强调官能团与性质的关系，在学生的头脑中逐步建立烃基与官能团位置关系等立体结构模型，帮助学生打好进一步学习的方法论基础。我设计以下几种教法。

（1）实验探究法：充分发挥学生主体作用，将教材中演示实验改为学生实验（如乙醇与金属钠的实验），调动学生的内在动力，促使学生积极主动地探索知识。

（2）多媒体辅助教学：采用多媒体模拟微观演示，多角度立体展示物质的微观结构，激发学生的学习兴趣。

（3）情境激学法：创设问题的情境（酒的资料收集、酒后驾驶的检验、酒精汽油的推广等），激发学习兴趣，调动学生内在的学习动力，促使学生在情境中主动探究科学的奥妙。

（4）教师点拨法：充分发挥教师的主导作用，在学生讨论后加以点拨。

四、学法分析

在教学过程中，学生利用已学过的知识作为基础，通过教师设疑，学生分小组实验、讨论，自己探讨解决问题的方法。通过讨论，小结，训练了归纳推理能力，这样，学生的能力在本节课中得到最大限度的发挥。体现了新课程理念下以学生为主体，教师为主导的高效课堂教育理念。

五、教学设计

设疑激趣 → 实验引探 → 多媒体演示
↓
归纳小结 ← 小组讨论 ← 启思诱导

六、教学流程图

教学流程如图 2-39 所示。

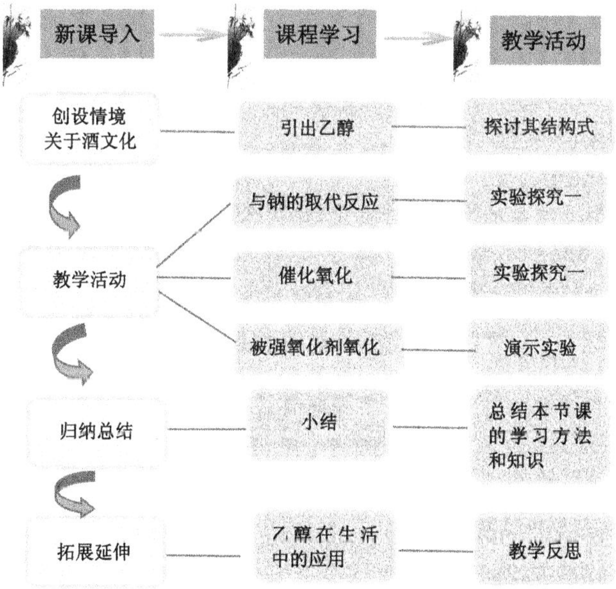

图 2-39　教学流程图

七、课前准备

（1）多媒体课件。

（2）PPT 翻页笔。

（3）仪器：试管 4 支，50mL 烧杯 1 个，胶塞 1 个，200mL 烧杯 1 个，铜丝 1 根，试管夹 1 个，酒精灯。

（4）药品：乙醇，钠，氢氧化钙，高锰酸钾。

八、教学过程

教学过程	教师活动	学生活动	设计意图
（一）创设情境，导入新课	先让学生填写并朗读有关于酒的优美诗句，随后设问：酒的化学成分是什么，它的性质又是怎么样的。	填写诗句后朗读，顺着老师的问题思考。	目的是拉近师生关系，活跃课堂气氛，激发学生的学习兴趣。
（二）探讨乙醇的物理性质	（1）展示无水乙醇利用“酒好不怕巷子深”的俗语和“茅台酒故意碎瓶”的故事，加深对乙醇挥发性的认识。 （2）对学生的总结加以补充。	（1）观察、体验乙醇的色、态、味。 （2）初步总结乙醇的物理性质。	用生活用品导入，让学生动手感受。
（三）探究乙醇的化学性质，乙醇与钠的反应（重点）	（1）让学生回忆并写出乙醇的分子式：C_2H_6O。 （2）让学生根据乙醇的分子组成推测乙醇的结构，写出乙醇分子可能的结构简式。 （A）$CH_3—CH_2—O—H$ （B）$CH_3—O—CH_3$ （3）学生分组进行实验，并记录实验现象，讨论。 设计问题： ①回顾钠和水的反应，与该反应作比较，哪一个反应更剧烈？为什么？ ②反应的生成物是什么，怎么检验？ ③分析断键特点，理解羟基在该反应中体现的性质？ （4）通过对比实验可以观察到现象的不同，从而总结出性质的不同，更证明了结构的不同。	（1）写出乙醇分子式猜想其结构简式，思考A与B有何区别。 （2）实验、小组合作交流，解决上述几个问题，验证了乙醇与钠的反应并对比钠与水反应的剧烈程度。	（1）回忆初中已学习乙醇的基本性质，巩固所学知识。 （2）有针对性地设计问题，让学生更集中在实验探究的内容上。 （3）实验探究，小组合作的方式锻炼学生的动手能力和团结精神。
（四）探究乙醇的催化氧化反应（重点、难点）	（1）教师演示实验（对课本中的实验做了简单改进）。 ①铜丝的颜色先后发生了怎样的变化？ ②试管内液体的气味发生了怎样的变化？ ③铜丝的作用是什么？ （2）用动画分析了乙醇催化氧化的过程（多媒体展示）。	学生观察现象并思考讨论问题。 （1）学生通过实验，观察以及小组交流研讨，逐一对上述问题进行了解决。 （2）观察分析过程，自己动手书写乙醇催化氧化的化学反应方程式。	实验演示和多媒体展示相结合的方式让学生更立体地掌握本课的重点、难点。

续表

教学过程	教师活动	学生活动	设计意图
（五）验证乙醇被强氧化剂氧化	(1) 给同学们展示一些常见的交通图片，以及一些检查酒后驾车的图片，问学生们这是利用了乙醇的什么性质？ (2) 设计并演示一个简单的小实验：让乙醇与酸性高锰酸钾溶液或酸性重铬酸钾溶液反应。	观察实验现象。 得出结论：乙醇具有还原性，不仅能与氧气反应，还能与强氧化剂反应。	将化学与实际生活联系起来，既解决了交警检查酒后驾车的原理，又能将所学的化学知识应用到生活中去。
课堂练习	课堂练习和课后练习。	完成练习。	即学即练，巩固知识。
（六）展示乙醇的日常用途	展示乙醇可作燃料、有机溶剂、消毒剂（体积分数75%），制造饮料和香精 、乙酸、乙醚。	观看和了解乙醇的用途。	让同学们感受化学就在我们的身边。
（七）归纳小结、知识升华	归纳总结乙醇的化学性质，通过对乙醇分子中化学键的断裂情况的分析引出羟基、官能团的概念。	认识官能团对有机物性质的重要影响。并将乙醇与之前学习的烃联系起来，构建知识结构网。	让学生认识到课本上的知识都是源于生活，要善于从化学视角留心生活中的问题，并想办法加以解决。

九、板书设计

第二节　乙醇

一、乙醇的分子结构

乙醇的分子式：C_2H_6O　乙醇的结构简式：CH_3CH_2OH 或 C_2H_5OH

官能团：—OH（羟基）

二、乙醇的物理性质

三、乙醇的化学性质

1. 乙醇与钠的反应：$2CH_3CH_2OH+2Na \longrightarrow 2CH_3CH_2ONa+H_2\uparrow$

2. 乙醇的氧化反应：

a. 燃烧：$CH_3CH_2OH+3O_2 \xrightarrow{点燃} 2CO_2+3H_2O$

b. 催化氧化：$2CH_3CH_2OH+O_2 \xrightarrow{催化剂} 2CH_3CHO+2H_2O$

c. 与强氧化剂反应

酸性高锰酸钾溶液：褪色。

酸性重铬酸钾溶液：由橙色变为绿色。

小结：羟基决定官能团的主要性质。

十、教学反思

总之，在整个教学过程中，我始终把学生作为课堂主体，让学生学会在探究中获取知识，在头脑中构建新的知识网络，学会合作学习，从而发挥他们的潜能，形成基本的科学素养。作为教师我深知自己任重道远，但我相信，每个学生都会因此受益匪浅。

【点评】

优点：

(1) 综观整堂课的设计，教师以教材为中心，围绕教材拓展，巧妙融通，信息量大，充分体现了学生的主体地位，要素齐全，内容完整，注重课内课外结合，使学生在短时间内获取了很多的化学知识。首先，思路清晰，层次分明，环环相扣，逐步递进。通过颇具吸引力的问题导入，设置疑点，激发兴趣，启发思路，引导学生从对酒文化、酒故事的优美感受到乙醇相关知识的理性思考，通过文理两种思维碰撞，使化学知识深入脑海。

(2) 课堂设计、情境选择符合“贴近学生、贴近生活、贴近社会”的原则，让学生在优秀的传统文化中感受化学的无穷魅力。

(3) 教学手段和教学方法灵活多变。实验探究法、多媒体辅助教学、情境激学法、教师点拨法、自主学习、小组讨论、音频赏析等多种方式既激发了学生的学习兴趣，又提高了学习效率。

(4) 有效问题链的设计。围绕教学目标和教学重点、难点问题设置的递进式问题链，有助于加强师生互动、激发和拓展学生的思维、活跃课堂气氛，促进教学目标的实现。

缺点：

(1) 教学环节没有时间的安排，合理的时间计划可以帮助教师得心应手地把控课堂和教学流程。

(2) 没有导学案，不利于学生高效的掌握知识和培养学生的学习能力。

(3) 教学目标不现实。教学目标中的“过程与方法”以及“情感、态度和价值观”的目标太高，仅仅凭一节课的教学难以达到。

(4) 教学设计中有些分子式的书写不规范，应注意上标和下标。

四、高中《化学选修》

（一）教学设计1：第四章　电化学基础（第一节　原电池）

第一节　原电池

第七届广东省师范生教学技能大赛　赖××

一、教材总体设计

本节课选自人教版《高中化学选修4》“化学反应原理”第四章“电化学基础”第一节第一课时，具有探究性和趣味性。

秉承着教材螺旋式上升的编写理念，对于同一内容在不同模块中的教学，教师要让每个学生都能学习基本的化学，不同的学生学习不同的化学，不同阶段的学生学习不同层次的化学。

联系学生已有的经验体会，在人教版《高中化学必修2》的学习中，通过学生分组实验对原电池的工作原理及其构造条件进行探究，但有部分学生在对 Zn｜H_2SO_4（aq）｜Cu 及 Zn｜$CuSO_4$（aq）｜Cu 原电池的探究中产生了困惑：他们观察到负极锌片上要么有气体产生，要么有铜析出，电池放电效率不高。源于学生实践中的困惑点及后续认知发展中的障碍点，本节课的设计重点是引导学生在对如何提高电池放电效率问题的实验探究中，由单液原电池发展认识双液原电池。实验探究问题的设计注重知识的逻辑顺序、学生的认知顺序和心理发展顺序。

基于以上内容，本课的教学设计思路如下：

（1）情境创设。以“垃圾分类就是新时尚”为情境导入，吸引学生的眼球，通过有害垃圾之一的废电池顺理成章地引出原电池。

（2）教学策略。整节课以教师为引导，突出学生的主体地位，在“宏观—微观—符号”三重表征的基本过程中，让学生获得宏微结合载体的学习体验。

（3）学习方法。自主探究＋演示实验，让学生从做中学，自主发现问题、分析问题、作出猜想、实验验证猜想，从而建构模型。

（4）实验设计。以可乐和可回收的饮料瓶作为实验材料改进单液原电池实验装置，现象明显且环保。

（5）辅助教具。图片＋Flash动画＋视频，变抽象为直观。

（6）巩固方法。课后思考、课堂及课后作业。

二、教学内容分析

（一）课程标准

高中化学选修课程教学的重要目标是深化认识和优化思维品质，这一目标的完成基于学生在必修课程中建立的已有认识。选修课程旨在引导学生运用查阅资料、实验探究、交流讨论等方式，进一步学习化学科学的基础知识、基本技能和研究方法，更深刻地了解化学与人类生活、科学技术进步和社会发展的关系，以提高化学科学素养，为具有不同潜能和特长的学生未来的发展打下良好基础。

根据《普通高中化学课程标准》，本节课要求学生：

（1）体验化学能与电能相互转化的探究过程，了解原电池的工作原理，能写出电池反应方程式。

（2）通过查阅资料说明能源是人类生存和发展的重要基础，了解化学在解决能源危机中的重要作用，知道节约能源、提高能量利用效率的实际意义。

（二）教材分析

1. 学科价值

“原电池”教学内容的核心是氧化还原反应理论的延伸和应用，是培养学生思维能力和科学探究精神的优质素材，在高中化学学科知识体系中占有十分重要的地位。本节内容选自人教版选修 4“化学反应原理”中的第四章“电化学基础”的第一节“原电池”，具有承上启下的作用，如图 2-40 所示。

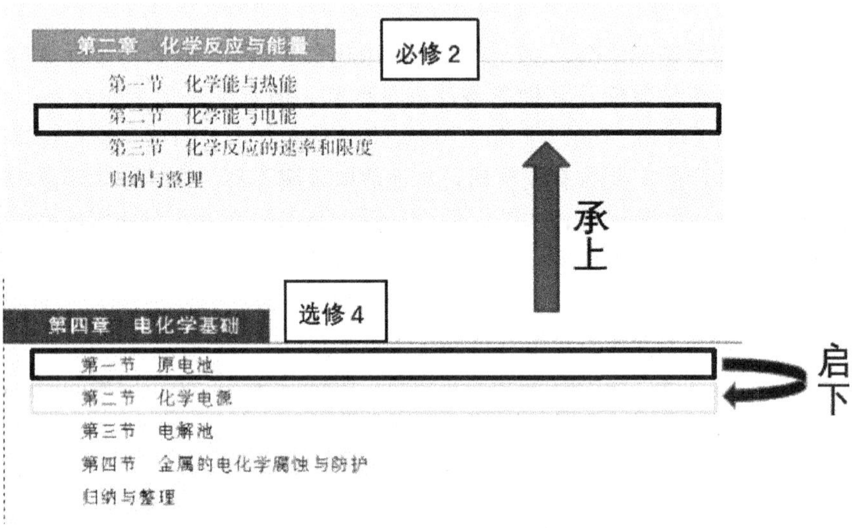

图 2-40 学科价值

（1）承上。学生在必修 2 中已经以铜锌单液原电池模型为载体初步学习了原电池的工作原理及其构成条件，并简单了解实用电池。而在本节课中将以双液原电池模型为载体，对原电池作进一步的深化认识。

（2）启下。本节内容为后面金属的腐蚀和防护，新型电池的原理及电解原理等重要电化学知识的学习奠定了知识基础，具有重要的学习意义。

2. 社会价值

能源是人类生存和发展的重要基础，学生有必要了解化学在解决能源危机中的重要作用。通过学习本节课的内容，学生易理解常见化学电源的种类及其工作原理，认识化学能与电能相互转化的实际意义及其重要应用，逐渐关注化学科学对个人生活和社会发展的贡献，关注能源问题，逐步形成正确的能源观。

3. 文献分析

本节课设计时，在中国知网中共查阅有关“人教版化学选修4《原电池》教学设计”文献共14篇，有关“证据推理与模型认知”的文献8篇，有关“发展学生化学学科核心素养的教学设计”的文献7篇，有关“教材‘螺旋式上升’编写理念”的文献2篇。在查看文献的基础上，利用模型建构的方法进行教学设计，并结合信息技术进行实验，实现认知的科学化和规范化。

三、学情分析

（一）知识储备

1. 已有

(1) 接触过电学，熟悉常见金属活泼性顺序，学过氧化还原反应。

(2) 在必修2中以铜锌单液原电池为载体初步学习了原电池的工作原理及构成条件，会书写简单的电极反应式。

2. 欠缺

存在氧化剂和还原剂要直接接触才能发生氧化还原反应的认知局限。

3. 对策

运用实验探究的教学策略，通过引入盐桥来改造单液原电池，让学生观察实验现象，从而突破局限。

（二）能力基础

(1) 学生具备观察、推测实验现象的能力。

(2) 了解实验探究的基本步骤，能自主进行简单的科学探究实验，具备一定的动手操作和实验探究能力。

（三）学法思维

1. 已有

学生在之前的课程中已对学科五大核心素养有一定的认识。

2. 欠缺

对较高层次核心素养的认识比较浅薄，且缺乏较强的创新意识。

3. 对策

(1) 设置可乐电池，帮助学生树立绿色化学理念。

(2) 通过改造单液原电池，培养学生的创新意识。

（四）心理特点

1. 已有

学生求知欲强，思维活跃，喜欢“探险”，容易被新奇特别的现象或内容吸引。

2. 欠缺

注意力难以长时间集中。

3. 对策

(1) 课前导入“你是什么垃圾?”，语言生动诙谐，符合该年龄段学生的心理特征，拉近了师生距离，也吸引了学生目光，引人入胜。

（2）“可乐电池”新鲜感较强，学生活动积极性高。

四、教学目标设计

（一）三维目标

1. 知识与能力

进一步认识原电池的工作原理及其构成条件，知道盐桥的作用，能写出电极反应和电池反应方程式。

2. 情感态度与价值观

（1）关注化学科学对个人生活和社会发展的贡献。

（2）关注能源问题，逐步形成正确的能源观。

3. 过程与方法

通过对化学能转化为电能的学习，体验科学探究的过程，理解科学探究的意义、基本过程和方法，初步养成科学探究的能力。

4. 化学核心素养

（1）提高关注社会热点问题，并参与探讨与解决的意识，发展科学态度与社会责任。

（2）通过实验装置的创新改进，培养科学探究与创新意识素养。

（3）通过收集证据，建立双液电池模型，培养证据推理与模型认知素养。

（二）教学重难点

教学重难点如图 2-41 所示。

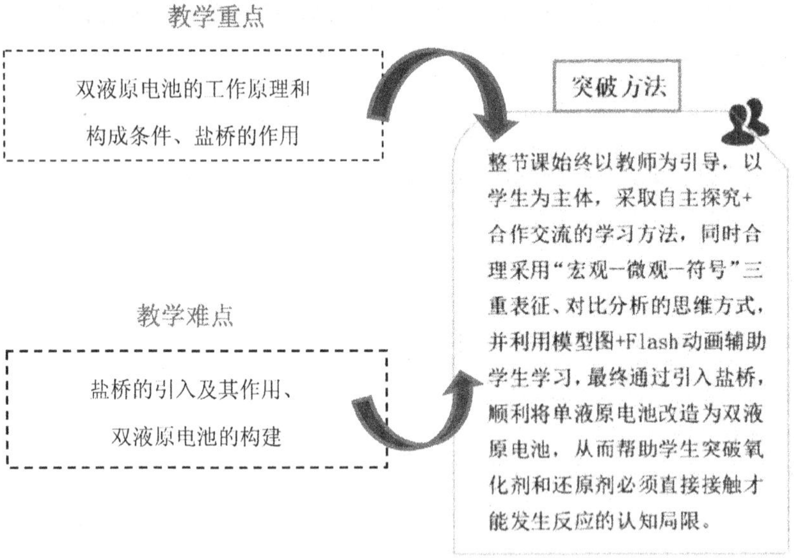

图 2-41 教学重难点

五、课前准备

课前准备如下：

（1）多媒体用具：PPT 翻页笔、U 盘。

(2) 实验仪器+材料：锌片、铜片及导线若干，烧杯（2个），可回收饮料瓶（3个），音乐芯片。

(3) 试剂：可乐、硫酸铜溶液、硫酸锌溶液。

(4) 其他：学案。

六、教学流程图

教学流程如图2-42所示。

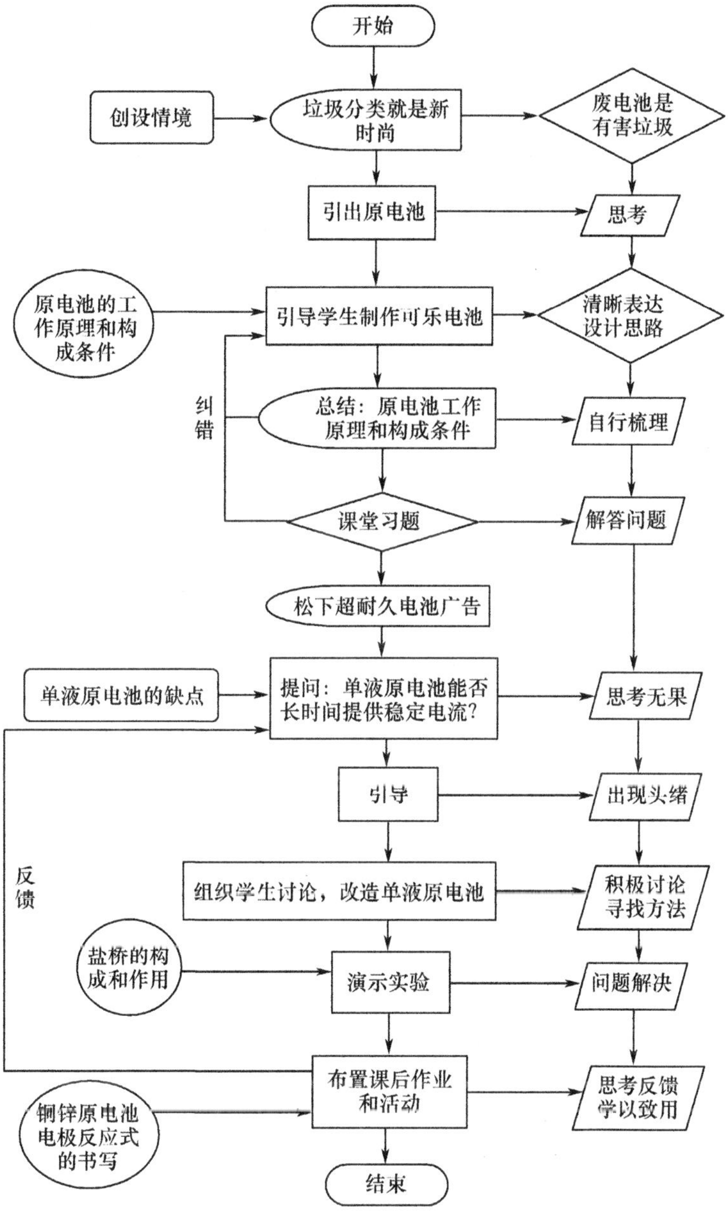

图2-42　教学流程图

七、教学过程设计

（一）创设情境，导入课题			
时间	教师活动	学生活动	设计意图
1min	【引入】—— 垃圾分类就是新时尚 【PPT 展示 1】 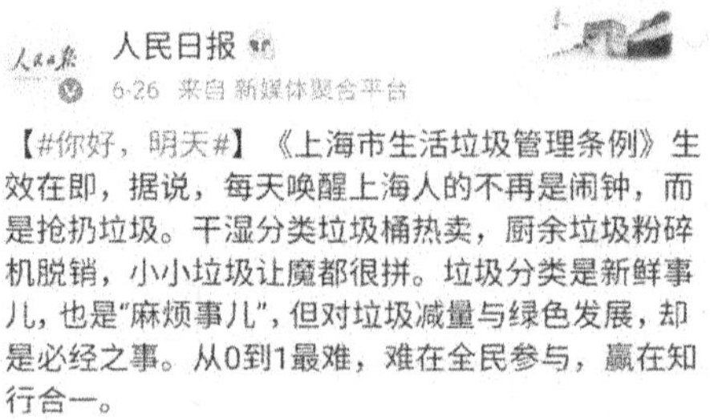 人民日报 6-26 来自 新媒体聚合平台 【#你好，明天#】《上海市生活垃圾管理条例》生效在即，据说，每天唤醒上海人的不再是闹钟，而是抢扔垃圾。干湿分类垃圾桶热卖，厨余垃圾粉碎机脱销，小小垃圾让魔都很拼。垃圾分类是新鲜事儿，也是“麻烦事儿”，但对垃圾减量与绿色发展，却是必经之事。从0到1最难，难在全民参与，赢在知行合一。 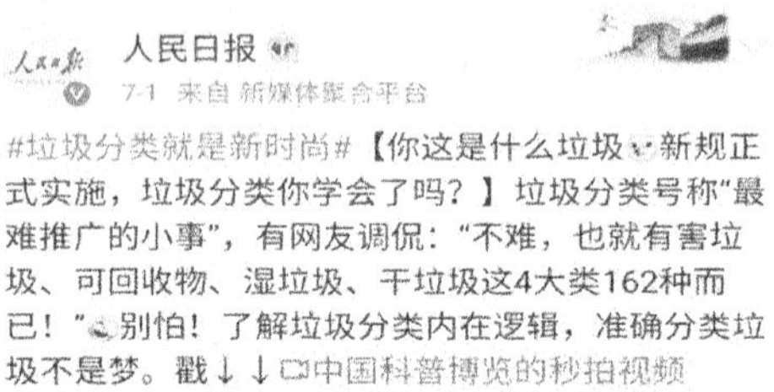 人民日报 7-1 来自 新媒体聚合平台 #垃圾分类就是新时尚#【你这是什么垃圾 新规正式实施，垃圾分类你学会了吗？】垃圾分类号称“最难推广的小事”，有网友调侃：“不难，也就有害垃圾、可回收物、湿垃圾、干垃圾这4大类162种而已！”别怕！了解垃圾分类内在逻辑，准确分类垃圾不是梦。戳↓↓中国科普博览的秒拍视频 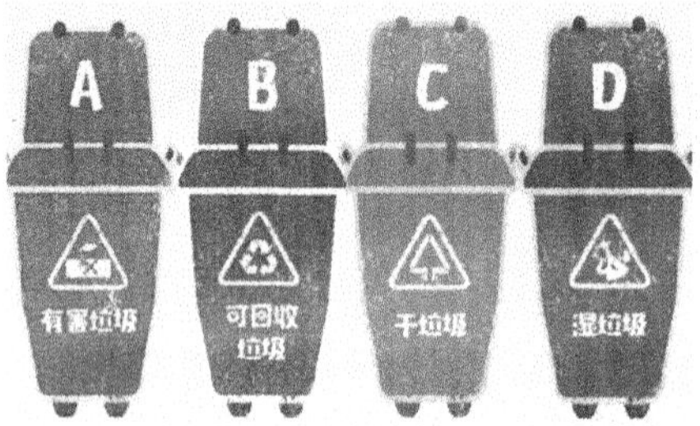 【PPT 展示 2】为什么要垃圾分类？ 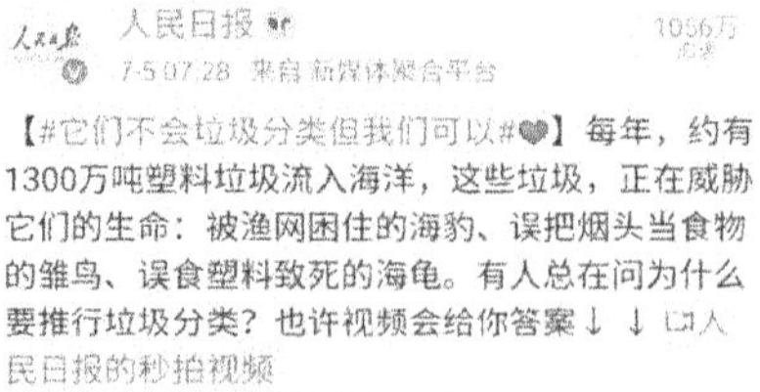 人民日报 7-5 07:28 来自 新媒体聚合平台 【#它们不会垃圾分类但我们可以#】每年，约有1300万吨塑料垃圾流入海洋，这些垃圾，正在威胁它们的生命：被渔网困住的海豹、误把烟头当食物的雏鸟、误食塑料致死的海龟。有人总在问为什么要推行垃圾分类？也许视频会给你答案↓↓人民日报的秒拍视频 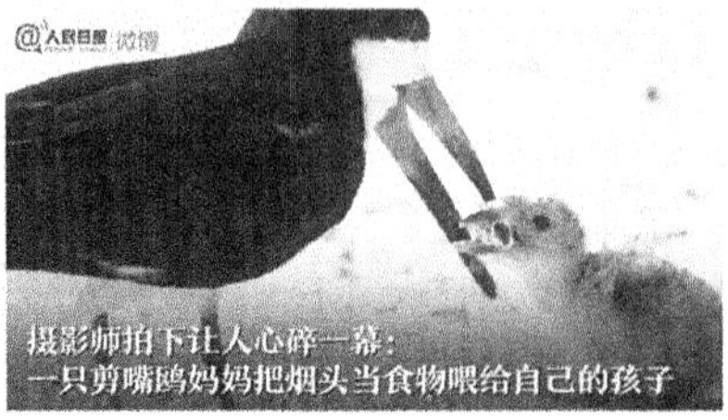 	学生被社会热点吸引，激起浓厚的兴趣，可能会认为垃圾分类是新鲜事，也是“麻烦事儿”。 对受难动物表示同情，认为垃圾分类对于绿色发展来说是必经之事。	提高“关注社会热点问题并参与探讨与解决”的意识。 体会科技在促进人类社会文明进步的同时，也会有一定的副作用，但是可以通过人类的智慧予以减弱甚至消除，实现资源的循环利用、社会的可持续发展，培养学生的“辩证唯物主义思想”。

续表

时间	教师活动	学生活动	设计意图
	【PPT 展示 3】生活中常见化学电源及废电池 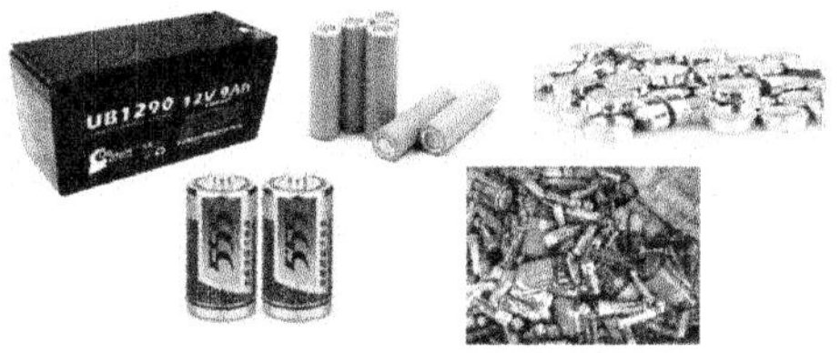 [提问 1] 废电池为什么不能随意丢弃? 【PPT 展示 4】 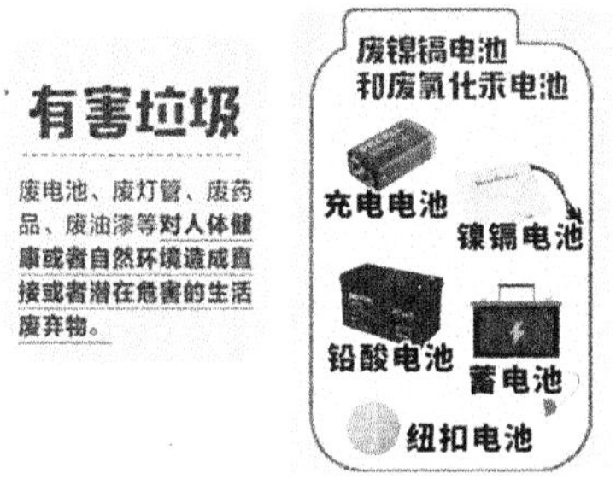 【引导】很好，废电池里含有一些有毒有害物质，一旦被随意丢弃，就会污染环境。那这些物质是从哪儿来的？通过本节课的学习，相信同学们就会比较清楚了。	[回答 1] 废电池属于有害垃圾。	“科学态度与社会责任”。
（二）回顾旧知，承上启下			
3.5 min	【准备材料】1 瓶可乐、5 根导线、锌片和铜片各 4 片、音乐芯片、3 个饮料瓶。 【引导学生制作可乐电池】同学们在必修 2 中已经初步学习过原电池，现在请开动脑筋设计一个能让音乐芯片唱歌的可乐电池。 [提问 2] 请说一下设计思路。 【提炼模型——铜锌单液原电池】  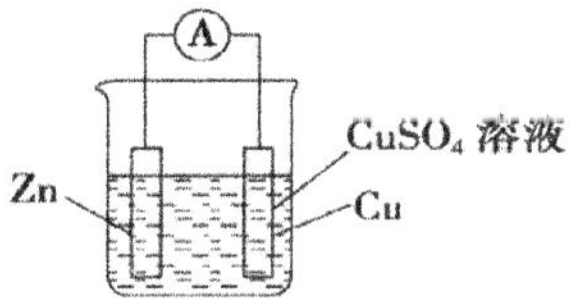 	学生合作设计实验，活动积极性高。 [回答 2] 首先可乐是碳酸饮料，可以作为电解质溶液，其次把活泼性不同的电极以串联的方式插进可乐中，最后将两端导线连接在音乐芯片两边构成闭合回路。	激活学生已有认知，为学习新知铺垫；建立模型认知；培养学生实验探究与创新意识，同时培养学生自主学习与合作交流的良好学习习惯。

续表

时间	教师活动	学生活动	设计意图
	【PPT 展示】 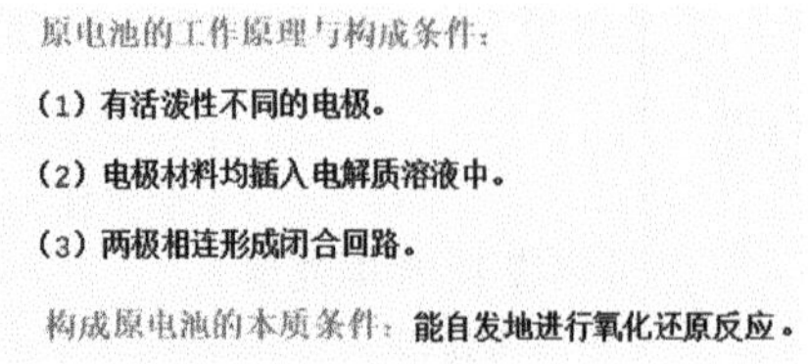 【PPT 展示习题】 下列装置中能组成原电池形成电流的是（C）。 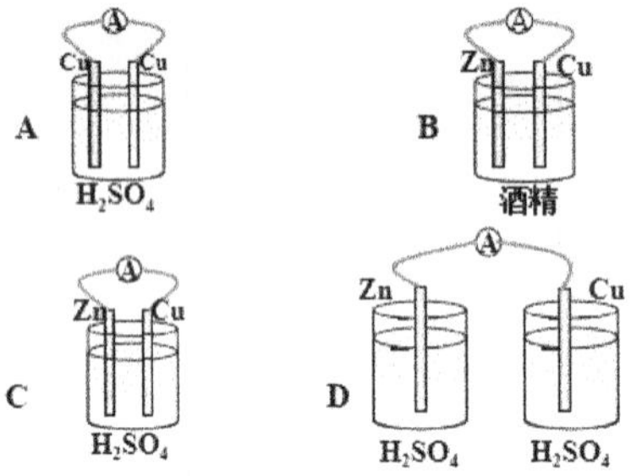	认真记录。 认真思考积极回答。	建立模型认知。 梳理思路。 加固印象。 巩固旧知。
（三）对比分析，建构模型			
7min	【1. 播放小视频】 1983 年日本松下超耐久 A4 电池创意广告：有人将两节松下 A4 电池装到了一个消防员小机器人身上，随后机器人顺着一条云梯不断向上爬，经历漫长的攀爬之后，消防机器人最终到达摩天大楼屋顶，将屋顶上的一个烟头浇灭了。 [提问 3] 这款电池打着“超耐久”的旗号，那同学们想一下单液原电池能提供长时间的稳定电流吗? 【2. 播放 Flash 动画】首先让我们来看看铜锌单液原电池的微观反应模型。 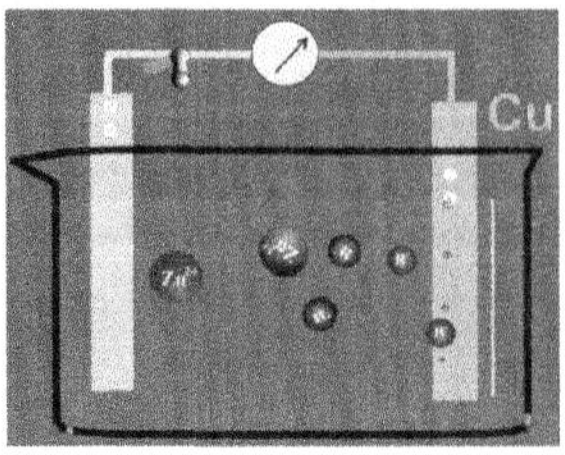	陷入思考，但因难度较大，说不出所以然。 带着问题认真观看。 跟着老师的思路在学案上正确书写。 恍然大悟。 讨论后回答：将锌片与 $CuSO_4$ 溶液分开。	视觉冲击。 引发思考。 借助于 Flash 动画进行微观探析，有利于学生顺利完成从宏观到微观，即完成宏观辨识与微观探析。

续表

时间	教师活动	学生活动	设计意图
	［板书］ 锌片（负极）：$Zn-2e^{-}=Zn^{2+}$ 铜片（正极）：$Cu^{2+}+2e^{-}=Cu$ 总反应：$Zn+Cu^{2+}=Zn^{2+}+Cu$	思维被激发，积极而活跃。 探索欲望强烈。	符号能帮助学生更好地理解原电池的工作原理和形成条件。
	【3.引导】 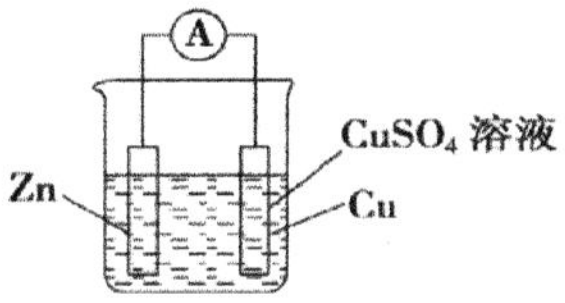 由于锌片与 $CuSO_4$ 溶液直接接触，难以避免溶液中有 Cu^{2+} 直接与 Zn 发生置换反应，在锌片上析出铜，这样就会阻碍 Cu^{2+} 继续得电子，也就不能获得持续稳定的电流了。		
	【4.组织讨论】那要怎样改造单液原电池来使得其能获得稳定电流呢？ ［追问］很好，不过如果将锌片与 $CuSO_4$ 溶液分开，究竟还能不能自发地进行氧化还原反应？	［回答 4］不行，要选择不能和锌片反应的溶液。	制造认知冲突，增强探究热情。
	【5.演示实验步骤 1】按照学生的思路首先将锌片和铜片分开放在两个烧杯，然后将 $CuSO_4$ 溶液加到铜片所在烧杯中。 ［提问 4］那要怎样选择锌片中的电解质溶液，还可以选择 $CuSO_4$ 溶液吗？	［回答 5］学生异口同声地回答：不行，因为没有构成闭合回路。 注意力高度集中。	
	【6.演示实验步骤 2】在征得学生意见后将 $ZnSO_4$ 溶液加入锌片所在烧杯，然后用导线连接外电路，装置如下图： 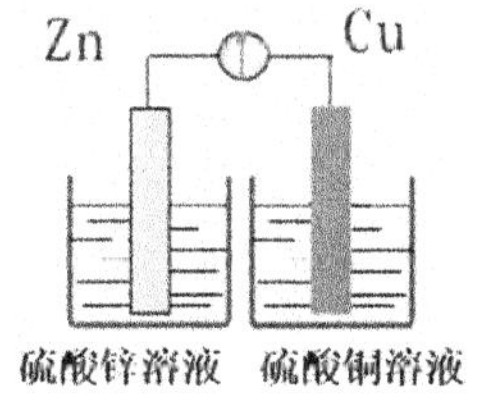 ［提问 5］那这样就可以了吗？ 【7.引入盐桥】 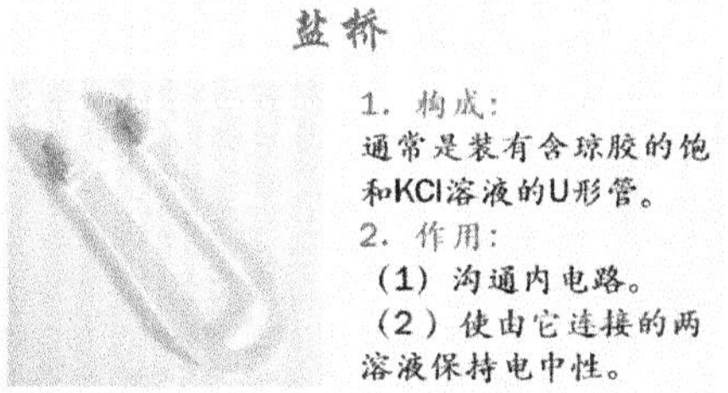	在脑海里已逐步构建出双液原电池的模型。 学生收获成功的喜悦和满足感。	制造认知冲突，培养高阶思维。 将学生的思维引入“将氧化剂、还原剂分开，还能持续供电”的思路上来，制造认知冲突。

续表

<table>
<tr><th>时间</th><th>教师活动</th><th>学生活动</th><th>设计意图</th></tr>
<tr><td></td><td>【8. 播放 Flash 动画】盐桥如何起作用？
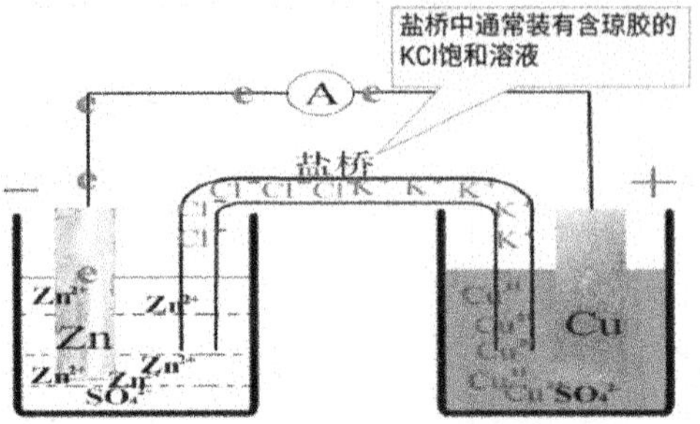

这样的装置形成了双液原电池，能更有效地将化学能转化为电能，提高放电效率。
【9. 演示实验步骤 3】加入盐桥，音乐芯片再次响起声音。
【10. 提炼模型】
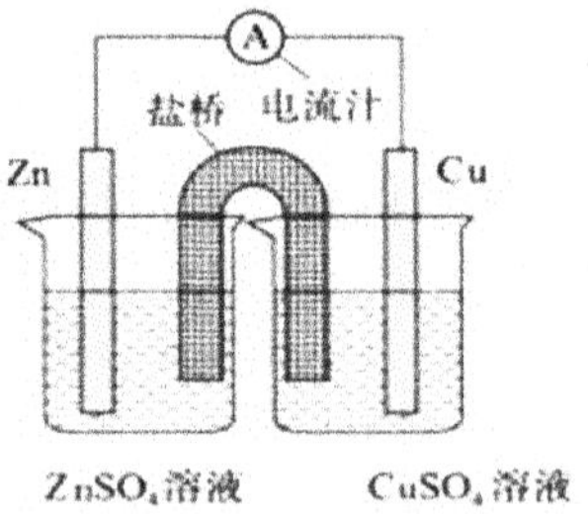

【11. PPT 展示"另类盐桥"——牛皮纸】
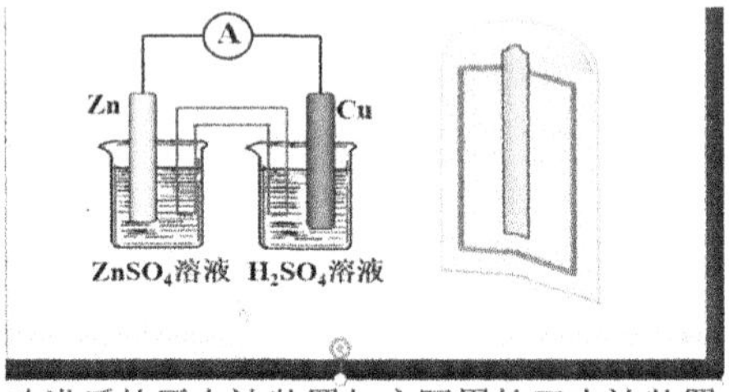

改进后的原电池装置与实际用的干电池装置的相似之处
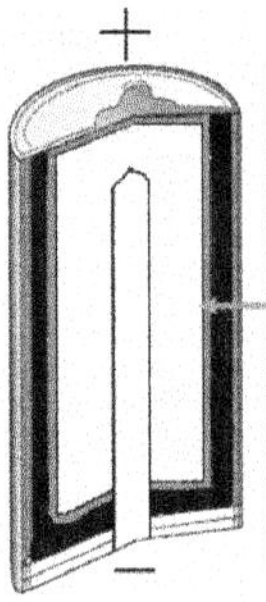

</td><td></td><td>培养严谨的科学态度，体现科学精神。

突破认知局限，用微观粒子行为来解释宏观现象。

营造愉快的课堂气氛。

化抽象为具体，顺利构建模型，培养"证据推理与模型认知"的科学素养。
拓宽视野，树立"化学源于生活，服务生活"的理念。</td></tr>
</table>

续表

<table>
<tr><td colspan="4">（四）学以致用，拓展延伸</td></tr>
<tr><td>时间</td><td>教师活动</td><td>学生活动</td><td>设计意图</td></tr>
<tr><td>0.5 min</td><td>【布置思考题】试着写出下列原电池的电极反应及电池反应方程式，下节课讲解。
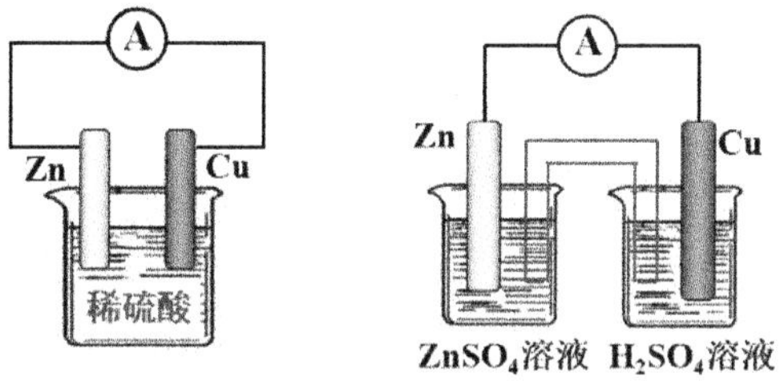

【布置学生活动】
阅读资料卡片。请同学们课后自己上网查找有关废旧电池“变废为宝”的具体方法，了解其他国家废旧电池的处理现状，并根据获得的资料为我国废旧电池的处理提出更多更好的建议。</td><td>认真完成任务。</td><td>培养化学与生活紧密联系的意识，提升社会责任感。</td></tr>
</table>

八、板书设计

原　电　池

1. 定义：化学能⇨电能　锌片（负极）：$Zn-2e^-=Zn^{2+}$
2. 原电池的工作原理及构成条件　铜片（正极）：$Cu^{2+}+2e^-=Cu$
3. 盐桥的构成和作用　总反应：$Zn+Cu^{2+}=Zn^{2+}+Cu$

九、教学评价

（一）课堂评价

课堂教学评价指标和评价标准见表 2-16。

表 2-16　课堂教学评价指标和评价标准

	一级目标	二级目标	评价结果		
			A	B	C
基本要求	1. 教学目标	(1) 科学性			
		(2) 适切性			
	2. 教学过程	(3) 张弛有度			
		(4) 学生参与			
		(5) 有效有序			
		(6) 关注差异			
	3. 教学氛围	(7) 师生关系			
		(8) 课堂气氛			
	4. 教学效果	(9) 知识技能达到要求			
		(10) 探究问题积极			
		(11) 问题解决有效			
教学特色（发展性）：					

（二）教学反思

（1）遵循新课改理念是本节课设计的宗旨，以问题为线索将基础知识的教学与探究性学习相结合，充分体现了以学生为主体、以教师为主导的教学理念。本节课紧紧抓住“设疑—分析—探究—交流”这条思维线索，成功将单液原电池改造为双液原电池，让学生知道了盐桥的特殊作用及双液原电池的工作原理，但盐桥的作用学生没有知识基础，所以教师要把握好知识剖析的尺度。

（2）课堂上采用适度限制的开放性教学，让学生通过观察、探究、讨论交流等探究性学习方式，构建了双液原电池模型，提高了科学探究能力，培养了学生自主学习、合作交流的良好学习习惯。

附录：导学案

课题 4.1.1　**原电池**

班级____________　姓名____________　学号____________

【学习目标】

1. 知道原电池是化学能转化为内能的装置。
2. 掌握原电池的工作原理及形成条件。
3. 知道盐桥的构成及作用。
4. 能正确书写铜锌原电池的电极反应式。

目标一：知道原电池是化学能转化为电能的装置

原电池是________的装置。

A. 化学能转化为热能

B. 电能转化为化学能

C. 化学能转化为电能

D. 热能转化为化学能

目标二：掌握原电池的工作原理及形成条件

请小组讨论后设计可乐电池，已为你准备的材料有可乐、锌片＋铜片若干、导线若干、发光二极管、音乐芯片、已处理的可回收塑料瓶 4 个（小提示：联系必修 2 中学习过的铜锌单液原电池）。

选择的材料	装置草图	实验现象	设计思路

小结：

原电池的工作原理和形成条件：

(1) ______________________________

(2) ______________________________

(3) ______________________________

本质条件：______________________________

目标三：知道盐桥的构成及作用

铜锌单液原电池装置图	反应现象	电极反应式、电池反应方程式	存在的缺点及其出现的原因
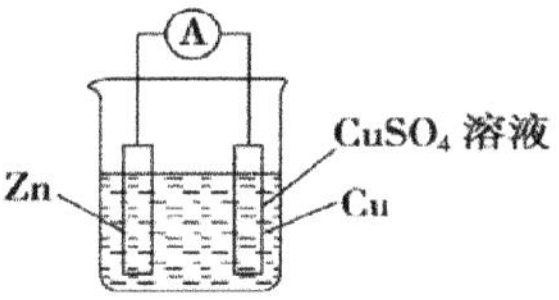			

听完老师的讲解后，小组讨论如何改造单液原电池？问题解决的关键是什么？请带着以下问题去讨论：

1. 与锌片直接接触的电解质溶液该怎么选择？
2. 怎么连接内电路？

铜锌双液原电池的构建		
选择的材料和试剂	装置草图	实验现象

3. 氧化剂和还原剂没有直接接触，还能构成原电池吗？

实验试剂和材料：铜片＋锌片若干、导线若干、硫酸铜溶液、硫酸锌溶液、烧杯2个、盐桥。小结：盐桥通常是由______________________________所构成，它的作用是______________________________。

【课后思考】试着写出下列原电池的电极反应及电池反应方程式，下节课评讲。

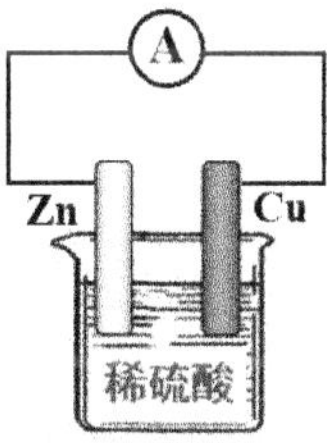

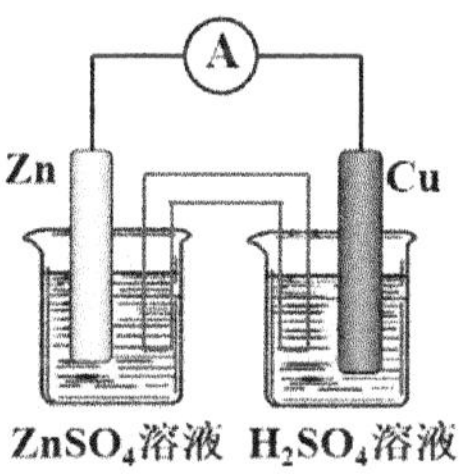

【课后活动】

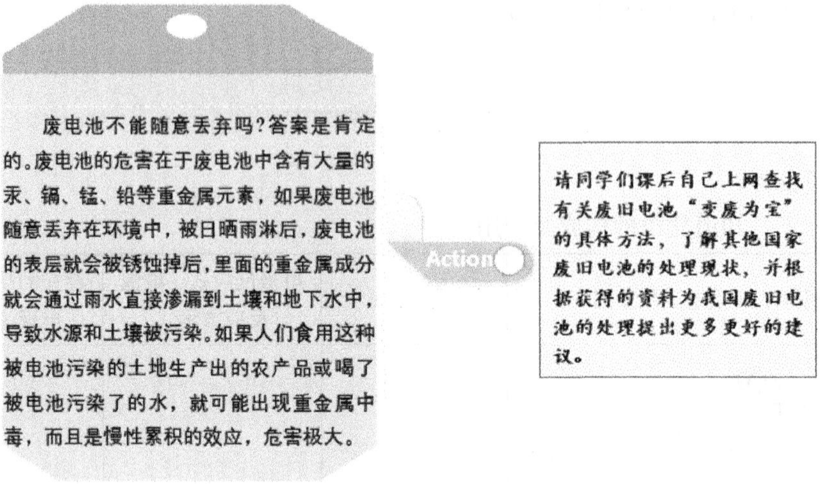

【点评】

这是第七届广东省本科高校师范生教学技能大赛的作品。

优点：

（1）综观整堂课的设计，这是该生的一篇用心用功之作，作者在熟读教材的基础上，查阅了大量相关文献，准确设定了符合实际的教学目标，学情分析也很到位，深入分析了学生的基础知识、能力、思维和心理特点。教师基于教材基本知识，围绕教材引入、讲解、拓展、总结，巧妙融会贯通，集合了本节课相关的大量信息，充分体现了学生的主体地位，要素齐全，内容完整，各个环节时间分配合理，对学生化学知识的掌握和素养的锻炼有很强的促进作用。

（2）着力学生的优质发展和品质养成。要使学生高效掌握课堂知识，逐步形成化学素养，获得优质发展，仅靠灌输式、题海战术是无法完成的，须以学生为中心，激发其主观能动性，挖掘潜能，变被动为主动，主动思考，积极投入，紧随教师的教学主线和流程使学习效率极大化。这种教学方式基于先进的教学理念、依托学生的认知和学习规律，为学生化学知识的积累、学习方法的感悟、科学素养的培育创造了有利条件。

（3）本教学设计借鉴性强。尽管学生有了单液原电池的基础，但以其现有知识储备和理解能力难以快速准确地掌握双液原电池的相关知识。此教学设计针对双液原电池的教学，为教师教学和学生学习展示了科学可行的教学流程和学习路径，指出了怎么教、怎么学的操作方法，符合学生的需求，为学生提供了思路和方法上的范例。

（4）实践出真知。本教学设计极大地发挥了学生的主观能动性，全程参与，体验过程，通过实验、思考、讨论、回答问题等多种方式领悟课程知识，并将其转化为自身的知识储备和探究能力。

（5）有效问题链的设计。围绕教学目标和教学重点、难点问题设置的递进式问题链，有助于加强师生互动、激发和拓展学生的思维、活跃课堂气氛，促进教学目标的实现。

缺点：

(1) 情景创设不合适本节课的内容。选择垃圾分类做引子不够直接，有拐弯抹角、浪费时间之嫌。PPT 展示 1 和 PPT 展示 2 与本节课内容关联性不强，浪费课堂时间。建议直接采用手机等电池进行情景创设。

(2) 教学设计篇幅过长，可以适当精简。过多的内容很难在短时间内展示、讲解。

(二) 教学设计 2：第三章　烃的含氧衍生物（第一节　醇　酚）

第一节　醇　酚（第二课时）

第一届广东省本科高校师范生教学技能大赛　江××

授课教师	江××	日　期	2013 年 7 月 15 日
授课对象	高二学生	授课时间	12min
课　题	《苯酚》	课时安排	1
选用教材	人教版新课标教材选修 5		
授课章节	第三章“烃的含氧衍生物”第一节“醇　酚”		
教学内容分析	在本节内容与必修 2 第三章有机化合物相似；与选修 5 的第一、二章　烃和醇和选修 3 原子和分子结构息息相关。在本节教材之后则安排了醛、羧酸、酯以及有机高分子化合物等知识，符合了有机化学的基本知识体系和脉络。本节从介绍苯酚物理性质，到苯酚的酸性（重难点），再到苯酚的溴代反应（重难点），最后介绍苯酚的用途，较全面地展示了课程标准中对本节课的内容标准要求。		
教学对象分析	(1) 认知情况：学生已经学过了苯、甲苯、乙醇的结构和性质，对官能团性质的决定作用已有深刻的理解，对官能团和烃基之间的相互影响也有一定的认识，但有待完善。 (2) 技能状况：高二学生逻辑思维能力已趋于成熟，在分析能力、推理能力、概括能力方面都有很大程度的发展，同时已具备一定的实验设计能力和动手能力，能够在老师的指导下独立完成实验。 (3) 可能存在认知误区：可能学生认为多官能团物质的性质是化合物中各官能团性质的简单加和。必须通过酚的教学帮助学生转变这一错误认识，形成正确的官能团影响有机物性质的理论。		
教学方法设计	该节的内容设计成探究式教学模式。主要采用通过创设情境—探究实验—理论推导—反思应用等教学方法，并充分利用实物感知、演示实验和现代教学手段，充分调动学生的参与意识，给学生提供更多的“动脑想”、“动手做”、“动口说”的机会，体现新课程倡导自主、合作、探究等学习方式。		

续表

<table>
<tr><td rowspan="3">教学目标</td><td>知识与技能</td><td colspan="3">(1) 认识酚类物质，能够识别酚和醇。
(2) 了解苯酚的分子结构、物理性质、化学性质和主要用途。
(3) 理解苯环和羟基的相互影响。</td></tr>
<tr><td>过程与方法</td><td colspan="3">通过对苯酚性质的探究学习，培养学生根据实验现象分析、推理、判断的能力，培养学生自主学习、探究学习、与他人合作学习的习惯。</td></tr>
<tr><td>情感态度
与价值观</td><td colspan="3">(1) 体会到研究酚类物质的意义和价值。
(2) 树立事物内在要素之间相互影响、相互制约的联系、辩证哲学观。
(3) 利用探究活动增强学生的研究意识和协作精神。</td></tr>
<tr><td>教学重点</td><td colspan="2">认识并识别酚类，了解苯酚的结构和化学性质。</td><td>强化措施</td><td>实验探究；根据实验现象及时归纳总结；配合随堂练习。</td></tr>
<tr><td>教学难点</td><td colspan="2">认识多官能团有机物中官能团的相互影响；设计实验，探究苯酚的弱酸性。</td><td>突破措施</td><td>案例创设情境；与旧知识建立联系；结合图片和生活经验，启发引导思考。</td></tr>
<tr><td>授课类型</td><td colspan="2">新课</td><td>教学方法</td><td>(1) 情境创设。
(2) 实验探究。
(3) 设疑类比推理。
(4) 评价反馈。</td></tr>
<tr><td>教具媒体</td><td colspan="4">黑板和多媒体</td></tr>
</table>

<table>
<tr><td></td><td>教　师　活　动</td><td>学生活动</td><td>设计意图</td></tr>
<tr><td>导学过程</td><td>一、创设情境，引入新课
情境引入：
【情境一】利用生活中的化学来引入新课，先展示一段新闻事件：一艘在印尼注册的载有 630 吨有毒化学物苯酚的油轮，于 2001 年 6 月 13 日凌晨在马来西亚南部柔佛州外海域倾覆。
目前已经给当地的生态环境造成影响。出事海域的鱼群大量死亡，附近 80 多个养殖场的鱼类和贝类也面临死亡威胁。据专家估计，这些泄漏的化学品需要一个星期的时间才会消散。
然后让学生思考，苯酚究竟是什么呢？为什么会出现这种现象呢？接着展示药皂、苯酚软膏以及苯酚软膏的说明书，让学生阅读苯酚软膏说明书。由此引入本节所要学习的内容。</td><td>学生思考讨论交流。</td><td>创设情境，引起悬念。</td></tr>
</table>

续表

	教　师　活　动	学生活动	设计意图
导学过程	二、实验探究 构建苯酚物理性质： 【学生分组合作探究实验一】苯酚的物理性质 学生实验： ①组织学生观察苯酚的颜色、状态，并小心的闻它的气味。 ②适量苯酚＋水振荡，再加热（留用）。 ③适量苯酚＋乙醇。 ［归纳］苯酚的物理性质。（思考：苯酚不慎滴在皮肤上如何处理?）应立即用酒精擦洗。 组织学生观察苯酚的颜色、状态，指导学生通过分组实验自主探究苯酚的溶解性，根据实验结合教材相关内容，归纳出苯酚的物理性质。	讨论交流探究。	培养学生抽象思维能力和微观想象力。
	设疑探究：结构和化学性质 本环节是本节课的中心，为了突出重点、突破难点，我给学生创设了两个情境： 【情境二】展示苯酚模型——提出结构决定性质 学生观察苯酚模型结合多媒体动画演示，分析该分子结构，并与乙醇、芳香醇等醇类结构作比较，通过结构比较，产生认知冲突：同样含有羟基，为什么要划分为酚和醇两类物质，在性质上它们会有哪些共性？苯环代替烃基，与羟基的联手使得结构不同，那么化学性质产生了怎样的差异？	学生观察动画演示，将现象转化为结论。	培养学生从生活中获得知识的能力，让学习走向生活。
	【情境三】［展示］苯酚软膏的说明书 指导学生阅读“色泽变红”、“不能与碱性药物并用”等重要信息。 要求学生分析苯酚的结构，结合阅读材料，预测苯酚的化学性质。 学生讨论：推测苯酚 （1）可被氧化（苯酚的氧化是对学生观察苯酚物理性质中提出的粉红色的解释，可以简略带过）。 （2）可能具有酸性。 （3）可以取代。 （4）可能和 Na 反应。 …… 问题 1：苯酚是否具有酸性，如何用实验加以证明？		培养学生科学探究的科学素养和能力；培养学生的观察能力以及分析问题、解决问题的能力。

续表

	教 师 活 动	学生活动	设计意图
导学过程	【学生分组合作探究实验二】苯酚的弱酸性 学生实验：在浑浊苯酚溶液中滴加 NaOH 溶液 指导学生分组完成探究实验，浑浊的苯酚溶液滴加氢氧化钠溶液后变澄清，通过组内讨论、组间交流分析得出苯酚显酸性且酸性很弱。 问题 2：苯酚酸性究竟有多弱呢？会比碳酸弱吗？自然过渡到二氧化碳与苯酚钠的反应，由老师演示实验：苯酚钠溶液通入二氧化碳，学生根据已有的知识和实验现象可以做出正确的判断：苯酚具有酸性，且比碳酸弱。 请学生上黑板写出相应的反应方程式，在苯酚钠与 CO_2 反应的方程式中出现分歧，即若是少量 CO_2，产物是否应该写作 Na_2CO_3。并引导学生从强酸制弱酸的角度考虑：苯酚与 Na_2CO_3 是否能够共存，并补充以实验“浑浊的苯酚溶液与 Na_2CO_3 的反应”来验证，共同得出在苯酚钠通 CO_2 过程中，无论 CO_2 是否过量产物均是 $NaHCO_3$。最后总结出它们之间的酸性比较。 这样以问题为驱动，通过学生的实验设计，突出了对学生逻辑思维和语言表达能力培养。此时学生对苯酚具备弱酸性已有认识。 衍生问题 1：苯酚的羟基有弱酸性，乙醇中的羟基为什么没有显示出酸性呢？ 以此加深对官能团与取代基之间的相互影响的认识。 同样是含有羟基，乙醇分子的羟基难电离，不呈酸性，而苯酚分子里的羟基可电离出 H^+，呈弱酸性，这说明什么问题？ 学生通过比较乙醇和苯酚的结构，自然得出是苯环对羟基的影响，使苯酚显弱酸性并自然衍生出下个知识点和问题。 衍生问题 2：苯环会不会受到羟基的影响？苯酚分子里苯环的性质跟苯有什么不同？ 学生分析预测，并自然过渡到苯酚的取代反应。同学们回忆苯和液溴发生取代反应的条件和产物，为接下来与苯酚和溴水反应对比做好铺垫。	小组讨论交流学生归纳知识点。 学生观察实验现象，并分组做好记录，根据实验现象总结结论。	通过官能团之间的比较，培养学生的对比分析问题的能力，以此形成良好的思维习惯。 让学生体会有机化合物中官能团之间的影响。引导学生深刻理解结构决定性质的新理念。 让学生了解该反应常用来检验苯酚的存在；也可利用苯酚的这一性质检验 $FeCl_3$，让学生体会有机化学和无机化学知识之间的联系。

续表

	教　师　活　动	学生活动	设计意图
导 学 过 程	【探究实验三】苯酚与溴水的取代反应 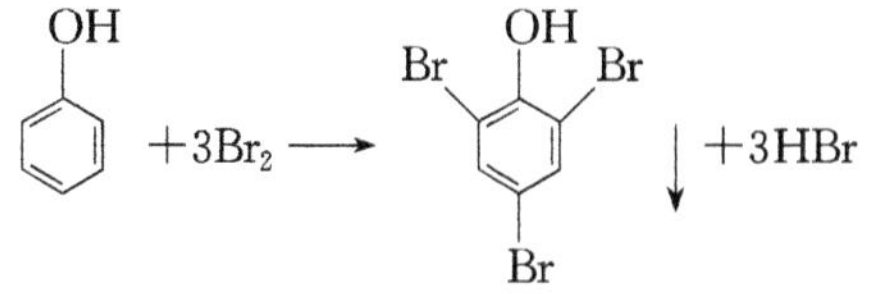 通过对实验操作、实验现象的观察和反应方程式的书写，将苯、苯酚分别和溴的反应从选用试剂、反应条件、几元取代进行对比，在性质上苯酚与苯有什么差异，为什么会导致这样的差异？ 得出结论：羟基对苯环的影响，使得苯酚分子中羟基邻、对位碳原子上的氢原子易被取代。 实验中将苯酚逐滴加入溴水中，让学生观察白色沉淀从有到无的过程，并分析生成的三溴苯酚的去向。讨论得出因为有机物易溶解在有机物中，所以当苯酚的量较多时，三溴苯酚会溶解在过量的苯酚中，即表现为沉淀消失。因此，此反应若用来检验苯酚，需溴水过量或强调溴水浓度要大。 【探究实验四】显色反应 演示三氯化铁与苯酚的显色反应，此反应操作简便，现象明显，也常用于苯酚的定性检验，这也是区别于醇的另一种性质。 三、实践活动 汇总学生查阅的有关资料，让学生通过自己的实践活动，了解苯酚在日常生活中的用途（包括可以做消毒剂、农药、染料、防腐剂，以及用在医学上等等）。体会化学与日常生活的联系，拓宽知识面，并对本节知识迁移提高。 总结：组织学生通读本节内容，再次梳理思路，理清思考，并再次给学生强调有机中重要的化学思想。 四、课堂练习 1. 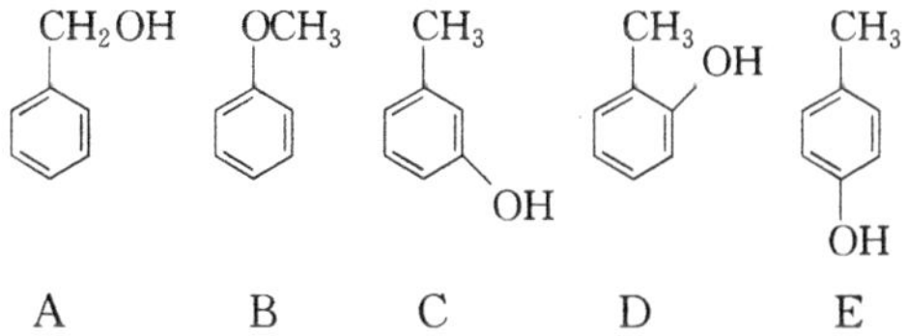 A　B　C　D　E (1) 其中属于酚类的同分异构体为：________	通过一系列问题引导同学们分组进行讨论，并让小组代表起来回答。 让学生以小组的形式展开讨论。	提高学生查阅资料的能力，不断让学生体会化学就在我们的身边，与我们的生活息息相关，不断提高学生学习化学的兴趣。 增加学生总结归纳的能力。 1. 巩固酚的概念，进行酚、芳香醇、醚的类别异构的辨析。 2. 突出结构—性质的关系，补充苯酚性质。 3. 对苯酚物理、化学性质的应用，进一步培养学生的实验设计能力，通过作业的反馈了解学生对本节知识的理解情况。

续表

	教　师　活　动	学生活动	设计意图
导学过程	(2) C物质不可能具有的性质有：________ ①与硝酸反应。 ②可燃性。 ③与 H_2 发生加成反应。 ④能跟 $NaHCO_3$ 溶液反应。 ⑤与 $FeCl_3$ 溶液显色 2. 选择合适的试剂和仪器，除去苯中混有的苯酚。 五、布置课后作业 完成课本P55的习题。 六、评价反馈 在整个教学过程中，我始终把学生作为课堂主体，让学生学会在探究中获取知识，在头脑中构建新的知识网络，学会合作学习，从而发挥他们的潜能，形成基本的科学素养。作为教师深知自己任重道远，但我相信，每个学生都会因此受益匪浅。	让学生自主总结本节课所学习的内容。 分别让学生自主独立完成。	
板书设计	一、物理性质： 1. 无色、特殊气味的针状晶体； 常温下，微溶于水，易溶于有机溶剂。 2. 用途 二、分子结构： 1. 苯酚结构简式：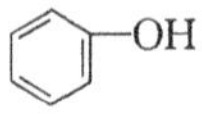　分子式：C_6H_6O 2. 酚的结构特点：苯环结构、羟基官能团、羟基与苯环相连。 三、化学性质： 1. 极弱酸性： 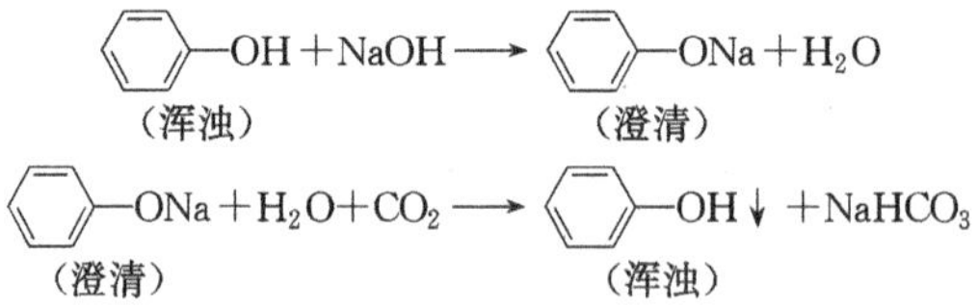 酸性：碳酸＞苯酚 2. 三元取代： 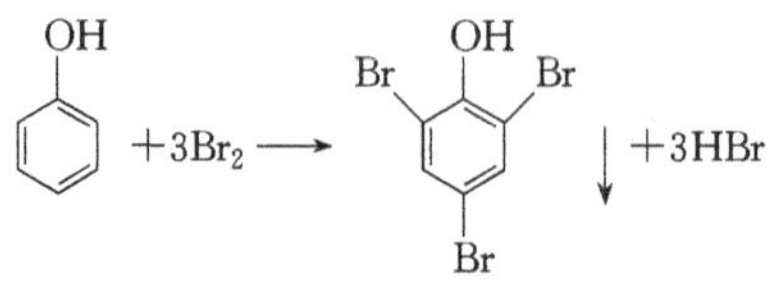 （三溴苯酚，白色沉淀） 3. 显色反应：遇 $FeCl_3$ 溶液显紫色（检验苯酚）		简单明确，重点突出，提示学生熟练掌握本课时的知识重点。

教学设计说明

(1) 创设情境：通过实验和实物展示提出问题，创设情境，引入新课，既可激起学生的学习兴趣，又能体现知识源于现实的道理。

(2) 活动探究：以探究活动为主线，不断发现问题，使学生初步学会观察、讨论、合作交流，充分体验科学探究的过程，树立学生的自信心，激发他们自主探究的欲望，培养学生科学探究精神和合作学习意识。

(3) 运用新知：通过用苯酚的性质来解释一些日常生活中的现象，来增强学生对生活和自然界中化学现象的好奇心和探究欲，鼓励学生寻找生活中类似的问题，知道化学与生活紧密相连，它源于生活，又应用于生活。

(4) 交流收获：通过学生角色转化，达到知识系统化的目的。同时通过练习及课后实验，培养学生的科学探究精神和实践能力。

【点评】

优点：

(1) 总体上，本设计要素基本齐全，内容较完整，情境创设科学合理、吸引力强，教学流程、问题设计也体现了学生的主体地位，师生互动较强，注重课内课外结合，使学生在短时间内获取了很多的化学知识。

(2) 作者的思路较清晰，能够围绕主要教学目标展开教学，层次分明，逐步递进，环环相扣。通过苯酚污染事故的问题导入引发学生的兴趣，设置让学生思考的疑点，启发学生的思路，引导学生从苯酚污染事故的后果中思考苯酚的性质，使相应的知识点记忆深刻。

(3) 情境创设和课堂设计符合三贴近原则，即贴近学生、贴近生活、贴近社会，让学生在与苯酚有关的社会事件、日常生活中去体验和思考，感受到化学的作用和责任。

(4) 教学手段和教学方法多样。本设计采用了情境创设、实验探究、设疑类比推理、评价反馈多种方法，有助于复杂问题简单化，从而激发和拓展学生的思维，也便于加强师生互动、活跃课堂气氛，实现本节课的教学目标。

缺点：

(1) 对本节课内容在教材中承上启下的作用分析不够深入。

(2) 没有导学案、教学环节没有时间安排。导学案能帮助学生快速掌握知识点和培养学生的学习能力，合理的时间计划可以帮助教师得心应手地把控课堂和教学流程。

(3) 按本设计的授课时间，板书内容过多，难按时完成。

(4) 教学设计中有些文字编辑不够认真，教学过程部分应用不同的行来表示不同的流程部分，方便区分。

第三部分　关于教学模式

一、教学模式

要上好一节课，就必须在课前针对要上的课写好教学设计（也就是过去说的“教案”），要写好教学设计，就必须了解教学模式。

（一）教学模式的概念

教学模式是在一定的教育思想、教学理论和学习理论指导下的，为完成特定的教学目标和内容，围绕某一主题形成的比较稳定且简明的教学结构理论框架及其具体可操作的教学活动方式，通常是两种以上方法策略的组合运用。

简而言之，教学模式可以概括为：以一定的理论为指导，需要完成既定的教学目标和内容，表现一定的教学活动序列及其方法策略。教学模式是教学理论与教学实践的桥梁，既是教学理论的应用，对教学实践起直接指导作用，又是教学实践的理论化、简约化概括，可以丰富和发展教学理论。

教学模式还可以这样表述：是比教学方法高、比教育理论低的一种教学范型，相对固定的、几个关键动词组合起来的教学方法，是理论与实践之间承上启下的桥梁。

（二）教学模式的特点

1. 操作性

教学模式是一种具体化、操作性较强的教学思想或理论，它把某种教学理论或活动方式中最核心的部分用简化的形式反映出来，为人们提供了一个比较抽象的理论具体得多的教学行为框架，教学模式比较清晰地呈现了教学程序，具体地规定了教师的教学行为，方便教师理解、把握和运用，教师在课堂教学中有章可循，便于教师理解、把握和运用，这是教学模式区别于一般教学理论的重要特点。

2. 简约性

教学模式的另一个特点就是简约化了的教学结构理论框架及活动模式，大都以精练的语言、象征性的图式或明确的符号表达出来。一般说来，会用教学不同阶段的关键词进行总结，或者用流程图、框图来表达教学步骤间的逻辑关系和教学流程等。这些都能使复杂多样的教学实践经验理论化，又有利于形成比抽象的理论更具体、简明的操作框架，从而便于教师理解、运用，也易于交流、传播。

3．指向性

任何一种教学模式都是围绕着一定的教学目标设计的，而且每种模式的有效运用也是需要一定的条件，因此，不存在适用于所有教学过程的万能模式，也谈不上哪一种教学模式是最佳教学模式，只存在一定情况下能达到特定目标的最有效的教学模式。因此，使用教学模式需要有鉴别不同类型的教学目标的能力，以便选用与特殊的目标相适应的特定模式。例如，发现式教学模式较适用于数理科教学，却不适用于文科教学；操练式教学模式利于知识技能训练，而对培养学生的探究精神却并不合适。因此，需要特别注意教学模式的指向性。

4．整体性

教学模式是教学现实和教学理论构想的统一，任何教学模式都是由各个要素有机构成的整体，本身都有一套比较完整的结构和机制，体现着理论上的自圆其说和过程上的有始有终。理论上的忽视或教学过程的缺失，都只能降低教学效果而不能发挥教学模式的应有功能。因此，在运用时，必须整体把握，既透彻了解其理论原理，又切实掌握其方式方法。那种无视教学模式的整体性，放弃理论学习而简单套用其程序步骤的做法，对提高教学水平有害无益。

5．更新性

虽然教学模式一旦形成，其基本结构便保持相对稳定，但这并不意味着该教学模式就从此不变了。教学模式总是随着教学实践、观念和理论的不断发展变化，而不断地得到丰富、创新和发展的。教学模式是一个动态开放的系统，有一个产生、发展、完善的过程，它的不断变革与改革，正是其得以具有有效性的重要保证。

二、全国名校高效课堂的教学模式简介

（一）以时间段划分总结的教学模式

1．杜郎口“三三六”或“10＋35”教学模式

教师讲解少于10分钟，学生活动大于35分钟。“三三六”自主学习模式：课堂自主学习三特点，自主学习三模块，课堂展示六环节。在“先学后教”之后，让学生通过一定时间和一定量的训练，应用所学过的知识解决实际问题，加深理解课堂所学的重点、难点。预习交流→分组合作→展示提升→穿插巩固→达标测评。

立体式——目标任务三维立体式，任务落实到人、组，学生主体作用充分发挥，集体智慧充分展示。

大容量——以教材为基础，拓展、演绎、提升，课堂活动多元，全体参与体验。

快节奏——单位时间内，紧扣目标任务，周密安排，师生互动，生生互动，达到预期效果。

2．昌乐二中的“271”课堂法则

昌乐二中模式，是一个高效课堂教学概念，也是一种科学的教学模式，简称

“271课堂法则”。所谓“271法则”，即课堂45分钟分别按照2∶7∶1的比例，划分为“10＋30＋5”。要求教师的讲课时间不大于20％，学生自主学习占到70％，剩余的10％用于每堂课的成果测评。

“271课堂法则”的价值趋向：促进教师工作的转变，变备教材、教法为备学生、学法。使学生动起来，课堂活起来，教学效果好起来，师生负担轻起来。“271课堂法则”三大模块：预习、互动、测评。

（二）以操作步骤总结的教学模式

1. 洋思“先学后教，当堂训练”教学模式

教学流程为：“先学”——教师简明扼要地出示学习目标；提出自学要求，进行学前指导；提出思考题，规定自学内容；确定自学时间；完成自测题目。“后教”——在自学的基础上，教师与学生、学生与学生之间互动式的学习。教师对学生解决不了的疑难问题，进行通俗有效的解释。

2. 河北衡水中学的“三转五让”教学模式

（1）“一个中心”：以提高教育教学质量为中心。

（2）“两个对待，两个至少，两个5分钟”：把每一节自习都当作考试来对待，把每一次考试都当作高考来对待；每两周至少提问每个学生一次，每学期至少对每个学生进行一次面批面改；教师连续授课时间不超过5分钟，每节课末给学生留下5分钟思考总结的时间。

（3）“三个按时，三个转变”：自习课按时到位辅导，按时布置作业，按时收缴作业；变注入式教学为启发式教学，变学生被动听课为主动参与，变单纯知识传授为知能并重。

（4）“四精，四注重”：精选、精讲、精练、精评；注重启发诱导，注重学法指导，注重情感渗透，注重培养创新思维。

（5）“五必，五让”：作业布置和检查要做到有发必收，有收必看，有看必批，有批必评，有评必补；在课堂教学中让学生观察、让学生思考、让学生表述、让学生动手、让学生自己推导做出结论，教师不能包办代替。

（6）“六个环节”：备、讲、批、辅、考、评。

3. 兖州一中“三步六段”教学法

三步：课前、课中、课后；六段：重申目标、学情调查、问题汇总、精讲点拨、课堂检测、小结归纳。

课前：教师在集体备课基础上形成具有针对学生学情的《预习提纲》；学生通过预习解决A、B两级问题，对C级、D级问题形成初步困惑，以便带入课堂。A：识记级内容；B：理解级内容；C：应用级内容；D：拓展级内容。

课中：按六段教学模式实施“生生互动”或“师生互动”，让每个人都成为交流者。重申目标→学情调查→问题汇总→精讲点拨→课堂检测→小结归纳。

课后：教师备好课后课，设计出学生中“未清”问题解决方案；学生完成作业，

并向学习委员反馈“未清”问题，“未清”问题列入下节学习内容。

基本原则：预为先导、学为主体、全员参与、师生互动、易讲难引、少讲多练、展示为主、当堂消化、减少作业、前后衔接。强制规范：凡是学生能讲的教师不代替。

4. 安阳市殷都区　“双向五环”

“双向”：指的是教师与学生两个方面。“五环”：课堂五个相连的基本环节指学生预习、教师导学→ 学生合作、教师参与→学生展示、教师激励→学生探究、教师引领 →学生达标、教师测评。模式的实质：以学生全面和谐、生动活泼发展为中心，在教学过程中建立民主、平等、合作的师生关系，构建师生互动、生生互动，师生成为“学习共同体”的一种新型的育人模式。“双向”是沿着教与学的发展方向师生配合方式来设计的教学模式：

学：预习——合作——展示——探究——达标；

⇕　⇕　⇕　⇕　⇕

教：导学——参与——激励——引领——测评。

5. 魏书生的　“六步教学法”

第一步，定向：确定教学内容的重点、难点，并告诉学生，使之心中有数，方向明确。

第二步，自学：学生根据学习的重点和难点自学教材，独立思考，自己作答。

第三步，讨论：学生前后左右每四人为一组共同讨论和研究在自学中没有解决的问题，寻求答案。

第四步，答疑：立足于学生自己解答疑难问题。

第五步，自测：学生根据定向指出的重点、难点，以及学习后的自我理解，自拟一组约需十分钟完成的自测题，由全班学生回答，自己评分，自己检查学习效果。

第六步，自结：每个学生总结自己学习的主要收获。教师在成绩优秀、中等、较差的学生中，选择有代表性的学生，讲述自己的学习过程和收获，使所获得的知识信息得到及时强化。

6. 邱学华　“先练后讲，先试后导”

在尝试过程中教师指导学生自学课本，引导学生讨论，在学生尝试练习的基础上教师再进行有针对性的讲解。它的教学基本程序可分为五步：出示尝试题→自学课本→尝试练习→学生讨论→教师讲解。

7. 卢仲衡　“自学辅导教学法”

①启发：就是提示当天学习的重点和难点。②阅读课本：就是学习自己读课本。③练习：读懂了课本，就可以做相关的练习题。④即时知道结果。这一步很重要，做了练习之后，让学生当场核对或订正答案。⑤小结。教师下课之前总结当天学习的内容。

8. 武汉大学黎世法　“异步教学法”

第一步，自学。就是自己读课本。第二步，启发。就是教师针对学生提出的问题给予适当的点拨。第三步，复习。回头梳理一下自己已经学了哪些内容，检查有没有遗漏的地方。第四步，作业。其实也就是练习。第五步，改错。这一步相当于卢仲衡老师倡导的“当时知道结果”；学生做了练习之后，同学之间相互改错。第六步，小结。

9. 北京大学附属中学张思明：高中数学“导学探索、自主解决”教学模式

五个环节：引导创设问题环境，师生平等探索讨论，学生自主解决问题，自我评价巩固成果，求异创新延伸问题链。“导学探索、自主解决”教学模式的基本主张：

（1）课堂既是知识学习的主阵地又是能力培养的主阵地，教师不应该把知识机械地“一瓢一瓢”的“舀”到学生的“桶”里。

（2）数学是“做”出来的，不是“教”出来的，一个学生只在课堂上“听”课，没有活动，不能形成真正的学习。

（3）数学教学过程必须重视让学生亲身感受，动脑思索，动手操作，动口交流。

（4）教师在教学过程中要把“以教为主”向“以学为主”的重心转移，教师平等地参与学生的探索和学习活动，通过学生自主地探索来完成课堂教学。

教学流程：创设情境、激发探究欲望→师生平等探索→学生自主解决问题→培养求异思维→自我评价、巩固成果→求异思维延伸问题链。

10. 福建张思中的“十六字外语教学法”

（1）核心理念：适当集中、反复循环、阅读原著、因材施教。

（2）攻克四大难关：单词难记关、语法难懂关、阅读背诵关、听说口语关。

（3）教学操作：

①适当集中：集中教学，指集中内容、集中材料、集中时间、集中一切手段与方法。

第一步：超前集中，先将单词和语法简要讲授，使学生有粗略印象。

第二步：随机集中，对词汇、语法和其他语言现象进行详尽、完整的教学。

第三步：综合集中，对文中的词汇和语法进行总结性、复习性的教学。

②反复循环：在教学中有以下两个层面。

一是运用各种记忆法：“集中突击，分步要求”记忆法；循环记忆法；卡片记忆法；排列组合记忆法；分析结构记忆法；形象化识记法。

二是运用多种循环方式：圆周式循环，通过循环强化记忆；螺旋式循环，即每循环一次或几次，就提高一层要求；逆循环，倒过来复习巩固；渗透式循环，各种循环方式交叉渗透、综合运用。

（三）以师生互动总结的教学模式

1. 东庐中学的“讲学稿”

讲学稿根据学生的“学”来设计，既是学生的学案，又是教师的教案。学生的“学”与教师的“教”通过“讲学稿”这个载体合二为一了。“讲学稿”实际是“给学生一个拐杖，让学生尝试自学”。它具有导学、导思、导练的功能，学什么，如何学，

学到什么程度，在“讲学稿”中都有表述。教师可以充分利用“讲学稿”的特点，注重学生主动学习、坚持预习、独立思考、钻研问题等习惯的培养。

2. **翻转课堂**

翻转课堂又称为“反转课堂”，2011 年在美国各地兴起的“翻转课堂（反转课堂)”，很快就吸引了多方的关注。这种新型的教育教学形式，颠覆了传统意义上的课堂教学模式。

翻转课堂——教师创建视频，学生在家中或课外观看视频中教师的讲解，回到课堂上师生面对面交流和完成作业的这样一种教学形式，如图 3-1 所示。

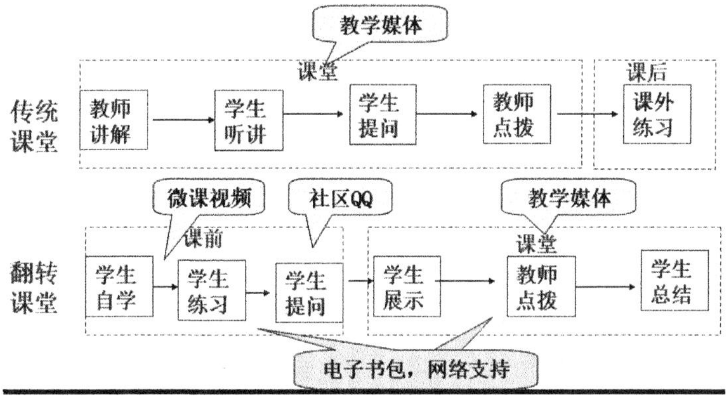

图 3-1 翻转课堂教学示意图

一个学校少数学科或一个学科某些内容进行翻转可以，大面积翻转不好实施。

(四) 综合性教学模式

1. **北京志鸿教育 “1333” 教学模式**

“1333”是指“一份学案、三种课型、三步骤、三环节”。一份学案是指师、生每堂课共用一份学案；三课型是指每个学科结合各自学科的具体特点，设计出新授课、复习课、检测课三个基本课型；三步骤是指每一堂课应该包括课前预习、课中探究、课后延伸三个步骤（阶段）；三环节是指课内探究过程：“合作探究、精讲点拨、有效训练。”

课堂教学模式：学→展→点→练。强调先学后教，当堂训练。三讲：讲重点、难点，讲易错点、易混点，讲易漏点。三不讲：学生自主学习能学会的不讲，学生合作学习能学会的不讲，教师讲了学生还是不会的不讲。

2. **李阳疯狂英语—— “环境熏陶—开口强化” 教学模式**

（1）日过四关法，每天三顿饭前必须背诵之后才能吃饭。每天睡觉前也必须背诵才能睡觉。养成征服英语的良好习惯。

（2）环境法：每间宿舍都布置了数百个句子，让大家时刻处在英文环境中，不但门上有，墙上有，就连房顶上都有。

（3）卡片法：卡片能随身携带，随时复习。包括单词卡、名言卡、对话卡、短文背诵卡等。

(4) 表演法：如果你想表演出一段对话，你就必须刻苦操练很长时间，重复很多次。

(5) 三最法："最清晰、最快速、最大声"地说英语。

(6) 一口气法：一口气说出来是练习说英语底气最好的方法。

(7) 对镜法：对照镜子将大大加快学习英语的效率。

(8) 演讲法：演讲是英语能力的最高表现形式，根据所准备的各个级别精彩的演讲稿和录音带，随时随地发表演讲。

(9) 翻译法：英语翻译成汉语还相对比较容易，汉语翻译成英语难度就大了许多。

(10) 卖弄法：鼓励学员相互卖弄，向教师卖弄，向老外卖弄，一天 24 小时找各种机会卖弄。这是从练习方法角度总结的，只适合外语的学习。

3. 河北武邑中学"一四五高效课堂"教学模式

"一"：一个理念——以新课标理念为指导；"四"：四种自主学习方式——自学归纳、自查自纠、讨论展评、探究提炼；"五"：五个环节——提出问题、自学自查、小组讨论、成果展示、归纳总结。

"一"：反馈巩固时间占 10%；"四"：学生自主学习时间不少于 40%；"五"：教师引导、归纳时间不多于 50%；一个目标——围绕一个教学（学习）目标；四导——导读、导思、导练、导结；五动——动情读、动手做、动脑思、动口议、动位展。

4. 石家庄精英中学"高效 6＋1 课堂"流程

导→思→议→展→评→检。

导：教师用简洁明快的语言实现旧知向新知的导入，以激发学生对将要学习知识的好奇心。

思：学生按课堂导学提纲上的路线图读课本，自学深思，勾画圈点，分析归纳，并做好记录。

议：学生根据教师出示的讨论题目，按照小组起立讨论（讨论内容为有一定价值的问题）。

展：学生按照既定的规则激情展示，教师鼓励学生展示、质疑、挑战、纠错、补充。

评：激情展示结束后，教师开始精讲，对本节知识进行整体梳理形成知识网络。

检：学生对当堂所学知识、方法和规律进行回顾，接受教师的检测。

5. 最新流行——微课

起源：美国新墨西哥州圣安学院高级教学设计师戴维·彭罗斯→60S 视屏（展示教学内容）→清华大学世纪研究学院专家团队→"短时高效、精品课程"（10 分钟）→"题型精讲—方法传授—考点归纳"→总结为"微课程"，简称微课。

一节课可以分解为 4～5 个结构单元，每个结构单元称为：微课程（课例片段，或称为短课程、课程组件，是一个简化了的、细分的教学编程），或对某一重难点的讲解分析，包括微教案、微课件、微练习、微反思、微点评。

微课的特征有：主持人讲授性（主持人可以出镜，可以话外音）；主流媒体播放性（可以视频、动画等基于网络的媒体播放）；教学时间较短（5～10 分钟为宜，最少的 1～2 分钟）；教学内容较少（突出某个学科知识点或技能点）；资源容量较小（适于基于移动设备的移动学习）；精致教学设计；经典示范案例（真实的、具体的、典型案例化的"教"与"学"情景）；以自主学习为主（供学习者自主学习的课程，可以是一对一的学习）；制作简便实用（多种途径和设备制作，以实用为宗旨）；配套相关材料（微课需要配套相关的练习、资源及评价方法）；微课视频时间短，质量好，方便通过手机、平板电脑、笔记本、台式电脑等终端观看。充分发挥"随时随地学习，随时随地提高"的网络学习优越性。

三、20 世纪八九十年代流行过的教学模式

湖南师范大学郑和钧的"协同模式"，江苏常州教育科学研究所邱学华的"尝试模式"，四川大足县教研室刘显国的"反馈教学模式"，中央教科院史根东的"主体教学模式"，成都七中曹宝静的"整体模式"，湖南耒阳市崔定升在 1997 年提出的"点拨模式"，广东省茂名市高州卢仲衡的"自学辅导教学模式"，魏书生的"六步教学法教学模式"；等等。

四、中外主要教育家的教学模式

孔子："伦理中心—启发式"模式。

荀子："学思践行积累"模式。

孟子："引导、自我反省"模式；深造自得→启发思维→循序渐进→专心有恒→因材施教。

苏格拉底："诘问—探索"教学模式。

赫尔巴特教学四个阶段：明了、联想、系统、方法。他的学生发展为五段教学法（教学模式）：预备→提示→联系→系统→应用。

凯洛夫：课堂教学五环节，组织教学→复习旧课→讲解新课→巩固新课→布置作业。

杜威："学生中心、做中学"模式。

瓦·根舍因："范例教学"模式。

布鲁纳："结构中心、发现中学"模式。

布鲁姆："目标掌握"模式。

巴班斯基："最优化教学"模式。

苏霍姆林斯基："和谐教育"模式。

蔡元培：“五育并重，开放包容”模式。

陶行知：“教做合一”模式……

五、查有梁教授总结的部分教学模式

四川社会科学院查有梁教授在1998、2000年分别出版的《教育建模》、《课堂模式论》把教学模式做了系统总结，现摘录部分如图3-2所示。

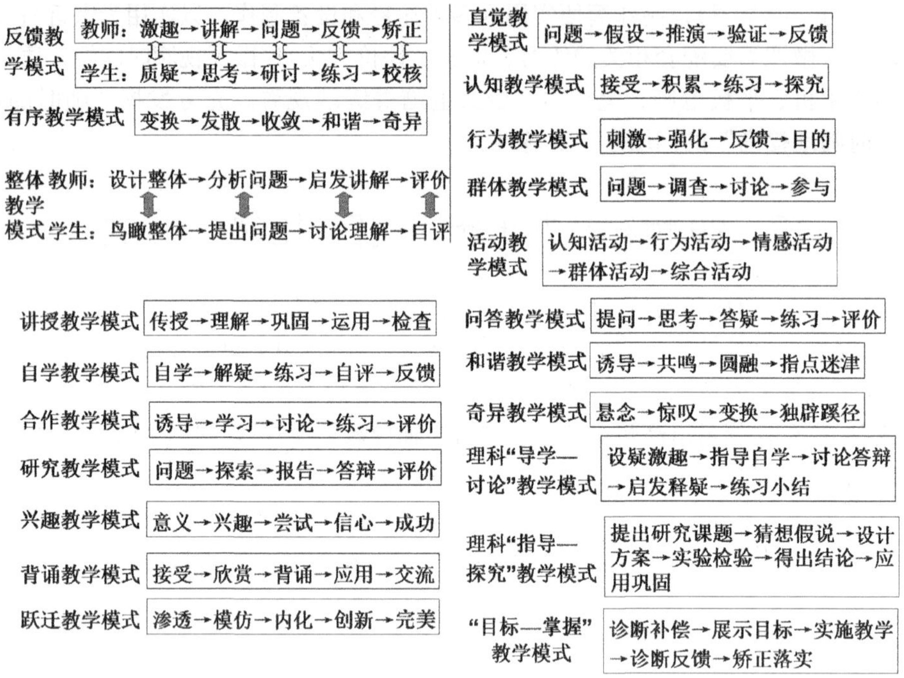

图3-2 教学模式系统图

无论是20世纪八九十年代，还是现在流行的教学模式，一言以蔽之：核心是新课程倡导的——教师主导，学生主体，让学动起来。无论哪一种教学方法和教学模式，都要符合教育学和心理学原理，符合教育教学规律，体现新课程理念（关注每一个学生、使每一个学生都得到发展）、落实核心素养、启发式、师生和生生互动。

每一个教师都要探索适合自己个性特征的、不同类课型和不同知识内容的教学方法和教学模式，形成自己的教学风格。编者认为：

（1）不要抛弃讲授法，该讲的还是要讲。

（2）每一个教师都要探索适合自己个性特征的不同类课型和不同知识内容的教学方法和教学模式，形成自己的教学风格。教学有模，教无定模。只要效果好就是好模。

（3）高效课堂是一种追求和理想，目前能做到大多数课堂有效就不错了。

六、全国名校高效课堂核心教学步骤

我们将全国各地比较有影响的教学模式对比分析，抽出其中共有的核心步骤，归纳总结如图 3-3 所示。

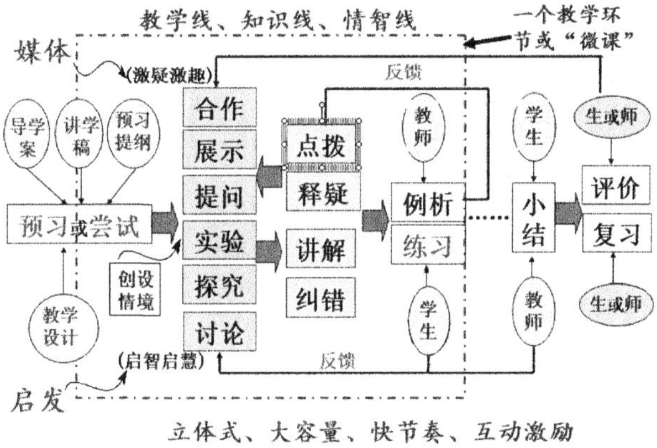

图 3-3　教学模式核心步骤图

上图中的核心教学步骤的行为动词在不同教学内容、不同教学环节中，可以减少或增加，可以顺序上进行变化（大多数都要求学生预习的导学案，有的称为教学案或“讲学稿”，早期叫作预习提纲）。可以任意组合为多种教学模式，视教学内容、学生情况和课型而定，教学媒体灵活地穿插其中。一节课可以由一个或几个教学环节组成，课的最后是小结和评价。如：

（1）预习→提问→点拨→例析→练习：适合大多数难度适中的文理科知识的教学。

（2）预习→展示→释疑→练习：适合文科阅读类或理科简单知识的教学。

（3）预习→合作→展示→点拨→练习：适合文科常识或理科科普类知识的教学。

（4）预习→实验→讲解→例析→练习：适合理科性质或有实验类知识的教学。

（5）尝试→提问→释疑→再尝试→点拨：适合理科习题类的复习课教学。

（6）讲解→提问→例析→练习→释疑：适合理科推理性强的新课教学（如几何、代数证明、化学方程计算、定理定律的推演等）。

（7）示错→纠错→小结→练习→点拨→再练习：适合文理科习题类讲评课的教学。

…………

展示这些教学模式，就给学科教师参考，以便探索和总结出效果好、具有自己特色的教学模式，提高课堂效率。

各种教学方法或教学模式，必须落实在课堂教学中。课堂教学有如图 3-4 所示几个环节。

几个方面都高效了，课堂必然是高效的。

教师：激疑、引导、关注、释疑、关注每 一个学生。

学生：心舒畅、心动手动、主动建构、轻负担、真正理解和掌握知识。

课堂：互动、活跃而不浮躁、每一个学生都有收获；“自主建构，互动激发，高效生成，愉悦共享”。

提倡课堂有效教学，追求高效课堂，总结具有本校特色和推广价值的课堂教学模式。

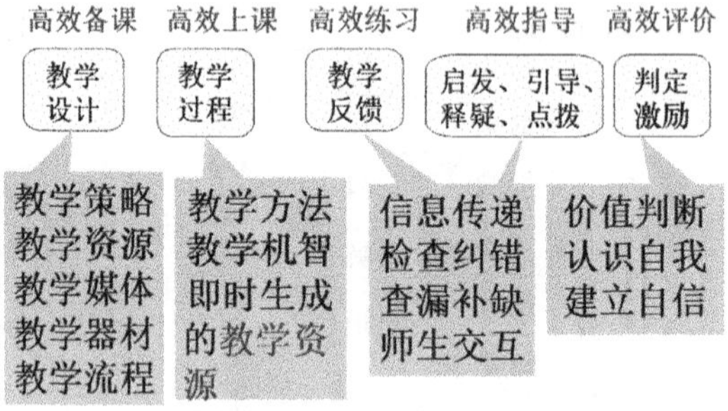

图 3-4　课堂教学环节

七、学生学习习惯养成

高效课堂必须要学生配合，所以学生的学习习惯养成非常重要！要向学生宣传习惯养成的重要性：播种一种行为，收获一种习惯；播种一种习惯，收获一种性格；播种一种性格，收获一种命运！可以在以下几方面培养学生的习惯。

高效学习的六个习惯：

(1) 会预习——养成习惯，坚持预习；了解教材，重点预习；掌握步骤，分层预习；开动脑筋，积极预习；温故知新，便于预习；尝试笔记，高效预习；合理安排，灵活预习。

(2) 会听课 ——做好准备，迎接听课；高度集中，专心听课；抓住重点，认真听课；多方配合，高效听课；大胆发言，积极听课；区别类型，灵活听课。

(3) 会复习——及时复习，巩固知识；系统复习，串连知识；强化复习，有的放矢；专题复习，提高能力；综合复习，全面提高。

(4) 会作业 ——掌握步骤，正确解题；思维要活，格式规范；限时作业，提高速度；有错必纠，弥补缺漏；一题多解，一题多变；注意小结，探索规律。

(5) 会总结——全面整理，编织成网；查漏补缺，完整知识；专题整理，深化学习；习题归类，探求规律；总结方法，提高效率。

(6) 会记忆——明确目标，存心记忆；掌握知识，理解记忆；积累经验，概括记忆；培养兴趣，积极记忆；分析矛盾，对立记忆；分类归纳，系统记忆；寻找异同，对比记忆；利用图形，形象记忆；编拟歌诀，趣味记忆。

第四部分　基本理论要点

一、教育学知识要点

1. 教育学是研究教育现象、揭示教育规律的一门科学。

2. 我国春秋末年的《学记》是世界上第一部论述教育问题的专著，比古罗马昆体良的《论演说家的教育》早约三百年。其中的主要思想有："不揠苗助长"、"不陵节而施"（体现了循序渐进的教学原则）；"道而弗牵、强而弗抑、开而弗达"（反映了启发性教学原则）；"教学相长"（体现了教师主导作用与学生主体作用相统一的教学规律）。

3. 捷克夸美纽斯 1632 年的《大教学论》是近代第一部系统论述教育问题的专著。他提出了班级授课制。

4. 美国杜威的《民本主义与教育》强调"儿童中心"，提出了"做中学"的方法，开创了"现代教育派"。

5. 苏联赞可夫的《教学与发展》把学生的"一般发展"作为教学的出发点与归属。

6. 美国布鲁纳的《教育过程》的主要思想是结构主义和发现法的教学方法。

7. 苏联苏霍姆林斯基的《给教师的建议》、《把整个心灵献给孩子》，其著作被称为"活的教育学"和"学校生活的百科全书"。

8. 教育的概念：广义指社会教育、学校教育和家庭教育三个方面，狭义指学校教育，偏义指思想品德教育。

9. 教育的社会属性有：永恒性、历史性、相对独立性。

10. 我国封建社会学校的教学内容主要是："四书"（《人学》、《中庸》、《论语》、《孟子》），"五经"（《诗》、《书》、《礼》、《易》、《春秋》），其贯穿了儒家思想。

11. 遗传素质对人的身心发展不起决定作用，社会环境对人的发展起着决定性作用。但环境决定论又是错误的，因为人接受环境影响不是消极的、被动的，而是积极的、能动的实践过程。

12. 我国普通中学的双重任务是：培养各行各业的劳动后备力量，为高一级学校输送合格新生。

13. 我国全面发展教育的组成部分是德育、智育、体育、美育和劳动技术教育。

14. "双基"是指系统的科学文化基础知识和基本技能技巧。

15. 智育的任务之一是发展学生的智力，包括观察力、想象力、思维力、记忆力和注意力，其中思维能力是决定性的因素。

16. 体育的根本任务是增强学生体质。

17. 蔡元培于1912年最早提出美育，并主张“以美育代宗教”。

18. 美育的任务：①使学生具有正确的审美观和感受美、鉴赏美的知识与能力；②培养学生表现美和创造美的能力；③培养学生的心灵美和行为美。

19. 劳动技术教育的任务：①培养学生的劳动观点，养成正确的劳动态度和习惯；②教育学生初步掌握一些基本生产知识和劳动技能。

20. 义务教育是依法律规定、适龄儿童和青少年都必须接受，国家、社会、家庭予以保证的国民教育。义务教育是一种强制性教育。

21. 教师是教育工作的组织者、领导者，在教育过程中起主导作用。

22. 教书育人是教师的根本任务。

23. 教师劳动的特点：①复杂性、创造性；②时间上的连续性、空间上的广延性；③长期性、间接性；④主体性、示范性。

24. 教师的素养：职业道德素养、知识素养、能力素养。

25. 学生是教育的客体，是自我教育和发展的主体，是发展中的人。

26. 我国新型师生关系的特点是：①尊师爱生；②民主平等；③教学相长。从根本上说，良好师生关系的建立取决于教师的教育水平。

27. 教学是教师和学生共同组成的传递和掌握社会经验的双边活动。

28. 教学是实现教育目的的基本途径。教学永远具有教育性。教学是学校的中心工作，学校工作心须坚持以教学为主，全面安排的原则。

29. 教学过程是教学信息反馈和师生双边活动的过程，教学中教师起主导，学生是主体。教师的主导作用不是包办代替。

30. 课程是学校教育的核心，是学校培养未来人才的蓝图。

31. 编写学科课程标准和教材应遵循的原则：思想性和科学性统一，理论联系实际，稳定性和时代性结合，系统性和可接受性结合。

32. 知识不等同于智力，掌握知识的多少并不能标志智力发展的水平。教学过程中要把掌握知识和发展智力结合起来，只重视能力培养的形式教育论（英国洛克）和只重视知识传授的实质教育论（英国斯宾塞）都是错误的。

33. 赫尔巴特提出了传授知识与思想品德教育相统一的规律。

34. 教学过程的基本阶段：①激发学习动机；②感知教材，形成表象；③理解教材，形成概念，这是中心环节；④巩固知识；⑤运用知识，形成技能技巧。

35. 主要的教学原则：①科学性与教育性相结合的原则；②理论联系实际的原则；③直观性原则；④启发性原则；⑤循环渐进原则；⑥巩固性原则；⑦因材施教原则。

36. 两种对立的教学方法思想是启发式和注入式。我们应当提倡启发式，反对注入式。

37. 教学的基本组织形式——课堂教学。

38. 常用的教学方法：

(1) 以语言传递为主的教学方法：①讲授法；②谈话法；③讨论法；④读书指导法。

(2) 以直观感知为主的教学方法：①演示法；②参观法。

(3) 以实际训练为主的教学方法：①练习法；②实验法；③实习作业法；④实践活动法。

(4) 以探究活动为主的教学方法：发现法。

(5) 以情感陶冶（体验）为主的教学方法：①欣赏教学法；②情境教学法。

39. 教学工作的基本环节：①备课；②上课（教学工作的中心环节）；③课外作业的布置与批改；④课外辅导；⑤学业成绩的检查与评定。

40. 一节好课的基本要求：①教学目的明确。②内容正确。突出重点、难点，抓住关键。③结构合理。上课有高度计划性、组织性、效率高、效果好。④方法恰当。⑤语言艺术。⑥板书有序。⑦态度从容自如。

41. 德育教育一般包括：政治教育、思想教育、法纪教育和道德品质教育四个基本方面。

42. 德育过程是对学生知、情、意、行培养提高的过程。知、情、意、行是品德心理的四要素。行是学生思想品德形成与否的关键，也是衡量一个人思想品德水平高低的主要标志。

德行过程是沿着知、情、意、行的顺序发展的，但其中任何一个要素都可以作为品德培养的开端，即思想品德教育具有多端性，即德育过程是对学生知、情、意、行的培养提高过程，教师应“晓之以理、动之以情、持之以恒、导之以行”。

43. 活动与交往是形成学生思想品德的源泉和基础。

44. 德育原则：社会主义方向性原则；从学生实际出发的原则；知行统一的原则；集体教育与个别教育相结合的原则；正面教育与纪律约束相结合的原则；依靠积极因素，克服消极因素的原则；尊重、信任和严格要求学生相结合的原则；教育影响的一致性和连贯性原则。

45. 马卡连柯的平行教育理论：集体教育与个别教育相结合的原则。

46. 德育的途径：思想政治课是特别的重要途径，其他各科教学是最经常、最基本的途径。

47. 陶冶教育包括人格感化、环境陶冶、艺术陶冶三种。

48. 班主任工作的主要任务是：带好班级、教好学生。

49. 全面了解和研究学生是有效地进行班主任工作的前提和基础。其中观察法是一种最基本的了解方法。

50. 组织和培养班集体是班主任工作的中心环节。是否能培养正确的集体舆论和优良的班风，这是衡量班集体是否形成的重要标志之一。

二、心理学知识要点

1. 心理学是研究人性的科学，物理、化学等自然学科研究物性。

2. 心理学是一门既古老又年轻的学科，兼有自然科学和社会科学的特点。（学科性质）

3. 科学心理学的产生：德国心理学家冯特（心理学之父）。

4. 科学心理学的诞生标志：1879 年冯特在莱比锡大学建立世界上第一个心理学实验室。

5. 心理学研究中的七大流派：

（1）构造主义心理学派，代表人物：冯特、铁钦纳。观点：研究对象是意识的结构和内容。

（2）机能主义心理学派（传统流派），代表人物：詹姆斯。观点：强调意识的作用和功能。

（3）行为主义心理学派，代表人物：华生、斯金纳。观点：主张研究行为和用实验方法。

（4）格式塔心理学，代表人物：魏特墨、考夫卡。观点：强调心理作为一个整体、一种组织的意义。

（5）精神分析学派，代表人物：弗洛伊德。观点：人的行为源于欲望与动机；以无意识的形式支配人的行为。

（6）人本主义心理学派，代表人物：马斯洛、罗杰斯。观点：人性本善。

（7）认知心理学派，重点：对信息加工历程的研究。

6. 心理学是通过研究行为，揭示心理活动规律的科学。

7. 从人的心理的动态——稳态的维度看，心理现象可分为：心理过程（动态的）、心理特征（稳态的）、心理状态（暂时性的）。心理过程包括：认识过程（感觉、知觉、记忆、思维、想象、言语），情绪情感过程（喜、怒、哀、惧），意志过程。个性心理包括：个性倾向性（兴趣、信念、动机、世界观、需要），个性心理特征（能力、气质、性格）。心理状态包括：注意、激情、灵感。

8. 认知、情感、意志，简称知、情、意，三者紧密联系，相互作用。①认知是情绪、情感和意志的基础；②情绪、情感和意志影响认知活动；③情绪、情感和意志相互作用。

9. 心理过程，心理特征和心理状态密切联系。首先，心理过程是心理特征和心理状态的基础；其次，心理状态和心理特征影响制约心理过程；最后，心理状态和心理特征密切联系。

如果某类心理状态经常反复出现并且持续时间愈来愈长，就转化为心理特征。

10. 意识即心理，意识是人类独有的。意识是我们现实觉知到的心理现象。

无意识是人在正常情况下觉察不到也不能自我调节和控制的现象。

11. 对人影响较大的四种生物节律：①年节律；②月节律 28 天（月亮的圆缺）；③日节律（24 小时节律）；④90 分钟节律。

12. 睡眠状态是一种心理现象，有两种状态即快速眼动睡眠和非眼动睡眠相互转换。

13. 唯物主义心理观：心理是脑的机能，脑是心理的器官。心理是人脑对客观现实的主观能动反映，是社会化的结果（心理的实质）。

14. 心理活动的物质基础——神经系统及构造，神经系统分为周围神经系统和中枢神经系统。

15. 左脑：意识功能，通过语言和逻辑表达内心世界。右脑：潜意识功能，通过情感和形象表达内心世界。

16. 神经系统基本活动方式是反射。分为无条件反射（遗传的，生来就有的，保证机体适应固定环境）和条件反射。条件反射是有机体在无条件反射的基础上，通过无关刺激与无条件刺激，在时间上多次结合产生的。

17. 条件反射的两种信号系统。第一信号系统：以直接作用于各种感觉器官的具体信号刺激（光线、铃声）而建立起的条件反射系统（动物与人共有）；第二信号系统：与语词作为条件刺激物而建立起的条件反射系统（人类独有）。

18. 客观现实是心理的源泉。案例：狼孩。

19. 自我意识不是生来就有的，是个体社会化发展的结果。

20. 注意——一切心理活动的门户。概念：心理活动对一定对象的指向和集中。

21. 注意的功能：选择、维持、调节，是一种心理状态。

22. 注意的种类：①无意注意（不随意注意）——不受意志控制的，没有预定目的，不需要做意志努力的注意；②有意注意：有预定目的，需要做意志努力的注意；③有意后注意：有预定目的，不需要做意志努力的注意。

23. 无意注意的规律（条件）：刺激物的特点、个体的主观状态。

有意注意（随意注意）规律（条件）：①明确目的任务；②组织有关活动；③激发、培养间接兴趣；④用意志排除各种干扰。

引起无意注意的主观因素之一是对事物的直接兴趣；制约有意注意的是间接兴趣，即对活动日的和结果感兴趣，活动本身并不直接吸引人。

24. 有意后注意规律（条件）：①对活动浓厚的兴趣；②活动的自动化。

25. 注意的品质（特征）：广度、稳定性、分配、转移。注意的起伏（动摇）：当人专注于某一现象时，视、听感觉器官会产生周期性的加强和减弱的变化。

26. 感觉：人脑对直接作用于感觉器官的客观事物的个别属性的反映。

知觉：人脑对直接作用于感觉器官的客观事物的整体属性的反映。

联系：①都是直接作用于感觉器官的事物的反映；②属于感性认识，反映的是事物的外部特征和外部联系；③感觉是知觉的基础，知觉是感觉的深入和发展。

27. 感受性：对刺激的感觉能力。通过实践、训练可以提高感受性。

28. 感觉的分类：外部感觉（视觉、听觉、味觉、嗅觉和皮肤感觉）。内部感觉

(运动觉、平衡觉和内脏觉)。

29. 感觉适应：由于刺激物对感受器的持续作用，使感受性发生变化的现象。

后像：刺激物对感受器的作用停止后，感觉并不立即消失，还能保持一个短暂的时间。

同一感觉的相互作用——感觉对比：同一感受器接受不同的刺激而使感受性发生变化的现象。分为同时对比和先后对比（继时对比）。

不同感觉的相互作用——联觉：一种感觉引起另一种感觉的心理现象。

30. 知觉的基本特性：①整体性原则（格式塔原则）——接近律、相似率、连续律、封闭律；②选择性原则：人们能迅速从背景中选择出知觉对象，知觉的对象与背景相互依存，互相转化；③理解性原则：在知觉事物时，人总是根据以往经验赋予事物一定的意义；④恒常性原则：知觉条件在一定范围内发生变化时，知觉映像保持相对不变，包括颜色恒常性、大小恒常性、声音恒常性、形状恒常性。

31. 记忆：人脑对过去经历过的事物的反映，包括识记、保持和再现（回忆和再认）三个基本过程。

32. 记忆的信息加工：信息—感觉记忆（注意）—短时记忆（复述）—长时记忆（提取）—返回短时记忆。

33. 短时记忆的容量是7±2个组块。白鼠跳台实验证明短时记忆的存在。

34. 识记分类：分为无意记忆和有意记忆。无意识记：①无目的和要求；②无意志努力；③无记忆方法；④自发性和片面性。有意识记：①有目的和要求；②有意志努力；③有记忆方法；④自控性和创造性。

35. 青少年记忆发展特点：①从识记的目的性来看，记忆的自觉性增强，有意记忆占主导地位；②从识记的方法来看，记忆的理解性增强，意义识记占主导地位；③从识记的内容来看，语词识记迅速发展，抽象记忆占主导地位。

36. 遗忘：识记过的材料不能回忆和再认或者错误地进行回忆和再认。原因：衰退说、干扰说、提取失败说和压抑说。最明显的证据是倒摄抑制和前摄抑制。

倒摄抑制：后学习的材料对先学习材料的干扰作用。

前摄抑制：先学习的材料对回忆后学习材料的干扰作用。

应有效控制倒摄抑制和前摄抑制的影响。

复习内容的安排：①不同性质材料穿插复习；②同一种材料的中间部分多复习几遍，或分成部分，增加开头和结尾的数量。复习时间安排：早晚自习。

37. 思维：人脑对客观现实的概括的、间接的反映。特性：概括性和间接性。

38. 创造性思维——个人在已有经验的基础上，发现新问题，创造新方法，解决新问题的思维。①流畅性：多；②灵活性：活；③独创性：新。

39. 创造性思维影响因素（问题解决的影响因素）：

(1) 问题情境的影响（包括事物的空间排列、刺激模式与个人的知识结构、无关刺激的干扰）。

(2) 动机的影响：动机强度与问题解决效率呈“倒U形函数关系”，中等强度的动机问题解决效率最高。

（3）思维定势的影响（进行逆向思维）。

（4）功能固着的影响（进行功能变通）。

（5）解决问题策略的影响（算法和启发法），常用的启发法：试误法、手段——目的分析、反推法、爬山法。

（6）已有知识经验的影响。

（7）人格的影响。

40. 如何培养学生的创造性思维？

（1）激发学习动机，培养学习兴趣和求知欲。

（2）运用发展创造性思维策略（头脑风暴法、自由联想法），培养创造性思维能力。

（3）改变传统的评定学习成绩的观念，鼓励学生的创造性思维。

（4）培养学生的发散思维和聚合思维的能力。

（5）引导学生积极参加创造性活动。动机强度与问题解决效率见图 4-1 倒 U 形曲线。

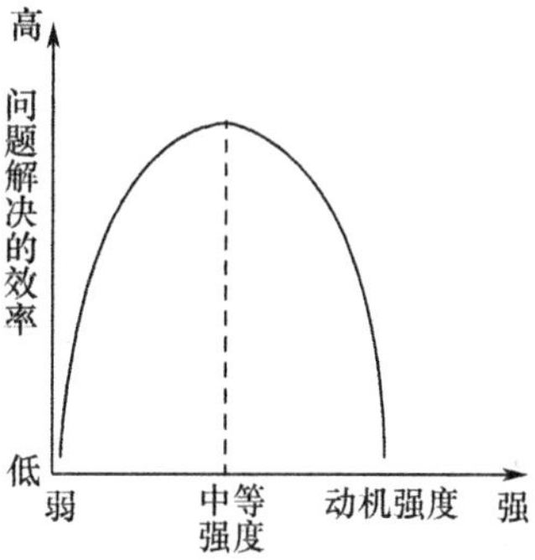

图 4-1　动机强度与问题解决效率关系示意图

41. 想象：人对已有表象进行加工改造而形成新形象的过程。

过程：综合（粘合），拟人化，夸张，典型化。

42. 情绪情感：个体对客观事物与个体需要间关系的体验过程。情绪情感与认知的关系见表 4-1。

表 4-1　情绪情感与认知的关系

项目 类别	区别	联系
认知过程	通过形象或概念反映客观事物及其属性、本质和规律。	1. 认知过程是产生情绪情感的前提和基础。
	其发生、改变具有随意性。	
情绪情感过程	通过体验来反映客观事物与人的需要的关系，不反映事物及其属性、本质和规律。	2. 情绪情感对认识活动有积极或消极双向作用。
	其发生、改变具有不随意性。	

43. 情绪的类型：基本情绪（喜、怒、哀、惧）；情绪表现形式：依据情绪发生的强度、持续性和紧张度可以把情绪状态划分为心境（微弱而持久的情绪状态）、激情（强烈的、短暂的、爆发式的情绪状态）和应激（出乎意料的紧张情况下所产生的情绪状态）。

44. 情绪调节：①转移注意力；②情境调节；③认知调节；④行为调节；⑤合理宣泄。

45. 心理冲突从形式上分为双趋冲突、双避冲突、趋避冲突、双（多重）趋避冲突。

46. 归因理论：能力、努力、任务难度和运气是人们解释成功或失败知觉到的主要原因。要强调内部、不稳定和可控制的因素，即努力。

47. 人格结构包括人格动机系统、心理特征系统、自我调控系统。

48. 气质：个体生来就有的心理活动的反应特征。心理活动的反应特征：①心理过程的强度；②心理过程的速度和稳定性；③心理活动的指向性。

49. 气质不决定一个人成就的大小，不决定一个人智力的高低，但会影响工作的效率和性格特征形成的难易，会影响对环境的适应和健康。

50. 性格：个人对现实的稳定态度和习惯化的行为方式。

性格和气质区别：起源不同、可塑性不同、范围不同、优劣不同。

联系：气质对性格形成的影响——气质能影响个人性格的形成，气质会给性格染上个人的色彩，气质会影响性格形成或转变的速度。

性格对气质的影响——性格可以在一定程度上掩盖或改变气质，使它服从于生活实践的要求。各种气质类型和行为特点见表 4-2。

表 4-2　各种气质类型和行为特点

神经类型（气质类型）	强度	平衡性	灵活性	行为特点
兴奋型（胆汁质）	强	不平衡		攻击性强、易兴奋、不易约束、不可抑制
活泼型（多血质）	强	平衡	灵活	活泼好动、反应灵活、好交际
安静型（黏液质）	强	平衡	不灵活	安静、坚定、迟缓、有节制、不好交际
抑制型（抑郁质）	弱			胆小畏缩、消极防御、反应强

51. 能力：人们顺利完成某种活动必须具备的个性心理特征。

能力与知识的关系：能力与知识密切联系，相互促进。①知识是人类社会历史经验的总结和概括；②能力是个体固定下来的概括化的内容，是一种稳定的个性心理特征；③能力不是活动本身，而是获取知识过程中心理活动的概括化。知识与能力的关系表现在发展速度的差异方面。

52. 需要：由生理上或心理上的缺失或不足所引起的一种内部的紧张状态，是个人活动的积极性源泉。

特征：①对象性；②动力性（需要是个人活动的积极性源泉）。需要的发展性包括横向（种类）、纵向（水平）、手段。需要的动力发展性是需要的根本特点。

53. 马斯洛需要层次理论及其评价

由低到高分别是：①生理需要；②安全需要；③归属与爱的需要；④尊重需要；⑤自我实现的需要。低层次的需要基本得到满足，才能产生较高层次的需要。

评价：积极意义——①注重社会正常人的需要，具有普遍性；②严格组织的层次系统，客观、准确地指示了人类需要产生的客观规律。

局限性：①强调个人需要、个人的自我实现，没有提到社会实现对个人需要的制约作用。②强调从低到高发展，但没有充分认识高级需要到低级需要的调节作用。即使在某些特定背景下，也能产生高层次需要。

54. 动机：推动人进行活动，并使活动朝着某种目标的内部动力。

需要与动机的关系：需要（激活作用）$\xrightarrow[\text{动因}]{\text{内驱力}}$动机$\xrightarrow[\text{诱因}]{\text{牵引力}}$目标（诱发作用）。

需要是动机形成的基础；诱因是动机形成的外部条件。

55. 动机与效率：动机强度与学习效率呈“倒U形函数关系”，中等强度的学习动机学习效率最高（见图4-2）。

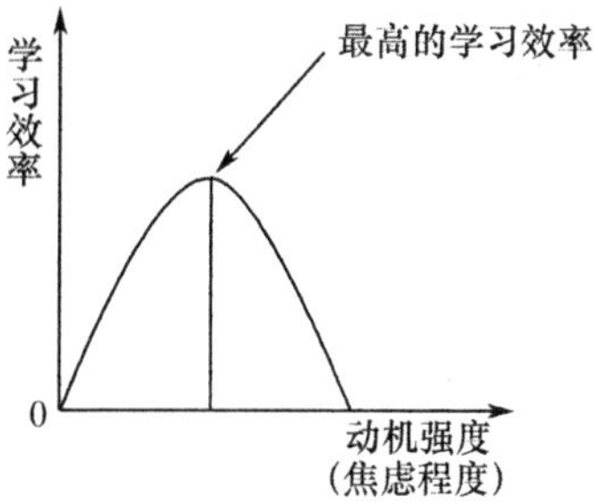

图 4-2　动机强度与学习效率关系示意图

56. 学生学习动机的发展与激发：

（1）学生学习动机的发展趋势（特点）：

①学习动机的自主性水平不断提高，内部动机逐渐占优势。

②学习动机不断与长期目标结合，远景性动机逐渐占优势。

③学习动机不断向健康发展，合理动机逐渐成为主流。

④学习动机不断与社会要求相联系，社会性学习动机不断丰富和增强。

（2）学习动机的培养与激发：

① 创设问题（疑难）情境，实施启发式教学；②充分利用学习结果的反馈作用；③适当开展竞赛；④正确使用表扬与批评；⑤正确指导结果归因，促使学生继续努力。

三、认知心理学知识要点

（一）认知心理学知识要点（一）

学习心理学的本科生对于认知心理学领域的知识有着不同的反应。一些学生认为它们既令人激动又显得非常全面，几乎涵盖了了解人类心智的所有基本问题。

事实上，认知心理学就是提出有关心智是如何运作的问题——我们如何感知他人、事件及各种事物，我们如何记忆以及我们究竟记住了些什么，我们如何在头脑中组织信息，我们如何调集这些信息以及其他心理资源以形成重要的决策。

知识的本质新论——一种认知心理学的观点（丁家永）。

1. 知识的本质是两类知识具有不同的表征

现代认知心理学把知识定义为：个体通过与其环境相互作用后获得的信息及其组织。贮存于个体内的是个体的知识，贮存于个体之外的即为人类的知识。同时研究认为个体的知识分为两类，一类为陈述性知识，另一类为程序性知识。

图式是对同类事物的命题的或知觉的共性的编码方式。

加涅（R. Gagne，1983）等人研究认为图式不仅可为知识贮存提供框架，而且还对新的信息加以改造，使它适合于已建立的图式。

梅耶（R. Mayer，1987）研究认为图式从结构上来看是围绕某个主题组织的；从理解来看，图式中含有许多空位（slots），它们可以被某些信息填补，并由此帮助人们产生新的推论。

知识学习的第一阶段是陈述性的，也就是说程序性知识学习的前身是陈述性知识。程序性知识学习的第二阶段是通过应用规则的变式练习，使规则的陈述性形式向程序性形式转化。程序性知识学习的第三阶段是程序性知识规则完全支配人的行为，整个活动达到相对自动化。由此我们不难理解知识的本质和两大类型知识表征的差异。

2. “知识网络”概念的提出加深了对知识本质的认识

陈述性知识和程序性知识通过工作记忆为中介相互作用。陈述性知识进出工作记忆的过程分别是提取和存储。程序性知识进出工作记忆的过程分别是匹配和执行。

程序性知识的执行，包括对内部的重建与改组和对环境的解决问题都是在各种变式中的练习，正是一系列的练习改变了工作记忆中的内容，从而使学习者的陈述性知识变得更加完善和精练。这就是平常我们说通过练习有助于加深理解知识的道理。由陈述性知识转化而来的程序性知识反过来为陈述性知识服务，体现了知识学习过程的循环往复、不断提高的规律。

安德森在人工智能研究中把两类知识的相互作用称为知识编辑，它包括两个子程序：一是程序化过程，即把从陈述性知识中提取到的信息编成产生式的信息；二是合成，即把多个产生式合成一个产生式。经过知识编辑计算机可以模拟人的心智过程。当然人工智能研究还处于初级阶段但发展前景广阔，这也正是人们研究知识本质的动因所在。

3. 研究知识网络在教育中的含义

一是联系的多维性，二是网络的开放性。联系的多维性有两方面的含义，一是在知识网络中，每一点（知识点）向外发出的联系是多方向的。

（二）认知心理学知识要点（二）

1. 认知心理学的研究范式

信息加工的方法、联结主义的方法、进化论的方法、生态学的方法。基本加工过程：物体知觉和模式识别、知觉自下而上的加工过程：模板匹配、特征分析、原型匹配、自上而下的加工过程。

知觉学习、变化盲区、字词优势效应、字词知觉的联结主义模型、神经心理学视野下的字词知觉 、直接知觉、知觉损伤、视觉失认。

注意：选择性注意、过滤器理论、衰减理论、后期选择理论、多样式理论；注意的容量和心理努力、图式理论、有关注意的神经心理研究、视觉注意的网络。

事件相关电位和选择性注意、自动性和实践效用、斯特鲁普任务、自动加工和注意（控制）加工、特征综合理论、注意捕捉、注意分散、双重任务的执行、自动化的注意假说。

2. **形成和使用新的记忆痕迹**

记忆的隐喻、感觉记忆、图像记忆、声像记忆、短时记忆、记忆容量、编码、保持时间和遗忘、信息的提取、工作记忆、执行的运行、记忆过程的神经学研究。

3. **从长时记忆中提取记忆**

对长时记忆的传统看法、容量、编码、保持时间、遗忘、信息提取、加工水平理论、记忆的再建构特性、自传体记忆、闪光灯记忆、目击者记忆、错误记忆综合症、遗忘症、顺行性遗忘症、逆行性遗忘症。

知识的表征和组织、信息的使用和操作、认知的个体和情景差异。

第五部分　中小学教育教学动态

一、素质教育要点

（一）素质教育培养目标

实施素质教育，就是全面贯彻党的教育方针，以提高国民素质为根本宗旨，以培养学生的创新精神和实践能力为重点，造就“有理想、有道德、有文化、有纪律”的、德智体美劳全面发展的社会主义事业建设者和接班人。

全面推进素质教育，要面向现代化、面向世界、面向未来，使受教育者坚持学习科学文化与加强思想修养的统一，坚持学习书本知识与投身于社会实践的统一，坚持实现自身价值与服务祖国人民的统一，坚持树立远大理想与进行艰苦奋斗的统一。

（二）素质教育的实施

全面推进素质教育，要坚持面向全体学生，为学生的全面发展创造相应的条件，依法保障适龄儿童和青少年学习的基本权利，尊重学生身心发展特点和教育规律，使学生生动活泼、积极主动地得到发展。

实施素质教育应当贯穿于幼儿教育、中小学教育、职业教育、成人教育、高等教育等各级各类教育，应当贯穿于学校教育、家庭教育和社会教育等各个方面。在不同阶段和不同方面应当有不同的内容和重点，相互配合，全面推进。在不同地区还应体现地区特点，尤其是少数民族地区的特点。

实施素质教育，必须把德育、智育、体育、美育等有机地统一在教育活动的各个环节中。学校教育不仅要抓好智育，更要重视德育，还要加强体育、美育、劳动技术教育和社会实践，使诸方面教育相互渗透、协调发展，促进学生的全面发展和健康成长。

（三）素质教育的基本特征

基础教育是国民素质教育的奠基工程，具有鲜明的基础性、相对稳定性，也具有一定的时代性。素质教育鲜明地体现了基础教育的基本特征。

（1）素质教育是一种着眼于发展、着力于打基础的教育，其根本任务是为每一个学生今后的发展和成长奠定坚实而稳固的基础。这里的“基础”内涵十分丰富，包括思想品德素质、科学文化素质、身体心理素质、劳动技能素质、审美素质在内的广泛而全面的基础。

（2）人的素质是一种“以先天禀赋为基础，在教育和环境影响下形成和发展起来的相对稳定的身心组织要素的总和”。而素质教育凭借着人类历史上积累起来的优秀文化成果来形成学生的全面素质，发展学生健康的个性，必然要求教育的目标、内容、方式等相对保持稳定。

（3）人的素质既有相对稳定性，也有时代性。因而要求学校教育在保持相对稳定的基础上，根据时代发展和社会需要，适当吸纳最新科技、文化成果，调整、充实和完善教育目的、内容和方法，以适应现代社会和未来世界多方面的挑战。因为素质教育较好地体现了基础教育的基本特征，因此，素质教育是一种高层次的基础教育。

素质教育的全面实施，使基础教育返璞归真，重新成为真正意义上的基础教育。长期以来，基础教育在片面追求升学率的严重干扰下，已异化为应试教育。这种异化使基础教育的本质属性和基本特征逐步被扭曲，背离了教育教学的基本规律，在一定程度上破坏了教育教学秩序和规范，导致了学生素质的片面发展或畸形发展。因此，基础教育由应试教育向素质教育的转移是历史赋予的重任。而转移的过程，实质上也就是基础教育回归自身、重新定位、寻求自身本质属性和基本特征的过程。

（四）素质教育涵盖的内容

（1）创造性能力的培养：能力的本质是创造性。创造是社会发展的前提。创造性是生产力发展和社会文明发展的基础。创造能力培养特别应贯穿于幼儿教育、义务教育始终，从小培养敢于创新的思想和创新思维的能力；中国的“应试教育”已经严重束缚了一代人创造能力的培养和发挥，影响了中国科学技术的发展速度。

（2）自学能力的培养：当今社会，科学技术迅猛发展，知识剧增。而在中学阶段，只能选取最基础、最基本的知识教给学生。自学能力是学生在已有的知识水平和技能的基础上，不断独立获取新知识并运用这些知识的保障。

（3）社会公德教育：社会公德是人类社会都应该遵循的人与人相处的行为准则和规范。每一个人在生长发育的过程中，都必须学会遵守社会公德，完成心理和精神上的进化和成熟，从为生存而生存、自私、野蛮的动物本性的禁锢中解放出来。社会公德主要可概括为五个方面：

文明礼貌、敬老爱幼，是人的最基本道德。

保护环境、讲究卫生，是为人类当前生存和子孙后代生存的道德。

遵纪守法、勤恳敬业，是为社会物质文明和精神文明的基本贡献。

助人为乐、见义勇为，是为社会物质文明和精神文明的高层次的贡献。

诚实守信、正直向上，是为社会稳定和持续发展的贡献。

（4）世界观教育：世界观是人们对整个世界的根本看法，科学的世界观必须在不断学习自然知识和社会知识的过程中逐步形成。

（5）人生观教育：人生观是人们对人生的根本看法，主要包括：人生目的、人生态度和人生价值。以天下为己任，从全人类的生存和可持续发展出发，不断发展生产力，为实现全人类物质文明、精神文明和政治文明为最高目标，是科学的人生观。

(6) 劳动观念教育：人要不断发展社会生产力，提高生存、生活质量，为人类的持续发展而劳动。人必须成为社会生产力、成为劳动力，能创造财富。

(7) 终身学习教育：21世纪是科技革命的新世纪，是知识爆炸的时代。每个人都不可能在学校学好今后走上社会所需的一切知识。随着社会的发展，每个人都必须在生产实践中根据需要不断学习、充实、完善。因此，每个人还必须把培养自己不断学习、善于学习能力放在重要地位。现代人必须终身学习。

(8) 审美观念与能力的培养：在中学教学中加强学科审美教育，可以培养和发展学生的美感，使之形成对各学科的爱好，启发他们学习的最佳动机，促进创造思维的发展，以此促进教学质量的进一步提高。而审美能力也是促进学生对知识的永久性记忆、提高学习效率的基础。

(五) 素质教育分类

按素质教育的实现范围来分，中国素质教育主要分为个人、社会、国家三个层面。

1. 个人素质教育

个人素质教育是指学生个人在应试教育环境下通过改进学习方式在一定程度上实现素质教育。而这种学习方式就被称为个人素质教育学习方式，其意义包括：

(1) 学生个人在应试教育环境下尽全力实践素质教育要求形成的一种先进的学习方式。身处应试教育大环境的学生并不是对自己的学习、生活无能为力，凭借学生的学习主体地位，他们仍然可以发挥自己的主观能动性，最大程度地按照素质教育的要求改进自己的学习方式，从而实现“自己的”素质教育。

(2) 素质教育与应试教育的结合体。由于学生不可避免地身处应试环境，素质教育的实现是不可能十分彻底的，所以个人素质教育必定会含有应试教育的某些因素。比如虽然以提升综合素质为根本目的，但以取得高分为首要目的等等。

(3) 大多数优秀学生的经验总结。由于应试教育的片面性、狭隘性和低效性，天分并不十分突出的应试教育学习方式实践者往往苦学无效，很难取得十分优异的成绩。大多数优秀学生能取得好成绩，去除先天因素外的根本原因在于其实践了一种兼顾分数与能力，博采应试教育和素质教育两家之长的先进的学习方式，即个人素质教育学习方式。

个人素质教育是由应试教育向素质教育过渡的中介。其原因是：广度上，一个人的素质教育是全体学生实现按素质教育的前提；深度上，实现应试教育与素质教育的混合学习方式是实现完全意义上的素质教育的基础。

2. 社会素质教育

社会素质教育是指在一定范围内和一定程度上实现的素质教育。这种素质教育模式跨出了一个人的个人素质教育范畴，首次在集体范围内实现了素质教育；跨出了学习方式范畴，首次涉及了教育教学模式领域。目前，这种模式最常见的表现形式是学校素质教育和地区素质教育。在政策限制、教育发达地区（一线城市）和升学压力相对较小的学校（比如小学、初中），这种形式成为素质教育的主要实现形式。

3. **国家素质教育**

国家素质教育指的是在全国范围内以宪法、法律和地方行政法规为法律基础，拥有完善体制机制保障的完全意义上的素质教育。实现国家素质教育是中国教育改革的最终目的。

二、核心素养要点

（一）总体框架

2016年9月13日上午，中国学生发展核心素养研究成果发布会在北京师范大学举行。北京师范大学校长董奇、教育部基础教育二司副司长申继亮出席会议并致辞。来自教育学界和心理学界的知名专家学者、教育行政部门人员和一线教育工作者代表等参加了会议。

中国学生发展核心素养以培养“全面发展的人”为核心，分为文化基础、自主发展、社会参与三个方面，综合表现为人文底蕴、科学精神、学会学习、健康生活、责任担当、实践创新等六大素养，具体细化为国家认同等18个基本要点。各素养之间相互联系、互相补充、相互促进，在不同情境中整体发挥作用。为方便实践应用，将六大素养进一步细化为18个基本要点，并对其主要表现进行了描述。根据这一总体框架，可针对学生年龄特点进一步提出各学段学生的具体表现要求。

需要清楚的是：核心素养不是否定素质教育，是素质教育进一步落实，是素质教育的深化和细化。

（二）素质与素养的关系

“素质”——通常指的是个体先天禀赋和后天环境（教育）交互作用在个体身上所体现出来的结果；“素养”——更多地指向后天习得的，通过教育可以培养的，可以更加凸显教育的价值。

《人民教育》杨向东：“素养”是与国际科研文献一致的科学建构，存在大量相关研究和成果，可以在借鉴国际理论和研究模式的基础上构建我国“核心素养”的理论体系。从推进策略的角度来讲，选择“核心素养”而不沿用“素质”的用法，更加容易赋予其新的含义，引发公众的关注和思考，免除旧有概念可能蕴含的思维定势。核心素养与人的教育、人才教育、素质教育和素养教育的关系如图5-1所示。

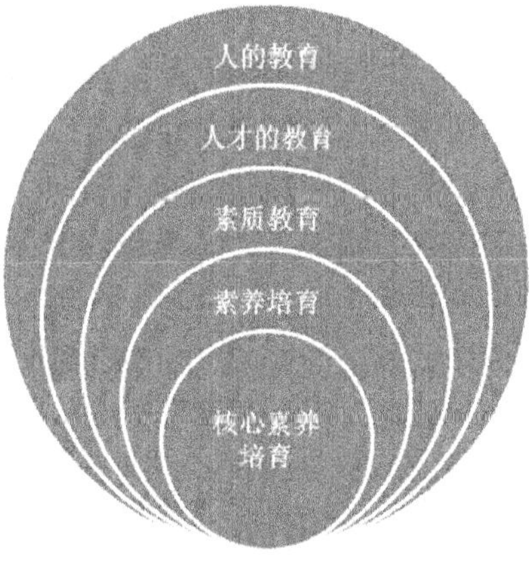

图5-1　核心素养与人的教育、人才的教育、素质教育和素养教育的关系

（三）核心素养的定义

学生应具备的，能够适应终身发展和社会发展需要的必备品格和关键能力，如图 5-2 所示。

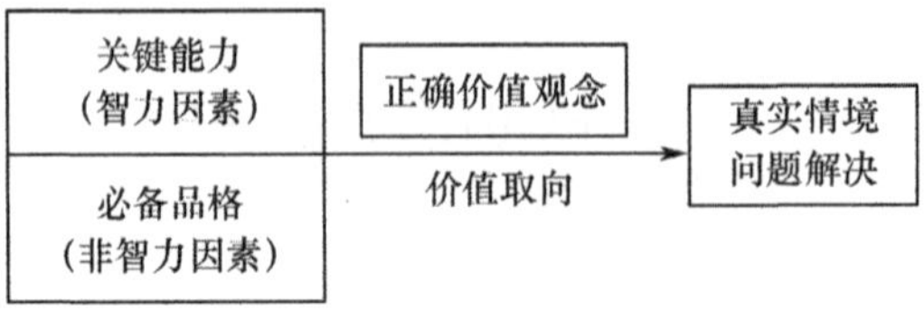

图 5-2　学生必备核心素养

它的出现，一是全面贯彻党的教育方针，落实立德树人根本任务的迫切需要；二是适应世界教育改革发展趋势，提升我国教育国际竞争力（强国战略）的迫切需要；三是全面推进素质教育，深化教育领域综合改革的迫切需要。一个人平时的行为表现行为只是冰山一角，大部分隐形的、潜在的是素养和潜能，如图 5-3 所示。

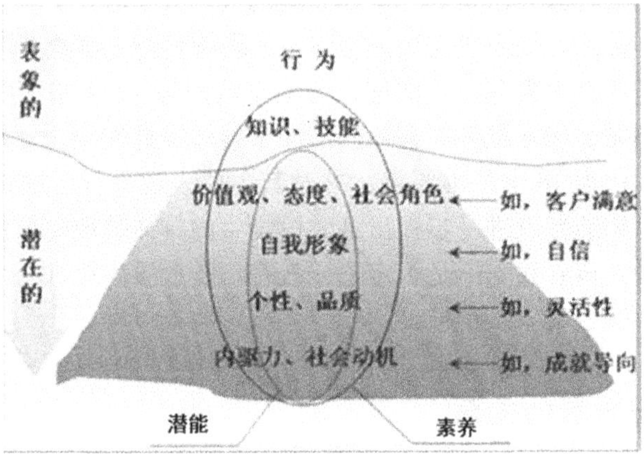

图 5-3　素养的冰山模型

（四）中国学生的核心素养

中国学生发展核心素养以培养“全面发展的人”为核心，分为文化基础、自主发展、社会参与三个方面，综合表现为人文底蕴、科学精神、学会学习、健康生活、责任担当、实践创新等六大素养，如图 5-4 所示，具体细化为国家认同等 18 个基本要点。各素养之间相互联系、互相补充、相互促进，在不同情境中整体发挥作用。为方便实践应用，将六大素养进一步细化为 18 个基本要点，并对其主要表现进行了描述。根据这一总体框架，可针对学生年龄特点进一步提出各学段学生的具体表现要求。

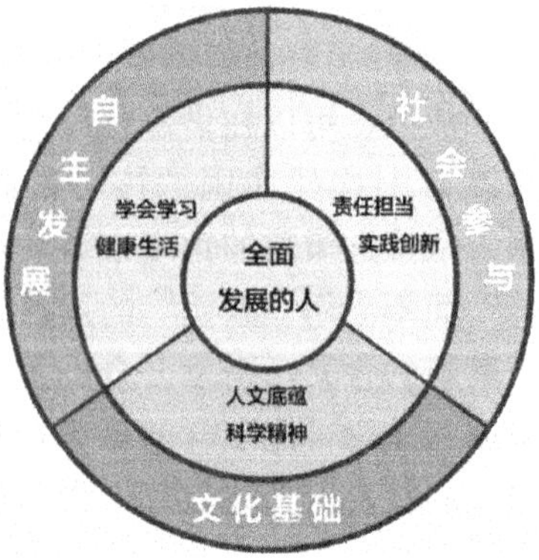

图 5-4　中国学生发展核心素养

1. 文化基础

文化是人存在的根和魂。文化基础，重在强调能习得人文、科学等各领域的知识和技能，掌握和运用人类优秀智慧成果，涵养内在精神，追求真善美的统一，发展成为有宽厚文化基础、有更高精神追求的人。

（1）人文底蕴。主要是学生在学习、理解、运用人文领域知识和技能等方面所形成的基本能力、情感态度和价值取向。具体包括人文积淀、人文情怀和审美情趣等基本要点。

（2）科学精神。主要是学生在学习、理解、运用科学知识和技能等方面所形成的价值标准、思维方式和行为表现。具体包括理性思维、批判质疑、勇于探究等基本要点。

2. 自主发展

自主性是人作为主体的根本属性。自主发展，重在强调能有效管理自己的学习、生活，认识和发现自我价值，发掘自身潜力，有效应对复杂多变的环境，成就出彩人生，发展成为有明确人生方向、有生活品质的人。

（1）学会学习。主要是学生在学习意识形成、学习方式方法选择、学习进程评估调控等方面的综合表现。具体包括乐学善学、勤于反思、信息意识等基本要点。

（2）健康生活。主要是学生在认识自我、发展身心、规划人生等方面的综合表现。具体包括珍爱生命、健全人格、自我管理等基本要点。

3. 社会参与

社会性是人的本质属性。社会参与，重在强调能处理好自我与社会的关系，养成现代公民所必须遵守和履行的道德准则和行为规范，增强社会责任感，提升创新精神和实践能力，促进个人价值实现，推动社会发展进步，发展成为有理想信念、敢于担当的人。

（1）责任担当。主要是学生在处理与社会、国家、国际等关系方面所形成的情感态度、价值取向和行为方式。具体包括社会责任、国家认同、国际理解等基本要点。

（2）实践创新。主要是学生在日常活动、解决问题、适应挑战等方面所形成的实践能力、创新意识和行为表现。具体包括劳动意识、问题解决、技术应用等基本要点。

（五）化学学科核心素养

化学学科核心素养包括五大方面，如图 5-5 所示。科学探究与创新意识是实践认识层面的水平 1 素养；宏观辨识与微观探析、变化与平衡的思想是化学学科独有的核心素养，加上科学思维的核心“证据推理与模型认知”属理性认识层面、水平 2 和 3 素养；科学精神与社会责任是价值立场水平 4 的素养。

1. 素养一：科学探究与创新意识

它是科学学科实践的基础。要求学生能发现和提出有探究价值的化学问题，能依据探究目的设计并优化实验方案，完成实验操作，能对观察记录的实验信息进行加工并获

图 5-5 化学学科的核心素养

得结论；能和同学交流实验探究的成果，提出进一步探究或改进实验的设想；能尊重事实和证据，不迷信权威，具有独立思考、敢于质疑和批判的创新精神。如学生在进行实验改进，解答实验探究题、实验改进题、解释现象题时需要用这方面的素养。

2. 素养二：证据推理与模型认知

它是科学思维的核心。要求学生能初步学会收集各种证据，对物质的性质及其变化提出可能的假设；基于证据进行分析推理，证实或证伪假设；能解释证据与结论之间的关系，确定形成科学结论所需要的证据和寻找证据的途径；能认识化学现象与模型之间的联系，能运用多种模型来描述和解释化学现象，预测物质及其变化的可能结果；能依据物质及其变化的信息建构模型，建立解决复杂化学问题的思维框架。如在解答探究题、现象解释题、速率平衡题、结构题时表现出的素养。

3. 素养三：宏观辨识与微观探析

这是化学学科特征之一。要求学生能通过观察、辨析一定条件下物质的形态及变化的宏观现象，初步掌握物质及其变化的分类方法，并能运用符合表征物质及其变化；能从物质的微观层面理解其组成、结构和性质的联系，形成“结构决定性质，性质决定应用”的观念；能根据物质的微观结构预测物质在特定条件下可能具有的性质和可能发生的变化。

4. 素养四：变化观念与平衡思想

这也是化学学科特征之一。要求学生能认识物质是在不断运动的，物质的变化是有条件的：能从内因和外因、量变与质变等方面较全面地分析物质的化学变化，关注化学变化中的能量转化从不同视角对纷繁复杂的化学变化进行分类研究，逐步揭示各类变化的特征和规律；能用对立统一、联系发展和动态平衡的观点考察、分析化学反应，预测在某种条件下物质可能发生的化学变化。在看待各种物质的变化、分析气体和溶液中各种平衡时需要具备变化观念和平衡思想。

5. 素养五：科学精神与社会责任

要求学生具有终身学习的意识和严谨求实的科学态度；崇尚真理，形成真理面前人人平等的意识；关注与化学有关的社会热点问题，认识环境保护和资源合理开发的重要性，具有可持续发展意识和绿色化学观念；深刻理解化学、技术、社会和环境之间的相互关系，赞赏化学对社会发展的重大贡献，能运用已有知识和方法综合分析化学过程对自然可能带来的各种影响，权衡利弊，勇于承担责任，积极参与有关化学问题的社会决策。学生在遇到与社会有关的绿色化学、资源利用、新技术等问题或试题时，需要素养。

（六）化学学科核心素养与三维目标的关系

化学学科核心素养与三维目标可以用以下两个图表示它们之间的关系，如图 5-6 和图 5-7 所示。

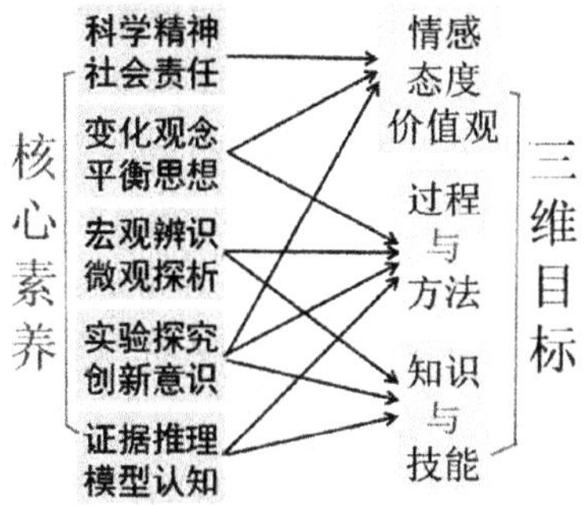

图 5-6　核心素养与三维目标的关系（a）

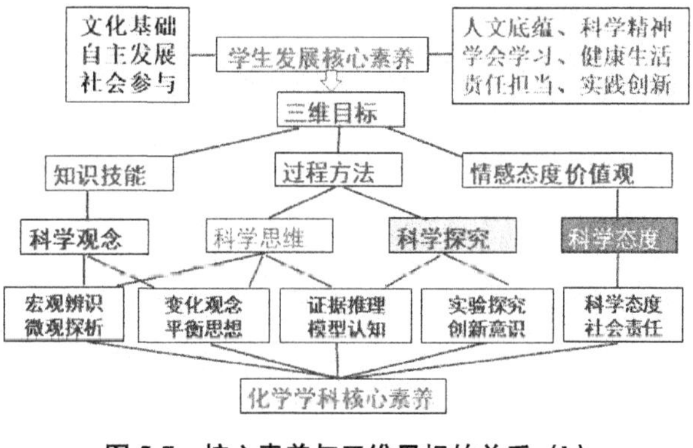

图 5-7　核心素养与三维目标的关系（b）

三、中小学数字化教育平台和数字化技术简介

（一）中小学数字化技术教学应用简介

数字化教学作为一种新型教学方式，正逐步融入现代化教育体系之中。它是基于多媒体的教学方式，区别于传统的以黑板、粉笔、教科书为工具的教学方式，知识与多媒体的结合丰富了知识的实用性，它与课本知识相比，更容易使学生消化和理解。

相比传统的教学方式，数字化教学的特点可归纳为以下几点：一是丰富的教学资源。数字化教学有着传统教学方式难以企及的庞大资源量，能解决传统教学方式下以教师为教学核心资源、资源质量良莠不齐、教学资源匮乏等问题。二是资源分享速度快。数字化教学依附高速发展的互联网平台，使教学资源迅速更新，这成为解决地域性教学差异的重要途径。三是数字化教学的多样性。将多媒体课件与教师讲解结合起来，实现立体化教学，能提高教师的教学效率、学生的学习效率。

（二）中小学数字化技术教学应用现状

从应用现状来看，目前我国数字化教学资源应用还处于初始阶段，一般出现在北京、上海、广州、深圳、珠海等经济较好发达地区的学校。部分学校还存在应付检查的“作秀”现象，将设备仅仅用于应付检查没有发挥其真正的使用价值。由于目前尚未组建一个正式化、规范化的教学资源体系，硬件设施还不能全面普及。但是这种发展趋势可能在未来势不可挡，就像当年多媒体和网络信息技术的应用一样。我们的在校师范生和青年教师必须对其予以关注。这里介绍几种数字化教育平台供大家参考。

（三）部分数字化教学平台简介

1. ForClass 智慧云教学平台

它是创而新（北京）教育科技有限公司研制的教学平台，特点是：数字内容立体化、互动化、智能化，数字学习资源的终端载体，含教师备课、课堂互动、作业与测评、教学管理系统的教学平台。

（1）智能数字化平台。把教师的黑板转变为触摸交互式白板，学生则使用基于汉之派平板电脑的电子书包，其中最重要的是学生使用的数字化教科书。在课堂教学和课后学习过程中，教师和学生将通过电子书包进行有效的互动，这必将开创一种新的教学模式，从此进入触摸没有书本课堂的数字化时代。数字教学平台是基于网络，运行于不同终端载体，承载了数字化教学资源的有机体。其主要功能涉及教学管理、教师备课、课堂互动和作业与测评几个主要环节，如图 5-8 所示。

图 5-8 智能化教学平台

（2）电子书包学生终端。电子书包是学生的数字化学习工具，是数字学习资源的终端载体。它通过无线通信功能，在课堂内可以实现与教师端的即时互动；在课堂外可以从平台服务器上下载数字化教科书以及教辅资源，如图 5-9 和图 5-10 所示。

图 5-9　电子书包学生终端

图 5-10　学生课堂应用

课前，学生可以使用它完成预习任务，疑点、难点可以标注、储存、上传给任课教师。

课上，学生可以通过它使用数字化教科书，并在教师的指导、操控下完成课堂学习任务。

课后，学生可以用它完成作业，并下载更多学习资源，进行延展性学习。

教学活动中师生频繁互动，交换和分享信息，教师和学生都是课堂的主角，教师是主导，学生是主体，教师是学习内容的提供者，是学习节奏的引导者。教师将有更多的时间照顾有特别需要的学生，并挖掘学生的潜能。数字化教学环境拓展了教师的教学空间。

学校根据教学需求可以选择不同型号、不同尺寸的汉之派平板电脑作为电子书包。这些平板电脑都基于汉之派 Zii 籽亿芯片，它们都能良好地运行创新的数字化教学平台以及数字化教学资源。

(3) 数字化教科书。目前已经上线的数字教科书有：

以人民教育出版社出版的《英语（新目标）》为蓝本的网络教材——英语互动 Q 学堂。

以新加坡教育部及泛太平洋教育出版社出版的《小学华文》和《小学高级华文》为蓝本的"《小学华文》网络动漫课本"。

以北京大学出版社出版的《双双中文教材》为蓝本的"《双双中文》网络动漫课本"。

以新加坡泛亚出版社出版的《欢乐童年》为蓝本的"《欢乐童年》动漫双语故事"。

以新加坡泛太平洋教育出版社出版的《飞向中文》为蓝本的"《飞向中文》网络动漫故事"。

以新加坡泛太平洋教育出版社出版的《汉字通图解字典》为蓝本的"《汉字通》图解字典网络动漫版"。

以商务印书馆及国家汉办出版的《汉语图解词典》为蓝本的"《汉语图解词典》网络动漫版"。

2. 云朵课堂

它是北京昱新科技有限公司在 2016 年发布的，后来还发布了一款与云朵课堂同名教学类 App，为教育机构、企业、教师和个人提供包括直播、录播、考试、题库、互动、问答、学员管理等功能的在线视频教学软件。它分为直播教学系统、录播授课系统、互动教学平台、微端网校。

3. 科大讯飞的“智慧课堂”

“智慧课堂”是安徽讯飞皆成软件技术有限公司推出的信息化课堂教学服务平台，是基于动态学习数据分析和“云、网、端”应用的新型信息化课堂模式。

（1）智慧课堂的定义：所谓智慧课堂，是以建构主义学习理论为依据，以“互联网＋”的思维方式和大数据、云计算等新一代信息技术打造的智能、高效的课堂。其实质，是基于动态学习数据分析和“云、网、端”的运用，实现教学决策数据化、评价反馈即时化、交流互动立体化、资源推送智能化，创设有利于协作交流和意义建构的学习环境，通过智慧的教与学，促进全体学生实现符合个性化成长规律的智慧发展。

（2）智慧课堂的特征：基于动态学习数据分析，智慧课堂从依赖于存在教师头脑中的教学经验转向依赖于对海量教学数据的分析。用于分析的数据大部分来自LMS、CMS和学生档案库等数据库，也有些来自学生个人的非正式知识管理系统（如个人主页、博客、微博等）。采用现代化的分析工具和分析方法对数据进行加工、挖掘和分析，据此进行教学决策，依靠数据精准地掌握学情和调整教学策略。

智慧课堂教学中采取动态伴随式学习评价，即贯穿课堂教学全过程的学习诊断与评价，并可根据需求实时反馈评价结果，包括课前预习测评和反馈、课堂实时检测评价和即时反馈、课后作业评价和跟踪反馈，从而实现了即时、动态的诊断分析和评价信息反馈，重构形成性教学评价体系。

在教学资源的载体形式上是多样化的，包括电子文档、图片、影视、语音、PPT等多种样式的资源；在资源推送方式上也是多样的，既包括自动推送、人工推送等方式，也可以采取自主订阅学习资源，满足学习者富有个性的多样化学习需要。

（3）智慧课堂教学流程：智慧课堂教学的教学流程由课前、课中、课后三个环节组成。

课前环节包括学情分析、预习测评、教学设计，课中环节包括课题导入、探究学习、实时检测、总结提升，课后环节包括课后作业、微课辅导、反思评价等。产品目前从北京、广州、深圳等一线城市，到西安、南京、合肥、蚌埠等重要城市，均有常态化的学校（名校）应用案例。为促进产品深度应用和经验交流，公司每年会联合国内外知名学校举办全国智慧课堂观摩研讨会和名校长沙龙等活动。

4. 醍摩豆智慧教育支持系统

它由台湾网奕资讯公司研发。其宣传资料是这样描述的：醍摩豆其寓意为“醍醐灌顶、观摩学习、希望种子”。它的AClass ONE智慧学伴App是学生最方便的学习入口，汇流TEAM Model智慧教室中的所有教学历程，例如电子笔记、评量数据等，整合课程教学（offline）与App（online），替每一位学生创造出无所不在的O2O学习模式。

T教学e-Teaching激发学习热情，以学生为中心的现代化教学理念；E评量e-assEssing用数据即时进行评量，掌握吸收程度；A诊断e-diAnosing自动汇整分